共享发展视角下的文化强国建设研究

胡守勇 著

Gongxiang Fazhan Shijiaoxia De

Wenhua Qiangguo Jianshe Yanjiu

中国社会科学出版社

图书在版编目(CIP)数据

共享发展视角下的文化强国建设研究/胡守勇著.—北京:中国社会科学出版社,2024.5
ISBN 978-7-5227-3344-9

Ⅰ.①共… Ⅱ.①胡… Ⅲ.①文化事业—建设—研究—中国 Ⅳ.①G12

中国国家版本馆 CIP 数据核字(2024)第 065731 号

出 版 人	赵剑英
责任编辑	田 文
特约编辑	刘 坤
责任校对	张爱华
责任印制	张雪娇

出　　版	中国社会科学出版社
社　　址	北京鼓楼西大街甲 158 号
邮　　编	100720
网　　址	http://www.csspw.cn
发 行 部	010-84083685
门 市 部	010-84029450
经　　销	新华书店及其他书店
印　　刷	北京君升印刷有限公司
装　　订	廊坊市广阳区广增装订厂
版　　次	2024 年 5 月第 1 版
印　　次	2024 年 5 月第 1 次印刷
开　　本	710×1000　1/16
印　　张	16.5
插　　页	2
字　　数	253 千字
定　　价	86.00 元

凡购买中国社会科学出版社图书,如有质量问题请与本社营销中心联系调换
电话:010-84083683
版权所有　侵权必究

目 录

导 论 ……………………………………………………………… （1）
  一 选题背景 …………………………………………………… （1）
  二 研究述评 …………………………………………………… （3）
  三 内容框架 …………………………………………………… （5）
  四 学术价值 …………………………………………………… （11）

上篇 基础理论

第一章 共享发展理念的理论溯源与演进历程 ………………… （15）
  一 科学社会主义建构了共享发展理念的理论基础 ………… （15）
  二 社会主义制度奠定了共享发展的制度基石 ……………… （18）
  三 中国特色社会主义实践提供了共享发展的现实条件 …… （22）
  四 全面建成小康社会决胜期共享发展理念注入新内涵 …… （25）

第二章 共享发展理念的世界历史意义 ………………………… （28）
  一 赋予马克思主义世界历史理论以新内涵 ………………… （28）
  二 批判资本主义体系内在矛盾以新视角 …………………… （32）
  三 开创世界历史向前发展以新范式 ………………………… （35）
  四 注入人类进步事业以新能量 ……………………………… （37）

第三章 共享发展理念的伦理意义 ……………………………… （42）
  一 提升了社会形态演进中的人际伦理 ……………………… （42）

二　完善了新时代中国特色社会主义的群际伦理 ……………（46）
　　三　重构了人类历史前进十字路口的国际伦理 ……………（52）
　　四　建构了支撑人类文明永续发展的代际伦理 ……………（56）

第四章　建成社会主义文化强国的分析框架 ………………（63）
　　一　建成社会主义文化强国的评价标准 ……………………（63）
　　二　建成社会主义文化强国的构成要素 ……………………（67）
　　三　建成社会主义文化强国的指标体系 ……………………（71）

中篇　建设维度

第五章　把握新时代意识形态工作的科学方法论 ……………（79）
　　一　坚持经济建设与意识形态工作相统一 …………………（79）
　　二　坚持解决思想问题与解决实际问题相统一 ……………（81）
　　三　坚持守正与创新相统一 …………………………………（83）
　　四　坚持扩大认同与坚决斗争相统一 ………………………（86）
　　五　坚持战略思维与底线思维相统一 ………………………（88）
　　六　坚持线下与线上相统一 …………………………………（90）
　　七　坚持对内与对外相统一 …………………………………（92）
　　八　坚持制度建设与治理能力建设相统一 …………………（94）

第六章　坚定红色文化自信 ………………………………………（97）
　　一　红色文化的概念与特征 …………………………………（97）
　　二　红色文化的时代价值 ……………………………………（105）
　　三　红色文化的世界意义 ……………………………………（107）

第七章　推进社会主义核心价值观生活化 ……………………（120）
　　一　推进社会主义核心价值观生活化的逻辑必然 …………（121）
　　二　学雷锋活动是推进社会主义核心价值观生活化的
　　　　重要载体 ……………………………………………………（123）
　　三　常态化开展学雷锋活动的立足点和落脚点 ……………（126）

第八章 建构公共文化服务效能评价指标体系 （129）
- 一 公共文化服务效能评价的内涵及特点 （130）
- 二 构建公共文化服务效能评价指标体系的基本原则 （133）
- 三 公共文化服务体系的功能：效能评价的基本维度 （135）
- 四 公共文化服务效能评价指标体系的框架 （138）

第九章 补齐脱贫地区公共文化服务的效能短板 （140）
- 一 脱贫地区公共文化服务的功能预设 （140）
- 二 脱贫地区公共文化服务效能建设的困境 （144）
- 三 破解脱贫地区公共文化服务效能建设困境的对策建议 （147）

第十章 加强政府购买公共文化服务的风险防范 （152）
- 一 政府购买公共文化服务的风险识别 （153）
- 二 政府购买公共文化服务的致险成因 （157）
- 三 政府购买公共文化服务风险的防范路径 （161）

第十一章 推进中部地区公共阅读服务均等化 （165）
- 一 中部地区公共图书馆总分馆制改革的基本情况 （166）
- 二 中部地区公共图书馆总分馆制改革中遇到的问题 （174）
- 三 中部地区推进公共阅读服务均等化的对策建议 （179）

第十二章 推进公共文化与文化产业融合发展 （183）
- 一 公共文化与文化产业融合发展的内在逻辑 （184）
- 二 公共文化与文化产业融合发展的现实困境 （188）
- 三 公共文化与文化产业融合发展的推进路径 （192）

第十三章 践行交流互鉴的文明交往之道 （197）
- 一 观念之维：坚持文明无高低优劣之分 （197）
- 二 目标之维：让交流互鉴成为推动人类文明进步的不竭动力 （200）
- 三 路径之维：促进不同文明间的交流交融互学互鉴 （204）

下篇 发展方向

第十四章 建设中华民族现代文明 …………………………（211）
 一 中华民族现代文明的生成逻辑 …………………………（211）
 二 中华民族现代文明的内涵解读 …………………………（220）
 三 中华民族现代文明的基本特征 …………………………（230）
 四 中华民族现代文明的重大意义 …………………………（236）

参考文献 ……………………………………………………（243）

导　　论

一　选题背景

2023年6月2日，习近平总书记《在文化传承发展座谈会上的讲话》中指出："在新的起点上继续推动文化繁荣、建设文化强国、建设中华民族现代文明，是我们在新时代新的文化使命。"[①] 习近平总书记在提出建设中华民族现代文明这个重大命题的同时，再次重申了建设社会主义文化强国的战略任务。在全面建设社会主义现代化国家的新征程上，如何高质量推进社会主义文化强国建设是理论界和实务界必须予以研究和问答的重大问题。

党的十八届五中全会提出了创新、协调、绿色、开放、共享的新发展理念，成为习近平新时代中国特色社会主义思想的重要组成部分。新发展理念是一个完整的体系，其中共享是中国特色社会主义的本质要求，注重的是解决社会公平正义问题。共享发展理念在新发展理念中发挥着价值统领作用，对全面建设社会主义现代化国家、全面推进中华民族伟大复兴具有根本指导意义。习近平总书记指出："落实共享发展是一门大学问，要做好从顶层设计到'最后一公里'落地的工作，在实践中不断取得新成效。"[②] 将共享发展理念贯彻落实到经济社会发展各方面、全过程是一个从理论到实践各环节都具有探索性的历史过程。

[①]　习近平：《在文化传承发展座谈会上的讲话》，《求是》2023年第17期。
[②]　《习近平谈治国理政》第2卷，外文出版社2017年版，第216页。

2011年10月，党的十七届六中全会首次提出了"努力建设社会主义文化强国"的重大战略。全会通过的《中共中央关于深化文化体制改革推动社会主义文化大发展大繁荣若干重大问题的决定》鲜明指出："建设社会主义文化强国，就是要着力推动社会主义先进文化更加深入人心，推动社会主义精神文明和物质文明全面发展，不断开创全民族文化创造活力持续迸发、社会文化生活更加丰富多彩、人民基本文化权益得到更好保障、人民思想道德素质和科学文化素质全面提高的新局面，建设中华民族共有精神家园，为人类文明进步作出更大贡献。"[1] 党的十八大以来，以习近平同志为核心的党中央站在新的历史起点，顺应历史发展潮流，从理论和实践两个维度接续推进社会主义文化强国建设。党的十八大报告中专列"文化强国"专题，提出扎实推进社会主义文化强国建设的部署，明确加强社会主义核心价值体系建设、全面提高公民道德素质、丰富人民精神文化生活、增强文化整体实力和竞争力等四大任务，使文化建设成为与经济、科技和教育等同等重要的国家现代化推进力量。党的十九大报告首次提出将文化自信作为检验文化强国的重要标尺。党的十九届四中全会确立了"坚持和完善繁荣发展社会主义先进文化的制度，巩固全体人民团结奋斗的共同思想基础"，"更好构筑中国精神、中国价值、中国力量"，进一步丰富了文化强国建设和国家文化软实力的核心内涵。

2020年10月，党的十九届五中全会明确在"十四五"期间推进社会主义文化强国建设，到2035年建成社会主义文化强国的目标，列出了建成社会主义文化强国的时间表。全会还明确了到2025年社会主义文化强国建设的目标任务。2021年11月，党的十九届六中全会指出要"建设社会主义文化强国，激发全民族文化创新创造活力，更好构筑中国精神、中国价值、中国力量，巩固全党全国各族人民团结奋斗的共同思想基础"[2]，对推进社会主义文化强国战略进行了强调和展望。在党的二十大报告中，习近平总书记指出"必须坚持中国特

---

[1]《中共中央关于深化文化体制改革推动社会主义文化大发展大繁荣若干重大问题的决定》，人民出版社2011年版，第8—9页。

[2] 本书编写组：《〈中共中央关于党的百年奋斗重大成就和历史经验的决议〉辅导读本》，人民出版社2021年版，第55页。

色社会主义文化发展道路，增强文化自信，围绕举旗帜、聚民心、育新人、兴文化、展形象建设社会主义文化强国"①，明确了推进社会主义文化强国建设的五个维度，描绘了建成社会主义文化强国的路线图。

把共享发展理念贯彻落实到社会主义文化强国建设中是全面完整准确贯彻落实新发展理念的必然要求，是高质量推进文化强国建设，建设中华民族现代文明的客观需要。共享发展视角下的社会主义文化强国建设研究正是在这样的背景下立意和实施的。

二 研究述评

截至2022年底，笔者在中国知网以"共享发展"为篇名，共检索到CSSCI来源期刊377篇学术论文；以"共享发展"为题名，共检索到硕士、博士学位论文271篇。学术界不但围绕共享发展理念的理论溯源、时代背景、演进历程、理论内涵、价值旨归、实践逻辑等本体方面进行了深入研究，而且以共享发展为视角展开了对经济社会发展各方面的研究。例如，钟俊平的博士学位论文《共享发展视野下的城市社区文化建设研究》②，基于马克思主义共享发展思想全面审视和把握城市社区文化建设的理论问题和实践问题，提出新时代城市社区文化建设的政策建议。郑永君等基于共享发展理论视角，研究旅游驱动的三产融合型乡村振兴模式。③ 白兮对优秀传统文化的转化创新与中国式现代化的价值旨归进行了解读。④

截至2022年底，笔者在中国知网以"文化强国"为篇名，检索到CSSCI期刊论文316篇；以"文化强国"为题名，检索到硕士、博士学位论文72篇。而以"共享发展"＋"文化强国"为主题共检索

---

① 习近平：《高举中国特色社会主义伟大旗帜　为全面建设社会主义现代化国家而团结奋斗——在中国共产党第二十次全国代表大会上的报告》，人民出版社2022年版，第42—43页。
② 参见钟俊平《共享发展视野下的城市社区文化建设研究》，博士学位论文，中央财经大学，2020年。
③ 参见郑永君、李春雨、刘海颖《旅游驱动的三产融合型乡村振兴模式研究——基于共享发展理论视角的案例分析》，《农业经济问题》2023年第6期。
④ 参见白兮《优秀传统文化的转化创新与中国式现代化的价值旨归——基于共享发展的理论》，《社会科学战线》2023年第4期。

出期刊论文6篇、硕士学位论文1篇。相关研究成果体现在四个方面。一是社会主义文化强国的内涵阐释。王波、李晴晴[1]架构了文化强国建设"一核多元，三面协同"的理论—实践复合体模型。认为建设社会主义文化强国就是在党的领导下，国家、社会、市场和个人作为多元建设主体，整体协同推进提高社会文明程度、提升公共文化服务水平和健全现代文化产业体系这三个方面的重要任务。魏鹏举[2]认为文化强国具有软实力意义上"文化强盛的国家"和综合国力意义上"文化赋能的强大国家"的双重内涵与任务目标。二是中国共产党探索文化强国战略的奋斗历程和基本经验。范建华、周丽[3]研究了中国共产党从文化救国、文化立国、文化兴国到文化强国的百年文化观演进脉络。周锦涛[4]提炼了准确把握国情、明确先进文化的时代方向、推动先进文化的创新发展、坚持群众路线、保证意识形态领导权、加强党的文化领导力等建设文化强国的基本经验。三是文化强国建设面临的主要矛盾和需要处理的重大关系。常晋芳[5]认为新时代我国文化强国建设的最主要矛盾是人民群众对文化生活的新需求与文化发展不平衡不充分的矛盾，需要协调好文化的民族性与世界性、文化传承与创新、文化开放与文化安全、文化主流与文化多元、市场经济与文化建设、不同文化主体和类型等矛盾关系。四是社会主义文化强国的全球标识问题。徐剑[6]研究建构了包括国家的文化价值观识别、竞争力识别和全球影响识别在内的文化强国形象的全球识别系统，具体包括人类历史文脉、核心价值观念、理论话语体系、公共文化服务、核心文化产业、文化科技创新、国民文明素质、国际文化都市、全球文旅

---

[1] 王波、李晴晴：《社会主义文化强国建设理论与机制的思考》，《南京大学学报》（哲学·人文科学·社会科学）2023年第1期。
[2] 魏鹏举：《文化强国的数字化路径》，《人民论坛·学术前沿》2022年第23期。
[3] 参见范建华、周丽《论中国共产党文化强国建设的历史脉络、核心内涵与实现路径》，《云南师范大学学报》（哲学社会科学版）2023年第3期。
[4] 参见周锦涛《中国共产党探索文化强国战略百年历史的基本经验》，《浙江大学学报》（人文社会科学版）2020年第4期。
[5] 参见常晋芳《我国文化强国建设的主要矛盾和重大关系》，《上海交通大学学报》（哲学社会科学版）2022年第4期。
[6] 参见徐剑《构筑中国文化强国形象的全球识别系统》，《上海交通大学学报》（哲学社会科学版）2022年第4期。

魅力和全球媒体传播等十方面的内容。五是中国式现代化视野中的文化强国建设。范周[①]认为党的二十大报告指出的"发展面向现代化、面向世界、面向未来的，民族的科学的大众的社会主义文化，激发全民族文化创新创造活力"概括了社会主义先进文化的内涵，"坚持为人民服务、为社会主义服务，坚持百花齐放、百家争鸣，坚持创造性转化、创新性发展"明确了文化强国建设实践的原则、手段、方法。

从上述文献检索可以看出，学术界对共享发展理念和社会主义文化强国本身的研究比较深入，而对在文化强国建设中如何贯彻落实共享发展理念方面的研究比较单薄。研究成果主要是从文化共享的角度探索社会主义文化强国的路径，如苗瑞丹、闫旭杰[②]认为，文化共享是贯彻共享发展理念的题中应有之义，是在建成文化强国实践中落实以人民为中心思想的具体体现，要坚持以人民为中心的价值取向，促进满足人民文化需求和增强人民精神力量相统一，推动实现全体人民更高质量的全面共享；要正确处理全民性与差异性、基础性与多样性、经济共享与文化共享、历史性与现实性、顶层设计与基层探索等方面的辩证统一关系。陈金艳[③]认为，公共文化服务均等化对构建社会主义现代化文化强国具有重要意义，存在城乡区域间公共文化服务资源不均等、公共文化服务效能差异较大和公共文化服务人才结构失衡等问题，从提升思想认识、调整财政投入、均衡资源配置和加强人才队伍建设四个方面提出破解之策。现有研究缺乏在共享发展视角下对社会主义文化强国进行了多维度的系统研究，这方面的不足为本研究的构思和实施留下了空间。

三　内容框架

习近平总书记在党的二十大报告中指出："全面建设社会主义现

[①] 参见范周《在文化强国建设中彰显中国式现代化的特色》，《人民论坛》2022年第22期。

[②] 参见苗瑞丹、闫旭杰《新发展阶段推进文化共享的逻辑理路》，《马克思主义理论教学与研究》2021年第1期。

[③] 参见陈金艳《公共文化服务均等化建设存在的问题与对策研究》，硕士学位论文，西南大学，2019年。

代化国家，必须坚持中国特色社会主义文化发展道路，增强文化自信、围绕举旗帜、聚民心、育新人、兴文化、展形象建设社会主义文化强国"①。本研究以此为根本遵循，采取如下研究框架。

上篇属于基础理论。集中阐释共享发展理念和社会主义文化强国的基本理论问题，包括四章内容。

第一章，共享发展理念的理论溯源与演进历程。本章认为，党的十八大以来，以习近平同志为核心的党中央顺应经济社会发展的新形势，不断丰富"发展成果由人民共享"的重要思想，提出共享发展理念，彰显了中国特色社会主义的本质，是中国特色社会主义理论创新的重要成果。共享发展理念以科学社会主义为理论基础，以社会主义制度为制度基石，以中国特色社会主义实践为现实条件，在全面建成小康社会决胜期注入了新的内涵，理论特质得到跃升，初步形成了一个完整的逻辑框架。共享发展理念与中国共产党历代中央领导集体的共同富裕思想一脉相承，在五大发展理念中发挥着"灵魂"作用，是实现"两个一百年"奋斗目标和中华民族伟大复兴中国梦的行动指南。

第二章，共享发展理念的世界历史意义。本章认为，"创新、协调、绿色、开放、共享"发展理念是新时代中国特色社会主义的基本方略，其中"共享"是中国特色社会主义的本质要求。共享发展理念虽然注重于国内的公平、正义和发展的价值导向问题，但其思想的穿透力和理论的影响力已彰显出深远的世界历史意义：它体现了"以人民为中心"的发展思想，为马克思主义世界历史理论赋予了新内涵；映衬出世界历史进程中资本逻辑的困境，为批判资本主义内在矛盾提供了新视角；顺应了信息革命时代新生产力的发展要求，为推进世界历史向前发展开创了新范式；演绎了世界历史更为清晰的发展路径，为推进人类进步事业注入了新能量。

第三章，共享发展理念的伦理意义。本章认为，共享发展理念坚持马克思主义对人类美好社会的理想，体现了社会主义的本质，具有

---

① 习近平：《高举中国特色社会主义伟大旗帜　为全面建设社会主义现代化国家而团结奋斗——在中国共产党第二十次全国代表大会上的报告》，人民出版社2022年版，第42—43页。

深厚的伦理意义：第一，契合新一轮技术革命和产业变革对生产关系的调整要求，倡导自由、开放、共享的新时代精神，引导社会交往，提升了社会形态演进中的人际伦理；第二，着力破解制约全面均衡发展的结构性问题，推进民族关系、区域关系、城乡关系和阶层关系深入发展，完善了新时代中国特色社会主义的群际伦理；第三，顺应"百年未有之大变局"的全球治理需要，倡导相互尊重、公平正义、合作共赢的新型国际关系，重构了人类历史发展的国际伦理；第四，体现了对全人类共同价值的追求和构建人类命运共同体的使命担当，突出从历时性维度追求人类利益均衡，建构了支撑人类文明永续发展的代际伦理。

第四章，建成社会主义文化强国的分析框架。本章认为，党的十九届五中全会提出了到2035年建成社会主义文化强国的远景目标。从学理上对建成社会主义文化强国作出定性分析和定量描述，构建相应的评价指标体系具有重要意义。研究认为，建成社会主义文化强国应具备价值、结构、活力、共享、治理、势能六大评价标准，具体为意识形态领导力、文化资源整合力、文化创新创造力、文化民生保障力、社会文明约束力、国家文化软实力六大构成要素，进而建构出由一个目标、六大准则和28个指标构成的建成社会主义文化强国评价指标框架体系。

中篇属于建设维度。从不同的维度阐释了建成社会主义文化强国的推进路径。

第五章，把握新时代意识形态工作的科学方法论。本章认为，习近平总书记关于意识形态工作的系列重要论述蕴含着科学有效的工作法则，集中体现为"八个统一"，即坚持经济建设与意识形态工作相统一、坚持解决思想问题与解决实际问题相统一、坚持守正与创新相统一、坚持扩大认同与坚决斗争相统一、坚持战略思维与底线思维相统一、坚持线下与线上相统一、坚持对内与对外相统一、坚持制度建设与治理能力建设相统一。这些重要论述是习近平新时代中国特色社会主义思想的重要内容，是新时代做好意识形态工作的根本遵循。

第六章，坚定红色文化自信。本章认为，坚定文化自信的本质是坚定红色文化自信。红色文化是中国共产党在马克思主义指导下，在领导中国人民谋求民族独立、人民解放和国家富强、人民幸福的伟大斗争中，创造性转化、创新性发展中华优秀传统文化，形成的引领中国特色社会主义文化发展方向的先进文化。红色文化具有先进性、民族性、实践性、斗争性、开放性和人民性特征。在中国特色社会主义新时代，红色文化是保证中国特色社会主义文化正确方向的不变基因，是坚定中国特色社会主义道路的思想武器，是实现"两个一百年"奋斗目标和中华民族伟大复兴的精神动力。建党百年铸就的红色文化不但贯通中国的过去、现在和未来，而且融通中国与世界。胸怀"两个大局"、放眼国际共运和人类前途，百年红色文化彰显着重要的世界历史意义。一是承载着交流互鉴的文明观、开放包容的发展观，是维护文明多元平等的中流砥柱。二是具有消除文化误解和隔阂的红色资源、破解全球治理制度困境的红色传统和应对全球治理复杂局面的红色精神，是破解全球治理困境的文化秘籍。三是蕴含生发人类共同价值的价值之源、提出人类共同价值的势能支撑和形成人类共同价值的实力保障，是构建全人类共同价值的重要来源。四是内隐着指引人类未来的理想信念、推动持续进步的人类使命和保障正确方向的纠偏机制，是推进人类进步事业的精神动力。

第七章，推进社会主义核心价值观生活化。本章认为，学雷锋活动是培育和践行社会主义核心价值观的有效抓手。立足日常生活，增强学雷锋活动的有效性和吸引力，既是推进学雷锋活动常态化的根本之策，又是推进社会主义核心价值观生活性嵌入的根本途径。雷锋精神具有生活性的理论特质，学雷锋活动是培育和践行社会主义核心价值观的重要载体，将日常生活作为学雷锋活动常态化开展的立足点和落脚点是培育和践行社会主义核心价值观生活性嵌入的最佳契合点。当前，应将学雷锋活动的工作重心放在基层社区，将服务重点留给困难群体，将真实效果摆在关键位置，将根本动力托付给社会力量。

第八章，建构公共文化服务效能评价指标体系。本章认为，随着覆盖城乡公共文化设施网络的日益完备，服务效能建设将成为公共文化服务体系建设的核心内容。公共文化服务效能是公共文化服务体系功能的实现程度。首先，指出公共文化服务效能评价属于公共文化服务体系绩效评价的一种，具有综合性、终端性和通用性特征。其次，分析了公共文化服务效能评价指标体系坚持的四个基本原则：善治理念、功能导向、整体思维和包容精神。最后，以公共文化服务体系的功能为基本评价维度，即从满足基本文化需求、促进文化产业发展、引领社会生活风尚、培育共有精神家园等四个方面设计了由三个层次、共16个指标组成的公共文化服务效能评价指标体系框架。

第九章，补齐脱贫地区公共文化服务的效能短板。本章认为，公共文化服务效能是新发展阶段公共文化服务体系建设的主要矛盾，而脱贫地区的效能短板是建设社会主义文化强国必须解决的重大问题。在迈向全面建设社会主义现代化国家的新征程上，脱贫地区的公共文化服务应具有引导意识形态、保障文化民生、服务乡村振兴、完善社会治理的功能预设，但客观上存在制约公共文化服务效能发挥的服务"融入性"困境、公共文化建设的"整体性"困境、服务乡村振兴的"操作性"困境和多元主体参与的"协同性"困境。破解脱贫地区公共文化服务效能建设困境，需要坚持共享发展理念，从强化价值引导、完善运行体系、推进跨界融合和加强统筹协调等方面着力。

第十章，加强政府购买公共文化服务的风险防范。本章认为，政府购买公共文化服务是充分发挥市场机制积极作用，提高公共文化服务供给质量的重要举措。政府购买公共文化服务存在意识形态失守、制度价值偏离、购买流程脱轨、组织保障不力等风险，致险成因包括社会思潮争夺文化阵地、文化治理面临体制障碍、社会组织承接能力不足、制度运行支撑体系薄弱等。政府应从强化意识形态阵地意识、全面深化文化体制改革、完善购买流程制度设计、提高化解风险能力等方面防范风险。

第十一章，推进中部地区公共阅读服务均等化。本章认为，公共阅读服务是公共文化服务体系的重要组成部分，对于推进书香中国建设，提高全社会文明程度具有重要意义。认为推进中部地区公共阅读服务均等化发展是加快走出公共文化服务"中部洼地"，实现"文化崛起"的重要内容和必由之路。本章以湖南临湘市图书馆总分馆制改革为例，介绍了总分馆制改革基本情况，认为改革中存在的最直接问题是资源供给能力不足，最核心问题是体制机制改革滞后，最关键问题是服务效能提升乏力，最根本问题是阅读习惯先天不足。基于临湘市图书馆总分馆制改革在中部地区公共阅读服务均等化发展中的代表性，笔者提出了动态布局资源、引领文化消费、突出社会参与、强化刚性约束等对策建议。

第十二章，推进公共文化与文化产业融合发展。本章采用理论分析的方法，考察了公共文化与文化产业在演化渊源、功能定位、动力机制和现实条件等方面融合发展的内在逻辑；结合案例分析了传统文化事业体制思维惯性、文化管理体制改革不到位、社会力量参与不足、融合发展的机制构建阙如等现实困境；认为应从强化体系化的国家文化治理新理念、推进文化领域供给侧结构性改革、筑牢以县域为基本单元的融合载体、提升促进融合发展的科技支撑能力等方面整体发力，推进两者融合发展。

第十三章，践行交流互鉴的文明交往之道。本章认为，党的十八大以来，习近平总书记在不同场合围绕新时代的世界文明交流问题进行了系列论述，深化和拓展了马克思主义文明观，形成了完整的文明交流互鉴思想体系，成为习近平新时代中国特色社会主义思想的重要组成部分。其思想内涵可以从三个维度解读：观念维度要坚持文明无高低优劣之分，尊重文明多样性、强化文明平等性、增强文明包容性；目标维度要让交流互鉴成为推动人类文明进步的不竭动力，以文明交流互鉴消除隔膜和偏见、应对全球性难题、维护世界和平；路径维度要尊重各国自主选择社会制度和发展道路的权利、完善不同文明交流互鉴的平台和工作机制、坚定文化自信推动中华文化走向世界。

下篇属于发展方向。本部分只有一章内容，阐释了社会主义文化强国建设推进中不断创造文化文明成果，推进中华民族现代文明建设。

第十四章，建设中华民族现代文明。本章认为，中华民族现代文明是中华文明的现代形态，具有理论、历史、实践和文明层面的生成逻辑，是中国共产党领导中华民族开创的社会主义文明，是马克思主义与中华优秀传统文化有机结合的文化创造，由全体人民共同建设、共同治理、共同享有，坚持多元平等、交流互鉴的交往观念，建设融贯古今、汇通中外的共有精神家园，彰显出独立自主、内源发展的主动面貌，具有主体性、复合性、均衡性、柔韧性、聚合性、引领性等特征。中华民族现代文明丰富和发展了马克思主义的文化文明观，指明了新时代新的文化使命，丰富了中国式现代化的理论体系，贡献了人类文明书写的中国元素，彰显了重大的理论意义和实践意义。

四 学术价值

本书在共享发展视角下探索文化强国建设的相关问题，切中了社会主义文化强国建设的根本性问题。其学术价值主要体现在如下三个方面。

第一，有利于在社会主义文化强国建设中全面准确完整贯彻落实新发展理念。习近平总书记指出："新发展理念是一个系统的理论体系，回答了关于发展的目的、动力、方式、路径等一系列理论和实践问题，阐明了我们党关于发展的政治立场、价值导向、发展模式、发展道路等重大政治问题。"[①] 习近平总书记特别强调，要从根本宗旨把握新发展理念，"只有坚持以人民为中心的发展思想，坚持发展为了人民、发展依靠人民、发展成果由人民共享，才会有正确的发展观、现代化观"[②]。在共享发展视角下探求文化强国建设的理论与实践，既能达到审视社会主义文化强国建设是否坚定正确的政治立场和价值导向的目的，又能够为以共享发展理念为根本，全面准确完整贯彻落实新发展理念，确保文化强国建设在中国特色社会主义道路上高质量发展。

第二，有利于矫正社会主义文化强国建设中可能出现的偏颇和失误。社会主义文化强国建设是实践性很强的伟大事业，建成社会主义文化强国的美好愿景总是体现在日常的文化工作和项目建设中。在实践中难免会出现经济效益和社会效益的权衡、经济理性和价值理性的博弈、发展总量与区域均量的对比等问题。本书基于共享发展视角，从社会主义文化强国的不同维度展开，与日常的文化工作对接起来，可以为审视文化强国建设的方向和路径提供学理启示，对实践中可能出现的偏颇和失误给予纠偏和补正。

[①] 《习近平谈治国理政》第4卷，外文出版社2022年版，第170—171页。
[②] 《习近平谈治国理政》第4卷，外文出版社2022年版，第171页。

第三，有利于提升对社会主义文化强国建设理论与实践中的规律性认识。本书虽然总体上按照"举旗帜、聚民心、育新人、兴文化、展形象"的维度展开，但每一个聚焦的问题都尽量选取与既有研究不同的角度进行了研究，尽量呈现出社会主义文化强国建设不同的视角和境界，以期能够丰富学术界和实务界对文化强国建设的规律性认识。

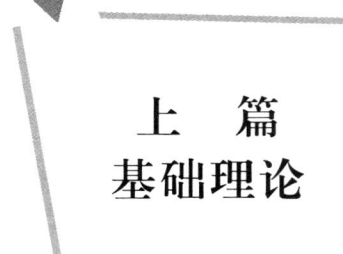

上 篇
基础理论

第一章
共享发展理念的理论溯源与演进历程

党的十八届五中全会提出的"创新、协调、绿色、开放、共享"五大发展理念是相互贯通、高度耦合、协同支撑的发展理念集合体,是中国特色社会主义理论体系的重要创新成果。其中,共享是这个理念集合体的出发点和落脚点,体现着以人民为中心的发展思想,彰显着中国特色社会主义的本质。在全面建设社会主义现代化国家新征程,向第二个百年奋斗目标进军新起点上,探讨共享发展理念的理论基础和演进历程具有重要意义。

一 科学社会主义建构了共享发展理念的理论基础

马克思主义是我们立党立国的根本指导思想。科学社会主义是马克思主义的核心,是马克思恩格斯运用辩证唯物主义和历史唯物主义分析当时欧洲,特别是英国资本主义社会而创立的科学理论。马克思主义经典作家描绘的科学社会主义蕴含着丰富的共享思想,是形成共享发展理念的理论基础。

1. 生产力高度发达、社会财富极大丰富是共享发展的基本前提

马克思主义认为,物质生活的生产方式制约着整个社会生活、政治生活和精神生活的过程。[①] 在人类社会发展的历史长河中,除了原

---

① 参见《马克思恩格斯选集》第2卷,人民出版社2012年版,第2页。

始社会处于低层次的共同占有、共同劳动、平均分配的共享状态之外，进入阶级社会以后，基于生产资料的私人占有，"几乎到处都可以看到社会完全划分为各个不同的等级，看到社会地位分成多种多样的层次"①，社会物质财富不仅短缺，而且极不均衡地集中在少数人手中。进入资本主义社会后，工业革命极大地解放了社会生产力，"以致在人类历史上破天荒第一次创造了这样的可能性：在所有的人实行明智分工的条件下，不仅生产的东西可以满足全体社会成员丰裕的消费和造成充足的储备，而且使每个人都有充分的闲暇时间去获得历史上遗留下来的文化——科学、艺术、社交方式等等——中一切真正有价值的东西；并且不仅是去获得，而且还要把这一切从统治阶级的独占品变成全社会的共同财富并加以进一步发展"②。第二次世界大战以来，依托既有的国际政治经济不平等秩序，发达资本主义国家通过掠夺不发达国家和地区的自然资源和劳动力，或者通过控制世界贸易体系的规则制定权，在造成南北差距逐步扩大的同时，一些资本主义国家较早走出了短缺经济时代，具备了共享发展的物质基础。但由于存在社会化大生产与资本主义私有制之间的固有矛盾，引导和保障共享发展的生产关系无法建立起来，因此共享发展是不可能在资本主义社会真正实现的。从新中国成立到改革开放前的近 30 年里，尽管受制于严峻的国际国内环境，遭受到各种困难和挫折，我国依然取得了举世瞩目的发展成就，经济上建立了独立的、比较完整的工业体系和国民经济体系，初步满足了占世界 1/4 人口的基本生活需要，彰显了社会主义制度的巨大优越性。但由于经济文化落后，人口多、底子薄，束缚社会生产力发展的因素较多，社会物质财富相对于数以亿计的人民需求而言一直处于匮乏状态，真正意义上的共享发展没有得到实现。

2. 建立生产资料公有制的社会主义制度是共享发展的根本保障

马克思主义认为，无论是奴隶社会、封建社会，还是资本主义社会，其生产资料所有制本质上都是私有剥削制度。在以私有制为基础的社会里，占统治地位的少数人利益的满足总是以牺牲广大劳

---

① 《马克思恩格斯选集》第 1 卷，人民出版社 2012 年版，第 400—401 页。
② 《马克思恩格斯选集》第 3 卷，人民出版社 2012 年版，第 199 页。

动人民的利益为代价的。恩格斯在《共产主义原理》中就指出，只有通过废除生产资料资本主义私人占有制，才能实现"由社会全体成员组成的共同联合体来共同地和有计划地利用生产力；把生产发展到能够满足所有人的需要的规模；结束牺牲一些人的利益来满足另一些人的需要的状况；彻底消灭阶级和阶级对立；通过消除旧的分工，通过产业教育、变换工种、所有人共同享受大家创造出来的福利，通过城乡的融合，使社会全体成员的才能得到全面发展"①。在《论住宅问题》中，恩格斯更明确指出，"当资本主义生产方式还存在的时候，企图单独解决住宅问题或其他任何同工人命运有关的社会问题都是愚蠢的。解决办法在于消灭资本主义生产方式，由工人阶级自己占有全部生活资料和劳动资料"②。列宁认为，相较于资本主义剥削制度，新的社会主义社会里"不应该有穷有富，大家都应该做工。共同劳动的成果不应该归一小撮富人享受，应该归全体劳动者享受。机器和其他技术改进应该用来减轻大家的劳动，不应该用来使少数人发财，让千百万人民受穷"③。从上述论述中可以看出，科学社会主义认为，资本主义私有制与共建共享的发展理念是根本不相容的，建立以生产资料公有制为核心的社会主义制度才是实现共享发展的根本保障。

3. 实现全体社会成员的自由全面发展是共享发展的价值追求

马克思主义创始人认为，在未来共产主义的社会形态中，全体社会成员的自由全面发展是推进社会发展的价值追求，这种价值追求蕴含着高远的共享理念。首先，人的发展是自由的。《共产党宣言》中提出："代替那存在着阶级和阶级对立的资产阶级旧社会的，将是这样一个联合体，在那里，每个人的自由发展是一切人的自由发展的条件。"④ 在共产主义社会，社会成员之间的发展是高度统一、相互依存和互不排斥的，呈现为一种高度的自由状态。其次，人的发展是全面的。共产主义社会的繁荣不仅仅是物质层面的繁荣，而且是包括精

---

① 《马克思恩格斯选集》第 1 卷，人民出版社 2012 年版，第 308—309 页。
② 《马克思恩格斯选集》第 3 卷，人民出版社 2012 年版，第 246 页。
③ 《列宁专题文集·论社会主义》，人民出版社 2009 年版，第 381 页。
④ 《马克思恩格斯选集》第 1 卷，人民出版社 2012 年版，第 422 页。

神文化等在内的全面繁荣。恩格斯在《反杜林论》中指出："通过社会化生产，不仅可能保证一切社会成员有富足的和一天比一天充裕的物质生活，而且还可能保证他们的体力和智力获得充分的自由的发展和运用。"① 在这样的社会形态下，个人的解放才是彻底的，才会真正成为自身的主宰。最后，人的发展是快乐的。在共产主义的生产关系中，"一方面，任何个人都不能把自己在生产劳动这个人类生存的必要条件中所应承担的部分推给别人；另一方面，生产劳动给每一个人提供全面发展和表现自己的全部能力即体能和智能的机会，这样，生产劳动就不再是奴役人的手段，而成了解放人的手段，因此，生产劳动就从一种负担变成一种快乐"②。在科学社会主义者眼中，人的自由、全面、快乐的发展是共产主义社会的发展形态，"各尽所能、按需分配"成为共享发展的最佳脚注，也是人类社会不懈追求的发展目标。

二 社会主义制度奠定了共享发展的制度基石

中国共产党人坚持以马克思主义为指导，将实现共产主义作为党始终不渝的最高理想，在 28 年的革命战争时期，不断推进马克思主义的中国化，为消灭剥削阶级、建立人民当家作主的新制度进行了不懈的努力。新中国成立后，我国建立了人民民主专政的国体和人民代表大会制度的政体，经过全面的社会主义改造，建立起了社会主义的制度体系，为确立共享发展理念奠定了制度基石。

1. 中国共产党的领导和人民当家作主政权性质的确立是形成共享发展的根本政治前提

将共享发展理念转化为制度和行动，只有在马克思主义政党的领导下才可能实现。在新民主主义革命取得胜利后，对于建立一个什么样的新中国的问题，社会上存在着多种意见：有人主张建立资产阶级共和国，走独立发展的资本主义道路；也有人主张建立以工人阶级为领导的、以工农联盟为基础的人民共和国，经过新民主主义走向社

---

① 《马克思恩格斯选集》第 3 卷，人民出版社 2012 年版，第 670 页。
② 《马克思恩格斯选集》第 3 卷，人民出版社 2012 年版，第 681 页。

主义的道路。① 在事关中华民族前途命运的关键问题上，中国共产党以巨大的政治勇气发挥了决定性作用，通过与各民主党派、人民团体和社会各界人士的广泛协商、深入沟通，将马克思主义国家学说、无产阶级专政理论与中国的具体实际相结合产生的人民民主专政理论运用于新中国的筹建中。通过中国人民政治协商会议的组织形式，以具有临时宪法性质的《中国人民政治协商会议共同纲领》规定了新中国的国家性质，即向全世界表明："中华人民共和国为新民主主义即人民民主主义的国家，实行工人阶级领导的、以工农联盟为基础的、团结各民主阶级和国内各民族的人民民主专政。"第一届全国人民代表大会制定的《宪法》规定，"中华人民共和国一切权力属于人民，人民行使权力的机关是全国人民代表大会和地方各级人民代表大会"，标志着以民主集中制为原则的人民代表大会制度在全国范围内的正式确立。人民代表大会制度是中国共产党领导中国人民独创的政治制度，是马克思主义国家学说与中国政治社会文化实际情况相结合的产物，是中国人民翻身作主、掌握自己命运的伟大创造。② 中国共产党以"实现共产主义"作为党的最高纲领，以"全心全意为人民服务"作为党的根本宗旨，符合以"共建、共享"为基本特征的社会主义社会的价值追求，其在新生的人民当家作主政权中领导权的确立成为形成共享发展理念的根本政治前提。

2. "一化三改"社会主义改造的完成奠定了共享发展的制度基础

在中国实现社会主义，是中国共产党自创立时就确定的奋斗目标。新中国成立后，党领导全国人民艰苦创业，用短短的三年时间就根本扭转了旧中国留下的混乱局面，实现了政治、经济、社会的基本稳定，为向社会主义转变创造了条件。此后，中央决定从1953年起执行国民经济第一个五年计划，并提出了向社会主义过渡的总路线，即"从中华人民共和国成立，到社会主义改造基本完成，这是一个过渡时期。党在这个过渡时期的总路线和总任务，是要在一个相当长的

---

① 参见《中国共产党的九十年（新民主主义革命时期）》，中共党史出版社、党建读物出版社2016年版，第348页。
② 参见徐显明《坚持和发展人民当家作主的好制度——写在全国人民代表大会成立60周年之际》，《求是》2014年第19期。

时期内,逐步实现国家的社会主义工业化,并逐步实现国家对农业、对手工业和对资本主义工商业的社会主义改造"①。在"一化三改"的推进中,毛泽东指出,实行农业合作化将"使全体农村人民共同富裕起来"②,推动工商业社会主义改造"是可以一年一年走向更富更强的,一年一年可以看到更富更强些。而这个富,是共同的富,这个强,是共同的强,大家都有份"③。可见,共同富裕、共建共享的社会主义思想意识贯穿于社会主义改造的全过程。到1956年,农业、手工业等个体所有制基本上转变为劳动群众集体所有制,资本主义私有制基本转变为国家所有即全民所有制,加上新中国成立后有计划的经济建设的全面推进,全民所有制和劳动群众集体所有制这两种公有制经济在国民经济中的比重已经达到92.9%④,占据了主体地位,标志着公有制占绝对优势的社会主义经济制度在我国基本建立起来,从而在制度层面上为实现共享发展提供了基础性、长远性、战略性、全局性的社会主义本质要素。

3. 社会主义建设初期的积极探索为共享发展积累了宝贵的经验和教训

社会主义改造完成后,中国进入了全面的社会主义建设时期。新中国成立初期,面对国内"一穷二白"的局面和国外帝国主义的封锁,以毛泽东同志为核心的党中央坚持把马克思主义普遍真理和中国实际进行"第二次结合",开始了艰辛的社会主义建设探索。在这段历史时期,既有为开创中国特色社会主义道路提供有益思想及实践借鉴的积极因素,又有直接或间接引发"大跃进"、人民公社化运动、"文化大革命"等一系列"左"的错误发生的消极因素,为共享发展累积了宝贵的历史经验和教训。它们包括:一是要在发展中坚持从实际出发,走社会主义道路。在社会主义建设初期,世界上第一个社会主义国家苏联的经济文化及其他各项重要的建设经验一度成为我们的榜样。苏联模式本身存在的缺陷和不足,特别是两国国情的差异,导

---

① 《建国以来重要文献选编》第4册,中央文献出版社1993年版,第517页。
② 《毛泽东文集》第6卷,人民出版社1999年版,第437页。
③ 《毛泽东文集》第6卷,人民出版社1999年版,第495页。
④ 参见《中国共产党的九十年(社会主义革命和建设时期)》,中共党史出版社、党建读物出版社2016年版,第460页。

致在实践中出现许多问题，党中央及时认识到要走符合中国实际的建设道路。毛泽东明确提出，要"以苏为鉴"，把马克思主义普遍原理和中国实际进行"第二次结合"，独立探索一条适合中国情况的社会主义建设道路。① 针对人民内部存在的关于推翻"三座大山"后"中国要向哪里去"的疑问，毛泽东说，"事实已经回答了这个问题：只有社会主义能够救中国。社会主义制度促进了我国生产力的突飞猛进的发展，这一点，甚至连国外的敌人也不能不承认了"②，体现了我们党走社会主义道路的坚定性。二是要在发展中不断改善人民的物质文化生活。不断改善工人、农民等普通劳动群众的物质文化生活，既是党全心全意为人民服务宗旨的体现，又是党对苏联经济建设中损害农民利益严重错误的警醒。毛泽东指出："工人的劳动生产率提高了，他们的劳动条件和集体福利就需要逐步有所改进"，"关于工资，最近决定增加一些，主要加在下面，加在工人方面，以便缩小上下两方面的距离"③，"除了遇到特大自然灾害以外，我们必须在增加农业生产的基础上，争取百分之九十的社员每年的收入比前一年有所增加，百分之十的社员的收入能够不增不减，如有减少，也要及早想办法加以解决"④，体现了党防止收入差距扩大，让全体人民共享社会主义建设成果的思想。三是要在发展中注重统筹好各方面的关系。中央认为，调动一切积极因素为社会主义建设服务，必须统筹、协调好各方面的关系。毛泽东指出："国家和工厂，国家和工人，工厂和工人，国家和合作社，国家和农民，合作社和农民，都必须兼顾，不能只顾一头"⑤，"无论是粮食问题，灾荒问题，就业问题，教育问题，知识分子问题，各种爱国力量的统一战线问题，少数民族问题，以及其他各项问题，都要从对全体人民的统筹兼顾这个观点出发"⑥。这体现了党要以全体人民的福祉为中心的思想。

---

① 参见中共中央宣传部理论局《世界社会主义五百年》，党建读物出版社、学习出版社2014年版，第147页。
② 《毛泽东文集》第7卷，人民出版社1999年版，第214页。
③ 《毛泽东文集》第7卷，人民出版社1999年版，第28页。
④ 《毛泽东文集》第7卷，人民出版社1999年版，第30页。
⑤ 《毛泽东文集》第7卷，人民出版社1999年版，第30页。
⑥ 《毛泽东文集》第7卷，人民出版社1999年版，第228页。

三 中国特色社会主义实践提供了共享发展的现实条件

恩格斯曾在致奥托·冯·伯尼克的信中强调:"所谓'社会主义社会'不是一种一成不变的东西,而应当和任何其他社会制度一样,把它看成是经常变化和改革的社会。"① 经过对新中国成立初期社会主义建设经验和教训两方面的总结,以党的十一届三中全会召开为标志,我国步入了以经济建设为中心的改革开放新时期,经过几十年的经济快速发展,为共享发展提供了现实条件。

1. 改革开放不断夯实共同富裕物质基础

近70年的社会主义建设和改革开放实践证明,没有社会生产力的大力发展作支撑,没有雄厚的物质财富做基础,是无法实现较高层次的共享发展的。改革开放以来,在"一个中心、两个基本点"基本路线的指引下,经过40多年的持续快速发展,我国社会生产力发展水平和社会物质财富的积累都已经达到了较高的水平。数据显示,我国国内生产总值从1978年的3679亿元增加到2022年的1210207亿元,实际增长约328倍。② 世界银行统计数据显示,2013—2021年,中国对全球经济增长的贡献率达到了38.6%,七国集团对全球经济增长的贡献率则为25.7%,中国成为推动世界经济增长的第一动力。③ 国家统计局数据显示,2013—2021年中国经济平均增长率为6.6%,相比之下的世界平均增长率仅为2.6%。人民生活水平持续改善,1978—2022年,全国城镇居民人均可支配收入由343元增加到49283元,实际增长近143倍;农民人均纯收入在1978年只有134元,而2022年的农村居民人均可支配收入达到20133元,总体上实现了从低收入国家向上中等收入国家的跨越。2020年如期取得脱贫攻坚战的全面胜利,现行标准下9899万农村贫困人口全部脱贫,832

---

① 《马克思恩格斯选集》第4卷,人民出版社2012年版,第601页。
② 除特别注释外,本段落的数据根据国家统计局历年《中国统计年鉴》和全国年度统计公报计算。
③ 参见《世行报告:中国经济十年对世界经济增长贡献率超G7总和》,新华网,http://www.xinhnanet.com/fortune/2022 - 10/26/c_ 1129080437.htm。

个贫困县全部摘帽，12.8万个贫困村全部出列，区域性整体贫困得到解决，完成了消除绝对贫困的艰巨任务。总之，我国的综合国力、人民生活水平等已经得到了极大的提高，为实现共同富裕夯实了坚实的物质基础。

2. 共享发展理念的内涵不断深化

改革开放以来，历届中央领导集体坚持党的基本路线，不断开拓理论创新的新境界，不断深化科学发展的丰富内涵，不断推动共享发展理念内涵的丰富。邓小平理论对社会主义本质的回答，强化了发展对中国特色社会主义的根本意义。邓小平认为，加快发展是社会主义的题中之义，"贫穷不是社会主义，发展太慢也不是社会主义"[①]；"社会主义不是少数人富起来、大多数人穷，不是那个样子。社会主义最大的优越性就是共同富裕，这是体现社会主义本质的一个东西"[②]；"社会主义的本质，是解放生产力，发展生产力，消灭剥削，消除两极分化，最终达到共同富裕"[③]。"三个代表"重要思想进一步拓展了发展问题的评价维度。从党的十三届四中全会到党的十六大，以江泽民同志为核心的中央领导集体把发展问题同党的执政使命联系起来，明确提出发展是党执政兴国的第一要务，并从保护弱势群体角度，首次提出"共享社会物质文化的成果"。党的十五大提出"人民共享经济繁荣成果"，党的十六大报告把"不断提高人民生活水平，保证人民共享发展成果"作为党积累的"十分宝贵的经验"之一。科学发展观鲜明地提出"发展成果由人民共享"这个核心问题。党的十六大以来，以胡锦涛同志为总书记的党中央，突出了"坚持以人为本，做到权为民所用，情为民所系，利为民所谋"的执政要求，提出"更加注重社会公平，使全体人民共享改革发展成果"；党的十七大报告提出："走共同富裕道路，促进人的全面发展，做到发展为了人民、发展依靠人民、发展成果由人民共享。"党的十八大以来，以习近平同志为核心的党中央站在全面建成小康社会、实现中华民族伟大复兴中国梦的历史高度，不断深化收入分配制度的综合改革，着力

[①]《邓小平文选》第3卷，人民出版社1993年版，第255页。
[②]《邓小平文选》第3卷，人民出版社1993年版，第364页。
[③]《邓小平文选》第3卷，人民出版社1993年版，第373页。

构建保障"发展成果由人民共享"的长效机制，使共享发展理念更加明确、更加全面、更加具体。

3. 人民对公平正义的追求推动共享发展理念的不断完善

公平正义是社会主义的本质特征。坚持社会公平正义是中国特色社会主义的基本价值取向。经过40多年的改革开放，我国社会主义建设事业取得了举世瞩目的成就，但"社会财富分配不公平、贫富差距拉大，城乡之间、地区之间经济发展不平衡、不协调，人与自然的关系渐趋紧张"[1]等问题依然突出。国家统计局数据显示，我国基尼系数自2003年以来一直超过0.4的国际贫富差距警戒线，2015年达到最低值0.462，随后又开始上升，2019年达到0.465，尽管比2012年的0.474下降0.009，但依然在国际贫富差距警戒线之上；2022年我国城乡居民人均可支配收入比为2.50。北京大学发布的《中国民生发展报告2015》显示，我国约30%的财产为顶端1%的家庭所占有，而下层25%的家庭的财产总量仅占全国财产的1%左右。[2] 从社会公平感来看，中国社会科学院"中国社会状况综合调查"课题组的调查显示，认为财富和收入分配方面存在显著不公平现象的人占51.7%，认为城乡之间的权利待遇方面存在显著不公平的人占50.5%，认为工作和就业机会方面存在显著不公平的人占40.7%，认为养老等社会保障方面存在显著不公平的人占34%。总体来说，近30%的受访者表示，我国社会不公平现象较为显著。[3] 当然上述不公平问题大都属于社会转型期常出现的现象，但"这个问题不抓紧解决，不仅会影响人民群众对改革开放的信心，而且会影响社会和谐稳定"[4]，这是中央全面审视和科学分析我国经济社会发展现状和态势后作出的基本判断，体现了对社会公平正义问题的高度重视，将进一步推动共享发展理念的不断完善。

---

[1] 王淑荣、许力双：《共享发展理念的重大意义与实践指向》，《红旗文稿》2016年第4期。

[2] 《中国社会不平等趋势扩大：1%的家庭占全国三分之一的财产》，一财网，https://www.yicai.com/news/4738424.html。

[3] 参见李培林、陈光金、张翼主编《2016年中国社会形势分析与预测》，社会科学文献出版社2016年版，第129页。

[4] 《十八大以来重要文献选编》（上），中央文献出版社2014年版，第552页。

四 全面建成小康社会决胜期共享发展理念注入新内涵

党的十八大以来,以习近平同志为核心的党中央顺应经济社会发展的新形势,提出了"四个全面"的战略布局,不断开创中国特色社会主义的新局面,不断丰富"发展成果由人民共享"的重要思想,开辟了科学发展的新境界。党的十八届五中全会正式提出了"创新、协调、绿色、开放、共享"五大发展理念,并作出了"坚持发展为了人民,发展依靠人民,发展成果由人民共享,作出更有效的制度安排,使全体人民在共建共享发展中有更多获得感,增强发展动力,增进人民团结,朝着共同富裕方向稳步前进"的完整论述,标志着中国特色社会主义共享发展理念注入了新内涵,其理论特质得到了新跃升。

1. 共享发展理念新内涵的形成背景

习近平总书记说:"发展理念是发展行动的先导,是管全局、管根本、管方向、管长远的东西。"共享发展理念新内涵的提出有着特殊的时代背景:一是"新常态"呼唤发展动力。经过30多年的持续快速发展,我国在社会生产力、经济实力、科技实力、综合国力、国际竞争力和国际影响力等方面迈上了新台阶的同时,经济发展已经进入增长速度放缓、结构调整紧迫、发展动力亟待转换的"新常态"。"新常态"下的发展在需要努力破解由于市场化"马太效应"和资本优势导致的城乡、区域、阶层之间收入差距扩大问题的同时,更需要通过共享机制来调动广大人民群众的积极性,形成社会发展的新动力,维护经济平稳健康发展的大局。二是"新目标"检视发展成效。党的十八届五中全会提出了"经济保持中高速增长,在提高发展平衡性、包容性、可持续性的基础上,到2020年国内生产总值和城乡居民人均收入比2010年翻一番"的新的目标要求。"小康不小康、关键看老乡",人民生活质量的普遍提高是全面小康建设成效的根本标志。截至2015年底,全国农村的贫困发生率为5.7%,脱贫攻坚任务仍然很重;由于城乡、区域、行业发展差距大,公共服务均等化水平不高，保障和改善民生、提高人民生活质量的压力还很大，补齐全面小康的"短板"亟待提高发展的共享水平。三是"新长征"追问发展伦理。经过近40年的发展，我国已陷入"发展成果创造、获取和分配等历时态问题的共时态解决"困境，中国发展已进入一个吁求发展伦理出场的时代。① 在实现"两个一百年"奋斗目标、中华民族伟大复兴中国梦的"新长征"路上，必须在发展理念上进一步厘清"为了谁"和"依靠谁"这个发展伦理问题。四是"新使命"升华发展价值。推动中国特色社会主义制度更加成熟、更加定型是全党的"新使命"。共享发展理念的新内涵集中体现了中国特色社会主义制度以人民为中心的价值取向和现实旨归，与以生产资料私有制为基础的西方"福利共享"制度有着本质的区别，彰显了中国特色社会主义制度的根本价值所在。只有将共享发展理念融入系统化、科学化、规范化的制度建设中去，才能加快形成更加完备、更加稳定、更加管用的中国特色社会主义制度体系。

2. 共享发展理念的逻辑框架

共享是中国特色社会主义的本质要求，注入新内涵的共享发展理念贯穿着马克思主义的立场、观点和方法，蕴含着鲜明的理论特质和理论品格，初步形成了一个完整的逻辑框架。

从根本立场来看，它坚持"以人民为中心"的发展思想这一马克思主义理论的根本立场，即"发展为了人民、发展依靠人民、发展成果由人民共享"。

从价值导向来看，它以化解当前日益严重的社会公平正义问题为基本出发点，着力创造公平正义的社会环境，确保发展全过程的公平正义。

从基本内涵来看，一是全民共享。共享发展覆盖全国不同地区、不同民族，"不让一个人掉队"，是全体人民的共享。二是全面共享。共享发展的内容包括国家在经济、政治、文化、社会、生态等各方面的建设成果。三是共建共享。要充分发扬民主，最大限度激发社会活力，扩大社会参与，广泛凝聚民智民力，让共享发展成为人人参与、

---

① 参见张彦、洪佳智《论发展伦理在共享发展成果问题上的"出场"》，《哲学研究》2016年第4期。

人人尽力、人人都有获得感的共建过程。四是渐进共享。共享发展是一个从低级到高级、从不均衡到均衡的渐进过程，要立足国情、量力而行，既要有雄心壮志，又要脚踏实地，稳打稳扎。

从目标追求来看，它要实现人民生活质量的普遍提高，实现共同富裕的目标。

从制度安排来看，它强调围绕增加公共服务供给、实施脱贫攻坚工程、提高教育质量、促进就业创业、缩小收入差距、建立更加公平更可持续的社会保障制度、推进健康中国建设、促进人口均衡发展八个方面，深化改革、整体推进，将共享发展理念落到实处。

3. 共享发展理念新内涵提出的重大意义

以习近平同志为核心的党中央在全面建成小康社会决胜阶段和实现中华民族伟大复兴中国梦新的历史起点上，为共享发展理念注入了新的内涵，具有重大的现实意义和深远的历史意义。首先，它是丰富中国特色社会主义理论的重要成果。共享发展理念源于科学社会主义，与毛泽东思想和中国特色社会主义理论体系等马克思主义中国化成果中的共同富裕思想一脉相承，闪耀着理论的光芒。其次，它在新发展理念中发挥着"灵魂"作用。"创新、协调、绿色、开放、共享"五大发展理念相互贯通、相互促进，缺一不可，整体发力，但共享既是发展的立足点，又是发展的根本归属，贯穿于发展的全过程，在五大发展理念中发挥着"灵魂"作用，体现了发展的中国特色社会主义本质。最后，共享发展理念是实现"两个一百年"奋斗目标、实现中华民族伟大复兴中国梦的行动指南。共享发展理念是"以人民为中心"发展思想的直接体现，在中国特色社会主义伟大实践中，既是确保不忘初心、保证正确方向的指路明灯，又是动员社会参与、培植发展动力的有力武器，还是构建公平正义环境、促进永续发展的重要保障，是实现"两个一百年"奋斗目标和中华民族伟大复兴中国梦的行动指南。

第二章
共享发展理念的世界历史意义

"创新、协调、绿色、开放、共享"的新发展理念是新时代中国特色社会主义的基本方略,其中"共享"是中国特色社会主义的本质要求。习近平总书记指出:"我们要树立世界眼光,更好把国内发展与对外开放统一起来,把中国发展与世界发展联系起来,把中国人民利益同各国人民共同利益结合起来。"[①] 在世界大发展大变革大调整的历史关口,共享发展理念已彰显出深远的世界历史意义。

一 赋予马克思主义世界历史理论以新内涵

马克思在《1844年经济学哲学手稿》中首次提出"世界历史"的概念。《德意志意识形态》和《共产党宣言》的发表标志着马克思世界历史理论的诞生,《〈政治经济学批判〉导言》《人类学笔记》《历史学笔记》的完成,标志着世界历史理论的成熟。世界历史理论是马克思主义唯物史观的重要组成部分,同时又进一步丰富和发展了唯物史观[②],其理论精髓主要有三点:一是随着生产力的发展和社会交往的扩大,历史必然从"民族的""地域的"历史转向世界历史。马克思恩格斯认为,"生产力的普遍发展和与此相联系的世

[①] 《习近平谈治国理政》,外文出版社2014年版,第248页。
[②] 参见王伟光《马克思主义的世界历史理论与中国特色社会主义道路——学习马克思1879—1882年期间研究笔记札记》,《哲学研究》2015年第6期。

界交往"① 是推动人类历史向世界历史转变的内在动力。随着生产力的发展和社会交往的扩大,"过去那种地方的和民族的自给自足和闭关自守状态,被各民族的各方面的互相往来和各方面的互相依赖所代替了"②,"各民族的原始封闭状态由于日益完善的生产方式、交往以及因交往而自然形成的不同民族之间的分工消灭得越是彻底,历史也就越是成为世界历史"③。二是资本主义首先开创了世界历史,推动了历史进步。资本主义大工业"首次开创了世界历史,因为它使每个文明国家以及这些国家中的每一个人的需要的满足都依赖于整个世界,因为它消灭了各国以往自然形成的闭关自守的状态"④,这种崭新的生产方式和交往方式推动了资本主义的经济全球化和人类历史的进步。三是世界历史最终将经由资本主义世界历史走向社会主义世界历史。关于世界历史的最终社会形态,马克思强调:"无产阶级只有在世界历史意义上才能存在,就像共产主义——它的事业——只有作为'世界历史性'的存在才有可能实现一样。"⑤ 中国共产党历代中央领导集体坚持马克思主义中国化,不断发展了马克思主义世界历史理论。中华人民共和国成立后,毛泽东关于三个世界划分的思想和邓小平关于和平与发展是时代主题的思想,以及习近平总书记关于构建人类命运共同体的重要论述等都是对马克思主义世界历史理论的继承和发展。

党的十八届五中全会正式提出共享发展理念,强调必须坚持发展为了人民、发展依靠人民、发展成果由人民共享。在十九届中共中央政治局常委同中外记者见面时的讲话中,习近平总书记指出,全面建成小康社会,一个也不能少;共同富裕路上,一个也不能掉队。这简洁直观地阐明了共享发展理念的深刻意涵,体现了"以人民为中心"的发展思想。共享发展理念是在深刻总结国内外发展经验教训和分析国内外发展大势的基础上形成的,是马克思主义核心价值在当代中国特色社会主义伟大实践中的体现。在政治多极化、经济全球化、文化

---

① 《马克思恩格斯选集》第 1 卷,人民出版社 2012 年版,第 166 页。
② 《马克思恩格斯选集》第 1 卷,人民出版社 2012 年版,第 404 页。
③ 《马克思恩格斯选集》第 1 卷,人民出版社 2012 年版,第 168 页。
④ 《马克思恩格斯选集》第 1 卷,人民出版社 2012 年版,第 194 页。
⑤ 《马克思恩格斯选集》第 1 卷,人民出版社 2012 年版,第 166—167 页。

多样化、社会信息化的"地球村"时代,中国的发展与世界的发展休戚相关。虽然共享发展理念主要是针对新时代我国经济社会发展中的公平正义问题提出来的,但其揭示的问题、倡导的主张契合了世界人民的需要和人类历史发展的潮流,为马克思主义世界历史理论赋予了新内涵。

首先,将共享发展理念融入时代主题的破解中,倡导共同发展。时代主题是人类社会某一发展阶段中带有全球性、战略性和关乎全局的核心问题。从某种意义上讲,人类社会的发展历程就是对各个历史阶段时代主题的破解历程。在中国特色社会主义的新时代,习近平总书记指出:"环顾世界,和平与发展仍然是当今时代两大主题。"① 这是我们党对改革开放 40 年来所认同的和平与发展这个时代主题的再次确认。习近平总书记认为:"发展是第一要务,适用于各国。"② 基于国际经济秩序中的新动向,习近平总书记指出:"一些国家越来越富裕,另一些国家长期贫穷落后,这样的局面是不可持续的。水涨船高,小河有水大河满,大家发展才能发展大家。各国在谋求自身发展时,应该积极促进其他国家共同发展,让发展成果更多更好惠及各国人民。"③ 习近平总书记的这些论述清晰地表明,作为新时代中国特色社会主义的基本方略,共享发展理念已经融入和平与发展这个时代主题的破解中,旨在通过共同发展、普遍发展、均衡发展来推进世界的和平和可持续发展。

其次,将共享发展理念贯彻到发展成果的共享中,倡导公平正义。习近平总书记指出:"国际关系中的不公正不平等现象仍很突出,全球性挑战层出不穷,各种地区冲突和局部战争此起彼伏,不少国家的民众特别是儿童依然生活在战火硝烟之中,不少发展中国家人民依然承受着饥寒的煎熬。"④ 以收入分配为例,在世界经济增长普遍出

---

① 习近平:《谋共同永续发展 做合作共赢伙伴》,《人民日报》2015 年 9 月 27 日第 2 版。
② 《习近平谈治国理政》第 2 卷,外文出版社 2017 年版,第 542 页。
③ 习近平:《弘扬和平共处五项原则 建设合作共赢美好世界》,《人民日报》2014 年 6 月 29 日第 2 版。
④ 习近平:《弘扬和平共处五项原则 建设合作共赢美好世界》,《人民日报》2014 年 6 月 29 日第 2 版。

现低迷的态势下，包括新兴市场国家（例如中国、印度、俄罗斯、巴西等）在内的大多数国家普遍存在收入差距不断扩大的问题。[①] 面对全球经济体系中制约公平正义的结构性问题，习近平总书记指出，"富者愈富、穷者愈穷的局面不仅难以持续，也有违公平正义"[②]，"发展的目的是造福人民。要让发展更加平衡，让发展机会更加均等、发展成果人人共享，就要完善发展理念和模式，提升发展公平性、有效性、协同性"[③]。共享发展理念体现了"以人民为中心"的发展思想和对世界公平正义的倡导，一方面要让发展成果在国际体系中均衡分配，另一方面要让发展成果最终真正惠及各国人民，尤其是处于饥寒交迫状态的弱势群体。

最后，将共享发展理念贯穿到国际秩序的塑造中，倡导命运与共。在当代，世界一体化的程度越来越高。在全球治理体系和国际秩序变革加速推进的新时代，新的国际秩序的塑造面临着诸多新机遇新问题。习近平总书记指出："这个世界，各国相互联系、相互依存的程度空前加深，人类生活在同一个地球村里，生活在历史和现实交汇的同一个时空里，越来越成为你中有我、我中有你的命运共同体。"[④] 作为休戚相关、命运与共的成员，"每个国家在谋求自身发展的同时，要积极促进其他各国共同发展……那种以邻为壑、转嫁危机、损人利己的做法既不道德，也难以持久"[⑤]；"大家一起发展才是真发展，可持续发展才是好发展。要实现这一目标，就应该秉承开放精神，推进互帮互助、互惠互利"[⑥]。为此，习近平总书记提出了"构建人类命运共同体，实现共赢共享"的中国方案，将共享发展理念贯穿其中，主张建设持久和平、普遍安全、共同繁荣、开放包容、清洁美丽的世界。

[①] 参见权衡《世界经济的结构性困境与发展新周期及中国的新贡献》，《世界经济研究》2016 年第 12 期。
[②] 《习近平谈治国理政》第 2 卷，外文出版社 2017 年版，第 524 页。
[③] 《习近平谈治国理政》第 2 卷，外文出版社 2017 年版，第 482 页。
[④] 《习近平谈治国理政》，外文出版社 2014 年版，第 272 页。
[⑤] 《习近平谈治国理政》，外文出版社 2014 年版，第 273 页。
[⑥] 《习近平谈治国理政》第 2 卷，外文出版社 2017 年版，第 524 页。

二 批判资本主义体系内在矛盾以新视角

马克思主义认为,生产力与生产关系、经济基础与上层建筑之间的矛盾运动是推动人类社会从低级阶段走向高级阶段的基本动力。资本主义世界历史开启以来,创造了比过去一切时代都要大得多的社会生产力,推动了人类社会的进步。但自资本主义产生之日起,"资本主义生产方式在它生而具有的矛盾的这两种表现形式中运动着,它毫无出路地处在早已为傅立叶所发现的'恶性循环'中"①,寄生着社会化大生产与资本主义私人占有之间的矛盾,导致资本主义必然灭亡和社会主义必然胜利的历史大趋势。由于"无论哪一个社会形态,在它所能容纳的全部生产力发挥出来以前,是决不会灭亡的;而新的更高的生产关系,在它的物质存在条件在旧社会的胎胞里成熟以前,是决不会出现的"②,再加上资本主义国家对生产关系的局部调整,导致第二次世界大战以后,西方资本主义国家迎来了几十年的高速发展。然而,"在资本主义生产方式下和在构成其占统治地位的范畴、构成其起决定作用的生产关系的资本那里,这种着了魔的颠倒的世界就会更厉害得多地发展起来"③。在资本逻辑下的技术革命、产业变革、政治革命、哲学革命等,最终都是为资本增殖服务,导致资本对剩余价值的掠夺和控制越来越疯狂,工人在异化的路上越走越远。④从20世纪七八十年代开始,高速发展的资本主义开始陷入增长陷阱,周期性的经济危机若隐若现、或强或弱地对经济社会的发展产生负面影响。尤其是爆发于2008年的国际金融危机,它不同于既往的周期性、程式化的量变模式,已经质变为世界资本主义体系的系统性危机。有学者认为,资本主义经济危机进入了第二个阶段,表现为全球经济增长缓慢,呈现出"弱复苏"态势,体现为发达国家经济复苏势头较弱、欧洲经济体受债务危机冲击难见好转、发展中国家也面临

---

① 《马克思恩格斯选集》第3卷,人民出版社2012年版,第804页。
② 《马克思恩格斯选集》第2卷,人民出版社2012年版,第3页。
③ 《马克思恩格斯全集》第46卷,人民出版社2003年版,第936页。
④ 参见张斌、汪先平《怎样正确认识共产主义理想?》,《红旗文稿》2017年第7期。

严峻的挑战三个方面①，凸显了世界历史进程中资本逻辑的当代困境。用共享发展理念审视世界资本主义体系，映衬出世界历史进程中资本逻辑的困境，其内在矛盾彰显无遗。

首先，资本主义的发展逻辑必然导致发展的片面性。资本主义产生500多年来，先后经历了自由竞争资本主义、一般垄断资本主义和国家垄断资本主义，以及当下的全球垄断资本主义阶段。尽管在不同的历史阶段有不同的表现形式，但无止境追求剩余价值而无限扩张生产乃是其贯穿始终的发展逻辑。"资本及其自行增殖，表现为生产的起点和终点，表现为生产的动机和目的；生产只是为资本而生产，而不是反过来生产资料只是生产者社会的生活过程不断扩大的手段"②，在这种发展逻辑支配下，资本主义的发展带有极大的片面性。正如马克思所说："在我们这个时代，每一种事物好像都包含有自己的反面。我们看到，机器具有减少人类劳动和使劳动更有成效的神奇力量，然而却引起了饥饿和过度的疲劳。财富的新源泉，由于某种奇怪的、不可思议的魔力而变成贫困的源泉。技术的胜利，似乎是以道德的败坏为代价换来的。随着人类愈益控制自然，个人却似乎愈益成为别人的奴隶或自身的卑劣行为的奴隶。甚至科学的纯洁光辉仿佛也只能在愚昧无知的黑暗背景上闪耀。我们的一切发明和进步，似乎结果是使物质力量成为有智慧的生命，而人的生命则化为愚钝的物质力量。"③纵观资本主义的发展历程，资本主义越是向前发展，"人与自然之间的冲突越来越严重，人类面临失去'地球家园'之危；人与人之间越来越不平等，社会关系的紧张无以复加，人类面临失去'精神家园'之虞；'现实的个人'越来越心为物役，面临'单面人'的纠结与困惑"④。这些片面性的发展困境是世界资本主义经济体系的发展宿命，其总根源就是与资本主义相伴而生的资本逻辑。

其次，资本主义的生产关系必然导致利益的对立性。资本主义私有制是资本主义生产关系的核心。在资本主义条件下，资本家与工

---

① 参见杨艳《论世界资本主义体系危机的持续加剧》，《马克思主义研究》2015年第3期。
② 《马克思恩格斯文集》第7卷，人民出版社2009年版，第278页。
③ 《马克思恩格斯文集》第2卷，人民出版社2009年版，第580页。
④ 田鹏颖：《马克思实践辩证法的社会工程形态》，《中国社会科学》2016年第8期。

人、资本和劳动都是根本对立的。在分配领域,"工人不占有产品中的任何份额,他同资本家的交换,不是使他能分享产品,却是根本排斥他去分享产品本身"①;在交换和消费环节,"一切现实的危机的最终原因,总是群众的贫穷和他们的消费受到限制,而与此相对比的是,资本主义生产竭力发展生产力,好像只有社会的绝对的消费能力才是生产力发展的界限"②。马克思主义经典作家对资本主义生产关系导致利益对立的揭示被当下现实所证实。法国经济学家皮凯蒂研究了欧洲资本主义国家财产占有不平等的问题。结果显示,从存量来看,2010年,欧洲财富的高度集中已达到1910年的水平,最富的1%人口拥有25%的财产,10%的人口占有60%的财产;中等收入的人口占40%,财产为35%;其余50%的人口只占有5%的财产。③ 从增量来看,长期观察得到的资本收益率中间值是每年4%—5%,其至少是产出(及收入)增长率的10—20倍。④ 从20世纪80年代开始,美国就进入了贫富差距扩大的轨道。研究显示,从1980年到2015年,美国收入最低的20%底层家庭总收入占全部家庭总收入的比重从4.2%降至3.1%,收入最高的5%富裕家庭总收入占比则从16.5%飙升至22.1%,占家庭总数80%的中下层家庭总收入占比从55.9%下跌至48.8%。⑤ 资本主义社会不具备实现共享发展的制度基础,必然导致发展利益的阶级对立。

最后,资本主义的世界体系必然导致发展的失衡性。世界资本主义体系由垄断资本所主导,在资本主义经济全球化条件下,无法构建惠及全体国家和人民的机制,必然导致一些国家越来越富裕、一些国家越来越贫穷的失衡格局。从全球产业体系的分工来看,西方发达国家总处于产业链的高端,广大发展中国家大多处在产业链的低端,而

---

① 《马克思恩格斯全集》第47卷,人民出版社1979年版,第625页。
② 《马克思恩格斯文集》第7卷,人民出版社2009年版,第548页。
③ 参见[法]托马斯·皮凯蒂《21世纪资本论》,巴曙松等译,中信出版社2014年版,第263—265页。
④ 参见[法]托马斯·皮凯蒂《21世纪资本论》,巴曙松等译,中信出版社2014年版,第363页。
⑤ 参见[英]罗思义《美国收入不平等急速加剧》,杨凡欣、丁一译,《人民日报》2017年1月15日第8版。

发达国家垄断资本掌握着规则和定价权，世界资本主义只能使两极分化越来越严重。① 从发展成果的分享来看，资产阶级迫使各民族在世界历史进程中遵循资本逻辑，一方面将国内的矛盾转嫁到世界市场，另一方面又将从世界市场中获取的利润用于国内的资本修复以缓和阶级矛盾。发达国家工人的高收入和高福利在很大程度上是通过资本的跨国转移、剥削其他落后国家的工人来维持的，是建立在落后国家工人贫困基础上的。② 总体来看，生产的社会化和生产资料资本主义私人占有这个基本矛盾已从资本主义国家渗透资本主义的世界体系中，资本与劳动、资本家与工人之间的矛盾也会随着财富差距不断拉大逐渐尖锐并波及资本主义世界体系的每一个角落。习近平总书记指出："世界经济发展到今天……发展不平衡问题远未解决，现有经济治理机制和架构的缺陷逐渐显现……这就像一个人生了病，看起来是感冒发烧，但根子在身体机理出了问题。"③

三　开创世界历史向前发展以新范式

生产力和生产关系是唯物史观的基本范畴，生产力决定生产关系、生产关系反作用于生产力是人类社会发展的基本规律。在人类历史上，每一次生产力的飞跃发展均会导致生产关系在一定程度上的变革。在新技术革命方兴未艾的时代，互联网、大数据、人工智能和实体经济的融合越来越深，在中高端消费、创新引领、绿色低碳、共享经济、现代供应链、人力资本服务等领域形成了一大批新的增长点和新的发展动能，一些引领性、标志性、颠覆性新技术的出现和集群式应用往往与生产组织变革相互交织，促进生产效率不断提高，从而对经济社会发展产生全局性、系统性的影响。④ 以通信互联网、能源互

---

① 参见杨帆、苏伟《习近平"包容增长"新思想将引领世界经济发展》，《探索》2017年第2期。

② 参见陈飞《马克思对资本主义分配正义的四重批判》，《马克思主义研究》2016年第4期。

③ 习近平：《创新增长路径　共享发展成果》，《人民日报》2015年11月16日第2版。

④ 参见李克强《催生新的动能　实现发展升级》，《求是》2015年第20期。

联网和物流互联网逐渐融合为特征的第三次工业革命到来后,社会生产力将产生巨大的飞跃。随着对短缺经济时代的告别,世界对物联网时代的发展范式提出了转型要求。归根结底,"一切社会变迁和政治变革的终极原因,不应当到人们的头脑中,到人们对永恒的真理和正义的日益增进的认识中去寻找,而应当到生产方式和交换方式的变更中去寻找"①。审视当下正在发生的生产方式、交换方式和生活方式的深刻变革,一场以物联网发展为突破口的巨大社会变革已经呼之欲出。共享发展理念与物联网生产方式的共享价值原则具有内在的契合性,顺应了信息革命时代新生产力的发展要求,为推进世界历史向前发展开创了新的范式。

首先,共享发展理念是繁荣共享经济的精神动力。共享经济是依托互联网、物联网、云计算、大数据等现代信息技术,整合、分享海量的分散化闲置资源,满足多样化需求的一种新的经济形态,是加速要素流动、实现供需高效匹配的新型资源配置方式。在共享经济范式下,资本的内涵、外延以及运作逻辑在一些领域开始发生变化。国家信息中心发布的《中国共享经济发展报告(2023)》显示,2022年全年共享经济市场交易规模约38320亿元,同比增长约3.9%。网约车用户、共享住宿用户和在线外卖用户在网民中的普及率分别为38.54%、6.63%和61.44%。线上外卖收入占比从2018年的10.9%,一直到2022年的25.4%,每年都呈增长之势。作为顺应人类生产生活数字化趋势、依托互联网平台发展起来的新型业态,共享经济必将呈现出十分广阔的发展空间。从本质来看,共享发展理念是中国特色社会主义的上层建筑,其与信息革命时代物联网生产方式的共享价值原则是相协调的,与建立在私有制基础上的资本主义制度存在冲突。②

其次,共享发展理念是构建共享制度的基本准则。共享经济在发展过程中,必然出现这样那样的问题,同样可能存在财富进一步集中的发展陷阱,构建与共享经济发展要求相适应的制度体系是一种客观

---

① 《马克思恩格斯文集》第9卷,人民出版社2009年版,第284页。
② 参见刘方喜《习近平"共享"论与物联网中国话语体系初探》,《阅江学刊》2017年第3期。

需要。共享发展理念体现为全面共享、全民共享、共建共享、渐进共享，主张实现世界各国共同发展、平衡发展，让发展成果惠及各国人民。要将共享发展理念体现到规范性的生产力发展和成果分配的制度设计中去，防止两极分化在信息革命时代以新的形式出现。在国际层面，要注重信息基础设施的均衡发展，增加发展中国家在全球共享经济发展模式中的话语权，逐步削减国际经济秩序中事实上存在的不平等不公正制度设计。在国内层面，各国政府需作出有效的制度安排，使全体人民在共建共享发展中有更多获得感，增强发展动力，增进人民团结，朝着共同富裕方向稳步前进。只有将共享发展理念作为基本准则贯穿于国际规则和国内法规制度的创设中，才能为世界历史发展的新范式提供重要的制度保障，逐步实现资本逻辑在新的社会发展阶段中的扬弃。

最后，共享发展理念是涵养共享价值的核心要义。信息革命时代的共享经济范式"不仅具有破坏性，而且是痛苦的，因为这不但质疑了支撑社会和经济模型的假设，同时否定了与之相伴的信仰系统和掌控这些模型的世界观"[①]。在共享经济模式下，"随着被分享的事物越来越多，越来越少的事物会被当作财产看待"[②]，发展范式的变化必然引起观念上层建筑的变化，发展范式的可持续发展离不开发展伦理的正向引导。在信息革命时代，共享发展理念将成为发展伦理的精神支柱，随着共享发展理念的日益深入人心，必将涵养出一种与世界历史发展新范式相匹配的共享价值体系。

四 注入人类进步事业以新能量

从世界格局来看，社会主义和资本主义两条道路、两种社会制度互相竞争、相互借鉴、共生共存的局面将会长期存在。马克思主义认为，世界历史的最终归属是"每个人的自由发展是一切人的自由发展的条件"的共产主义。作为一种崇高理想，共产主义的实现既需要一

[①] [美]杰里米·里夫金：《零边际成本社会：一个物联网、合作共赢的新经济时代》，赛迪研究院专家组译，中信出版社2014年版，第24页。

[②] [美]凯文·凯利：《必然》，周峰等译，电子工业出版社2016年版，第139页。

代又一代人的接力奋斗，又需要将远大理想阶段化、具体化。列宁指出："如果你不善于把理想与经济斗争参加者的利益密切结合起来，与该阶级的'公平的劳动报酬'这类'狭隘'琐碎的生活问题，即自命不凡的民粹主义者不屑理睬的问题结合起来，那么，最崇高的理想也是一文不值的。"① 共享发展理念既立足于国际社会两条道路与两种制度对峙的矛盾现实，又坚定"社会主义经历一个长过程发展后必然代替资本主义。这是社会历史发展不可逆转的总趋势"② 的信念，倡导超越民族国家、社会制度和意识形态的障碍，着眼于发展这个时代主题，着眼于发展成果共享这个关键着力点，策略性地吸取资本主义国家发展中有利于社会主义成长的有益因素，不断增强社会主义世界历史的比较优势。共享发展理念强调"世界命运应该由各国共同掌握，国际规则应该由各国共同书写，全球事务应该由各国共同治理，发展成果应该由各国共同分享"③，演绎了世界历史更为清晰的发展路径，为推进人类进步事业注入了新能量。

首先，共享发展理念有助于促进世界和平发展。党的十九大报告指出，中国共产党是为中国人民谋幸福的政党，也是为人类进步事业而奋斗的政党。当今世界是一个矛盾体，"一方面，物质财富不断积累，科技进步日新月异，人类文明发展到历史最高水平。另一方面，地区冲突频繁发生，恐怖主义、难民潮等全球性挑战此起彼伏，贫困、失业、收入差距拉大，世界面临的不确定性上升"④。历史证明，不公正、不合理的国际政治经济旧秩序长期造成的发展失衡、贫富差距、弱肉强食是世界和平发展的根本威胁。作为党的重要理论创新成果，共享发展理念既立足国内又放眼全球，怀有推进全球平衡发展、建设和谐世界的理论抱负，它"一旦被群众掌握，就会变成改造社会、改造世界的物质力量"⑤。一方面，它积极倡导合作共赢的国际交往观，推进开放、包容、普惠、平衡、共赢的新一轮经济全球化，实现各国共同发展、平衡发展、普惠发展；另一方面，它又诚心诚意

---

① 《列宁全集》第1卷，人民出版社1984年版，第353页。
② 《邓小平文选》第3卷，人民出版社1993年版，第382—383页。
③ 《习近平谈治国理政》第2卷，外文出版社2017年版，第540页。
④ 《习近平谈治国理政》第2卷，外文出版社2017年版，第476页。
⑤ 《毛泽东文集》第8卷，人民出版社1999年版，第320页。

地推进南南合作，力所能及地向其他发展中国家提供不附加任何政治条件的援助，支持和帮助广大发展中国家特别是最不发达国家消除贫困。正在实施的"一带一路"倡议，"承载着我们对共同发展的追求，将帮助各国打破发展瓶颈，缩小发展差距，共享发展成果，打造甘苦与共、命运相连的发展共同体"①。在国际社会深入倡导共享发展理念，能"让铸剑为犁、永不再战的理念深植人心，让发展繁荣、公平正义的理念践行人间"②，进而不断推进世界和平发展的崇高事业。

其次，共享发展理念有助于促进文明融合发展。马克思主义认为，随着世界交往的深入，"民族的片面性和局限性日益成为不可能，于是由许多种民族的和地方的文学形成了一种世界的文学"③。共享发展理念基于多元、平等、包容的新型文明观，坚持不同文明之间没有高下、优劣之分，只有特色、地域之别，追求"各美其美，美人之美，美美与共，天下大同"的美好境界，倡导不同文明交流互鉴、共享繁荣，有助于促进文明融合发展。一是以文明交流超越文明隔阂。习近平总书记指出："人类文明多样性赋予这个世界姹紫嫣红的色彩，多样带来交流，交流孕育融合，融合产生进步。"④ 文明间发展成果共享的过程实质上也是文明交流的过程。不同文明秉持共享发展理念，在交流接触中增进了解、消除隔阂是促进文明融合发展的基本前提。二是以文明互鉴超越文明冲突。习近平总书记指出："只有交流互鉴，一种文明才能充满生命力。只要秉持包容精神，就不存在什么'文明冲突'，就可以实现文明和谐。"⑤ 不同文明秉持共享发展理念，不断在互相借鉴中推进共同发展、共享繁荣，成为远离"文明冲突"、走向"文明融合"的不竭动力。三是以文明共存超越文明优越。习近平总书记指出："不同历史和国情，不同民族和习俗，孕育了不同文明，使世界更加丰富多彩"，"每种文明都有其独特魅力和

---

① 习近平：《在"一带一路"国际合作高峰论坛欢迎宴会上的祝酒辞》，《人民日报》2017年5月15日第2版。
② 《习近平谈治国理政》第2卷，外文出版社2017年版，第526页。
③ 《马克思恩格斯选集》第1卷，人民出版社2012年版，第404页。
④ 《习近平谈治国理政》第2卷，外文出版社2017年版，第524页。
⑤ 《习近平谈治国理政》，外文出版社2014年版，第259—260页。

深厚底蕴,都是人类的精神瑰宝"。① 文明间一律平等、共生共荣是共同发展、共享发展的内在要求。不同文明秉持共享发展理念,筑牢抵御文明优越和文明歧视的思想防线,是推进文明融合发展的根本前提。

最后,共享发展理念有助于推进人的全面发展。马克思主义认为,人"不是处在某种虚幻的离群索居和固定不变状态中的人,而是处在现实的、可以通过经验观察到的、在一定条件下进行的发展过程中的人"②。马克思主义始终将个人的发展与历史向世界历史的转变联系起来,认为"每一个单个人的解放的程度是与历史完全转变为世界历史的程度一致的"③。他根据人类社会的不同发展阶段,将个人的发展分为"人的依赖关系"阶段、"以物的依赖性为基础的人的独立性"阶段和"建立在个人全面发展和他们共同的社会生产能力成为他们的社会财富这一基础上的自由个性"阶段。④ 共享发展理念坚持"以人民为中心"的发展立场,发展了马克思主义的"人的自由全面发展"思想。一是把人的全面发展建立在人民美好生活需要的满足中。人们对美好生活的需要将随着时代的发展而越来越宽泛,需要的满足过程就是人的全面发展的过程。习近平总书记在党的十九大报告中指出:"我们要在继续推动发展的基础上,着力解决好发展不平衡不充分问题,大力提升发展质量和效益,更好满足人民在经济、政治、文化、社会、生态等方面日益增长的需要,更好推动人的全面发展、社会全面进步。"⑤ 二是把人的全面发展融入世界人民的共同利益中。中国梦是和平、发展、合作、共赢的梦,与世界各国人民的美好梦想相通。三是把人的全面发展统筹到全人类的永续发展中。共享发展理念蕴含着深厚的代际共享思想,注重发展的可持续性和代际共享性,强调尊崇自然,不以牺牲后代人的幸福为代价追求当代人的发展。

---

① 《习近平谈治国理政》第 2 卷,外文出版社 2017 年版,第 544 页。
② 《马克思恩格斯选集》第 1 卷,人民出版社 2012 年版,第 153 页。
③ 《马克思恩格斯选集》第 1 卷,人民出版社 2012 年版,第 169 页。
④ 参见《马克思恩格斯全集》第 46 卷(上),人民出版社 1979 年版,第 104 页。
⑤ 《中国共产党第十九次全国代表大会文件汇编》,人民出版社 2017 年版,第 9—10 页。

理念是行动的先导，是管方向和管长远的。中国共产党是世界上最大的政党，既为中国人民谋幸福，也为人类进步事业而奋斗。共享发展理念这一党的重要理论创新成果，具有鲜明的历史唯物主义理论品质，彰显着深远的世界历史意义。在世界历史进程中，真正实现社会共享、实现每个人自由而全面的发展需要一个漫长的历史过程。在中国特色社会主义新时代，我们应该在国际社会大力倡导和践行共享发展理念，以更加积极的姿态、更加有效的作为，在全球治理体系变革中发挥作用，积小胜为大胜，不断推进世界历史向前发展。

第三章
共享发展理念的伦理意义

坚持创新、协调、绿色、开放、共享的新发展理念，是新时代坚持和发展中国特色社会主义的基本方略。共享发展理念体现了马克思主义对人类美好社会的理想，具有强大的思想张力和深刻的理论意涵。深入分析共享发展理念的伦理意义，对于丰富和发展社会主义道德体系、坚持和完善中国特色社会主义制度、推进国家治理体系和治理能力现代化、完善全球治理体系、实现人类永续发展等具有重要的意义。

一 提升了社会形态演进中的人际伦理

伦理道德等上层建筑是由一定发展阶段的经济基础所决定的，因为"人们自觉地或不自觉地，归根到底总是从他们阶级地位所依据的实际关系中——从他们进行生产和交换的经济关系中，获得自己的伦理观念"[1]。新一轮科技革命和产业革命正处在实现重大突破的历史关口，"利用第四次工业革命的机遇，将人类的道德意识水平提升到新的高度"[2]成为伦理建设的时代命题。共享发展理念契合了新一轮科技革命和产业变革对生产关系的调整要求，与信息社会自由、开放、共享的核心价值理念相吻合，对人与人之间的社会交往发挥着价

---

[1] 《马克思恩格斯选集》第3卷，人民出版社2012年版，第470页。
[2] ［德］克劳斯·施瓦布：《第四次工业革命：转型的力量》，李菁译，中信出版社2016年版，第119页。

值指引作用，提升了技术社会形态演进中的人际伦理。具体表现在以下几个方面。

1. 开辟了集体主义原则的新境界

马克思主义将集体主义作为社会主义道德的基本原则，"我为人人、人人为我"已成为社会主义的人际交往伦理。在新一轮科技革命和产业变革中，共享发展理念增强了集体主义原则的适应性。

第一，共享发展理念依托新一轮科技革命的技术支撑，压缩了"小我"与"大我"的时空距离，增强了集体主义原则的感染力。习近平总书记指出："只有把自己的小我融入祖国的大我、人民的大我之中，与时代同步伐、与人民共命运，才能更好实现人生价值、升华人生境界。"[1] 随着社会信息化的深入发展，"泛在网络社会"已渗透包括生产关系在内的人类行为的各个方面，实现了生产的全球化、市场的世界化、服务的全域化，使生产关系突破了传统社会在地性建构的许多约束[2]，社会管理体制已经实现从单位制向社区制的转变，社会组织形式正从科层制结构向扁平化结构转化。在社会生活和交往中，作为个体的"小我"超越既有科层组织和体制边界的约束，直接与跨层级、跨区域等更大范围的"大我"相互动，甚至直接在民族、国家、全人类的"大我"中实现个人的价值追求。

第二，共享发展理念将共建共享机制贯穿于社会生产总过程的各环节，推进更加公平的生产关系形成，增强了集体主义原则的渗透力。随着区块链技术与实体经济的深度融合以及在社会生活中的广泛应用，人们能够"平等地参与到经济中去。这样的平等性所带来的影响是深远的"[3]，依托发达的信息生产力，共建共享机制必将落实到生产、分配、交换、消费各环节。"我们或许不需要通过重新分配财富的方式去解决日益恶化的社会不平等问题，而是通过在一开始就改

---

[1] 习近平：《在纪念五四运动 100 周年大会上的讲话》，《人民日报》2019 年 5 月 1 日第 2 版。

[2] 参见胡潇《"泛在"和"脱域"——当代生产关系空间构型新探》，《哲学研究》2016 年第 10 期。

[3] ［加拿大］唐·塔普斯科特、［加拿大］亚力克斯·塔普斯科特：《区块链革命：比特币底层技术如何改变货币、商业和世界》，凯尔、孙铭、周沁园译，中信出版社 2016 年版，第 170 页。

变财富分配和创造的方式去实现"①，在一种处处弥漫着集体主义的空气中实现社会的公平正义。

第三，共享发展理念与社会主义市场经济相适应，兼顾个人利益与集体利益的协调发展，提升了集体主义原则的认同度。习近平总书记指出："国家保护各种所有制经济产权和合法权益，坚持权利平等、机会平等、规则平等，废除对非公有制经济各种形式的不合理规定，消除各种隐性壁垒，激发非公有制经济活力和创造力。"② 落实共享发展理念，"一是充分调动人民群众的积极性、主动性、创造性，举全民之力推进中国特色社会主义事业，不断把'蛋糕'做大；二是把不断做大的'蛋糕'分好，让社会主义制度的优越性得到更充分体现，让人民群众有更多获得感"③，这体现了对整体利益和局部利益、集体利益和个人利益、当前利益和长远利益的兼顾。

2. 拓展了消解道德困境的新路径

如何消解社会转型阶段的道德困境，建设与中国特色社会主义新时代相适应的人际伦理，是一项十分紧迫的任务。共享发展理念既体现为对发展物质财富的共享，也体现为对发展精神财富的共享，拓展了消解道德困境的新路径。

第一，共享发展理念对社会公平正义的追求，有利于压缩道德失范的存在空间。随着新发展理念在"五位一体"总体布局和"四个全面"战略布局中的贯彻落实，从顶层设计到"最后一公里"的落细落小，必将对全社会的利益格局、价值导向产生深远影响。"原则上就没有理由否认可用一些人的较大得益来补偿另一些人的较少损失，或更严重些，可以为使很多人分享较大利益而剥夺少数人的自由"④，因此，拜金主义、享乐主义、极端个人主义等道德失范现象将得到有效遏制。

---

① ［加拿大］唐·塔普斯科特、［加拿大］亚力克斯·塔普斯科特：《区块链革命：比特币底层技术如何改变货币、商业和世界》，凯尔、孙铭、周沁园译，中信出版社2016年版，第14页。
② 《习近平谈治国理政》第2卷，外文出版社2017年版，第259页。
③ 《习近平谈治国理政》第2卷，外文出版社2017年版，第216页。
④ ［美］约翰·罗尔斯：《正义论》，何怀宏、何包钢、廖申白译，中国社会科学出版社2009年版，第21页。

第二，共享发展理念对社会治理制度的完善，有利于社会主义核心价值观融入社会治理。共享发展理念聚焦人民期待的增长点，找准各方利益的结合点，更好满足人民群众多层次、差异化、个性化的需求，不断增强人民群众获得感、幸福感、安全感①，推动建设人人有责、人人尽责、人人享有的社会治理共同体。完善共建共治共享的社会治理制度，会极大地激发社会活力和公民的道德责任，推进社会主义核心价值观融入法治建设和社会治理，将培育和践行社会主义核心价值观引向深入。

第三，共享发展理念对美好生活需要的满足，有利于培育共产主义的道德风尚。美好生活以高度发达的道德觉悟为前提与保障，并且以道德生活作为美好生活的重要内容与标志。人民对美好生活的需要不仅对物质生活提出了更高要求，而且在民主、法治、公平、正义等方面的要求日益增长。在不平衡不充分的发展格局中，道德发展的不平衡不充分是一个重要方面。"既然正确理解的利益是全部道德的原则，那就必须使人们的私人利益符合于人类的利益。"② 以共享发展理念推进高质量发展，在满足人民日益增长的美好生活需要的过程中，共产主义道德风尚将逐渐养成。

3. 丰富了人的全面发展的内涵

"一个人的发展取决于和他直接或间接进行交往的其他一切人的发展"③，"社会关系实际上决定着一个人能够发展到什么程度"④。共享发展理念将个人的发展建立在社会交往发展的基础之上，丰富了人的全面发展的内涵。

第一，共享发展理念主张人际交往要平等互利、共同发展。在社会交往过程中，个人和其他一切人的关系表现为："（1）每个人只有作为另一个人的手段才能达到自己的目的；（2）每个人只有作为自我目的（自为的存在）才能成为另一个人的手段（为他的存在）；（3）每个人是手段同时又是目的，而且只有成为手段才能达到自己

---

① 郭声琨:《坚持和完善共建共治共享的社会治理制度》,《人民日报》2019年11月28日第6版。
② 《马克思恩格斯文集》第1卷,人民出版社2009年版,第335页。
③ 《马克思恩格斯全集》第3卷,人民出版社1960年版,第515页。
④ 《马克思恩格斯全集》第3卷,人民出版社1960年版,第295页。

的目的，只有把自己当作自我目的才能成为手段"①，这否定了资本主义社会"除现钱交易外，他不承认人和人之间还有其他任何关系"②的人际伦理，体现了人的全面发展的主体间意涵。

第二，共享发展理念主张社会交往应该突破局限、实现普遍交往。只有在普遍的交往中，"单个人才能摆脱种种民族局限和地域局限而同整个世界的生产（也同精神的生产）发生实际联系，才能获得利用全球的这种全面的生产（人们的创造）的能力"③。在新一轮科技革命和产业变革条件下，社会交往的普遍性发展得到了强有力的技术支撑，形成"普遍的社会物质变换，全面的关系，多方面的需求以及全面的能力的体系"④。共享发展理念主张坚持和完善中国特色社会主义制度，"逐步建立以权利公平、机会公平、规则公平为主要内容的社会公平保障体系，努力营造公平的社会环境，保证人民平等参与、平等发展权利"⑤，揭示了人的全面发展的自主性意涵。

第三，共享发展理念主张人际交往应遵循整体性原则。"既然人天生就是社会的，那他就只能在社会中发展自己的真正的天性；不应当根据单个个人的力量，而应当根据社会的力量来衡量人的天性的力量。"⑥共享发展理念排斥人际交往中孤立的"独享"和脱离整体的个体发展，揭示了个人全面发展对"人"类社会整体发展的依赖性。

二 完善了新时代中国特色社会主义的群际伦理

中国特色社会主义进入新时代，"发展不全面的问题很大程度上也表现在不同社会群体民生保障方面"⑦，其中暴露出的民族关系、区域关系、城乡关系和阶层关系等群际关系还存在改善的空间。共享发展理念包含着"彻底消除阶级之间、城乡之间、脑力劳动和体力劳

---

① 《马克思恩格斯全集》第46卷（上），人民出版社1979年版，第196页。
② 《马克思恩格斯全集》第2卷，人民出版社1957年版，第565页。
③ 《马克思恩格斯选集》第1卷，人民出版社2012年版，第169页。
④ 《马克思恩格斯全集》第46卷（上），人民出版社1979年版，第104页。
⑤ 《习近平谈治国理政》，外文出版社2014年版，第96页。
⑥ 《马克思恩格斯文集》第1卷，人民出版社2009年版，第335页。
⑦ 《习近平谈治国理政》第2卷，外文出版社2017年版，第79页。

动之间的对立和差别，实行各尽所能、按需分配，真正实现社会共享、实现每个人自由而全面的发展"①的目标，着眼于破解制约群际关系全面均衡发展的结构性问题，推进民族关系、区域关系、城乡关系和阶层关系深入发展，给群际交往烙上了伦理印记，完善了新时代中国特色社会主义的群际伦理。

1. 坚持把大局意识作为协调群际关系的伦理原则

民族关系、区域关系、城乡关系和阶层关系事关社会稳定和国家长治久安大局。习近平总书记指出："在不同的发展水平上，在不同的历史时期，不同思想认识的人，不同阶层的人，对社会公平正义的认识和诉求也会不同"，"要从最广大人民根本利益出发，多从社会发展水平、从社会大局、从全体人民的角度看待和处理这个问题"。②

第一，大局意识已经内嵌到我国群际关系内在结构中。在发展中推进民族关系、阶层关系和谐稳定，推进区域关系、城乡关系协调发展是落实共享发展理念的重要前提和题中之义。在中华民族多元一体格局下，各民族只有在"共同团结奋斗、共同繁荣发展"中才能实现自身发展；在东、中、西部区域梯次发展格局下，区域之间、城乡之间只有按照区域协调发展战略和主体功能区布局的要求，善于从整体而不是局部考虑问题，才能在全局发展中找准自身定位；在利益分化导致各阶层收入差距拉大的收入分配格局下，各阶层只有在党的领导下，坚持"全国一盘棋"推进各项改革措施落实，才能早日实现"两个一百年"奋斗目标和中华民族伟大复兴"中国梦"的整体利益。

第二，大局意识已经体现到我国群际关系的历史记忆中。一部中国史，"就是一部各民族交融汇聚成多元一体中华民族的历史，就是各民族共同缔造、发展、巩固统一的伟大祖国的历史"③。社会主义革命和建设时期，我们坚持"着重反对大汉族主义。地方民族主义也要反对"，"诚心诚意地积极帮助少数民族发展经济建设和文化建

---

① 《习近平谈治国理政》第 2 卷，外文出版社 2017 年版，第 214 页。
② 《习近平谈治国理政》，外文出版社 2014 年版，第 96 页。
③ 习近平：《在全国民族团结进步表彰大会上的讲话》，《人民日报》2019 年 9 月 28 日第 2 版。

设"①；改革开放时期，我们落实"让一部分人、一部分地区先富起来，以带动和帮助落后的地区，先进地区帮助落后地区是一个义务"②的要求；新时代脱贫攻坚中的东西部扶贫、对口帮扶机制等都是不同历史时期协调群际关系留下的历史记忆。大局意识已经成为不同社会群体在协调群际关系时的道德理性。

第三，大局意识必将熔铸到我国群际关系的未来发展中。在新的征程上，要"巩固全国各族人民的大团结，加强海内外中华儿女的大团结，增强各党派、各团体、各民族、各阶层以及各方面的大团结，保持党同人民群众的血肉联系，大力弘扬爱国主义精神，凝聚成一往无前的力量，推动中华民族伟大复兴的航船乘风破浪、扬帆远航"③。在群际关系的协调中，要从当前我国发展中不平衡、不协调、不可持续的突出问题出发，着力推动民族、阶层和谐发展，区域、城乡协调发展，要"增强大局意识、战略意识，善于算大账、总账、长远账，不能只算地方账、部门账、眼前账，更不能为了局部利益损害全局利益，为了暂时利益损害根本利益和长远利益"④。

2. 坚持把共同富裕作为整合群际利益的伦理使命

习近平总书记指出："共享理念实质就是坚持以人民为中心的发展思想，体现的是逐步实现共同富裕的要求。"⑤在中国特色社会主义新时代，"如果利益关系协调不好、各种矛盾处理不好，就会导致问题激化，严重的就会影响发展进程"⑥。

第一，实现共同富裕是共产主义理想的重要内容。未来共产主义社会"在资本主义时代的成就的基础上，在协作和共同占有包括土地在内的一切生产资料的基础上，重新建立劳动者的个人所有制"⑦，个人会得到自由全面发展，思想觉悟和道德水平极高，社会实行"各

---

① 《毛泽东文集》第7卷，人民出版社1999年版，第33—34页。
② 《邓小平文选》第3卷，人民出版社1993年版，第155页。
③ 习近平：《在庆祝中华人民共和国成立70周年招待会上的讲话》，《人民日报》2019年10月1日第3版。
④ 《习近平谈治国理政》第2卷，外文出版社2017年版，第221页。
⑤ 《习近平谈治国理政》第2卷，外文出版社2017年版，第214页。
⑥ 《习近平谈治国理政》第2卷，外文出版社2017年版，第82页。
⑦ 《马克思恩格斯全集》第49卷，人民出版社1982年版，第246页。

尽所能、按需分配"的制度，社会成员达到共同富裕的目标。理想信念对发展理念发挥着根本指引作用。只有坚持走共同富裕的道路，并不断取得实质性进展，才能为实现共产主义创造条件。

第二，实现共同富裕是中国共产党的初心和使命。中国共产党自成立之日起，就把为中国人民谋幸福、为中华民族谋复兴作为自己的初心和使命，让中华民族从积贫积弱的状态中走出来。实现共同富裕是历代中国共产党人接力推进、孜孜以求的事业。新中国成立后，党领导人民建立起以生产资料公有制为基础的社会主义制度，为实现共同富裕奠定了基础。在改革开放新时期，邓小平把"共同富裕"作为衡量改革是否偏离社会主义方向的根本标准，"在改革中坚持社会主义方向，这是一个很重要的问题……如果导致两极分化，改革就算失败了"①。中国特色社会主义进入新时代，中国人民实现了从站起来、富起来到强起来的飞跃，越来越接近实现共同富裕的目标。在全面建成小康社会的收官阶段，习近平总书记指出："全面建成小康社会，一个民族不能少；实现中华民族伟大复兴，一个民族也不能少。"② 全面建成小康社会后，党将继续带领人民开启全面建设社会主义现代化的新征程，向实现共同富裕的目标迈进。

第三，实现共同富裕体现了以人民为中心的根本立场。共享发展理念着力破解制约群际关系和谐发展的制度、体制和机制，让全体人民更多更公平地获得改革发展成果，朝着共同富裕的目标迈进。实现共同富裕既体现了以人民为中心的根本立场，又是对人民群众日益增长的美好生活需要的积极回应，彰显了共享发展理念的伦理底蕴。坚持以人民为中心的根本立场，就要始终维护好、发展好人民的根本利益。

3. 坚持把共建共享作为增强群际团结的伦理责任

习近平总书记指出："共享是共建共享。这是就共享的实现途径而言的。共建才能共享，共建的过程也是共享的过程"③，这揭示了相关主体在促进共同发展、增进群际团结中的伦理责任。

---

① 《邓小平文选》第3卷，人民出版社1993年版，第138—139页。
② 习近平：《论"三农"工作》，中央文献出版社2022年版，第120页。
③ 《习近平谈治国理政》第2卷，外文出版社2017年版，第215页。

第一,共建共享意味着"共建"才能"共享",突出了相关主体的参与责任。在科学社会主义视域下,坚持"按劳分配"与"各尽所能、按需分配"都把"共建"作为"共享"的前提条件,要求每一个生产者"从社会领回的,正好是他给予社会的"①。"共建"才能"共享"蕴含着一条基本的社会分配伦理,给相关主体提出了明确的"共建"要求。习近平总书记指出:"实现中华民族伟大复兴的中国梦,要靠各行各业人们的辛勤劳动……提倡通过诚实劳动来实现人生的梦想、改变自己的命运,反对一切不劳而获、投机取巧、贪图享乐的思想"②。在脱贫攻坚战中,"要注重培育贫困群众发展生产和务工经商的基本技能,注重激发贫困地区和贫困群众脱贫致富的内在活力,注重提高贫困地区和贫困群众自我发展能力"③,这既体现了要积极为贫困地区和贫困群众的有效参与创造条件的工作要求,也体现了对贫困地区和贫困群众要积极履行"共建"责任的殷切希望。

第二,共建共享预示着"共建"应该"共享",突出了相关主体的公平责任。"共建"应该"共享"反映的是分配环节的公平正义要求。习近平总书记指出:"坚持发展为了人民、发展依靠人民、发展成果由人民共享,作出更有效的制度安排,使全体人民在共建共享发展中有更多获得感。"④ 各级党委和政府要着力破解制约民族、区域、城乡、阶层之间均衡发展的结构性问题,在坚持和完善中国特色社会主义制度、推进国家治理体系和治理能力现代化过程中,切实落实维护社会公平正义的伦理责任,使发展成果更多更公平惠及全体人民。各行业协会、企事业单位和社会组织要切实贯彻"共建"就要"共享"的责任,完善微观分配行为和内部分配机制,营造公平正义、积极向上的社会氛围。

第三,共建共享彰显着"共建"也是"共享",突出了相关主体的保障责任。"共建"也是"共享"体现的是在推进发展中平等参

---

① 《马克思恩格斯选集》第3卷,人民出版社2012年版,第363页。
② 习近平:《在知识分子、劳动模范、青年代表座谈会上的讲话》,《人民日报》2016年4月30日第2版。
③ 《习近平谈治国理政》第2卷,外文出版社2017年版,第90页。
④ 中共中央宣传部:《习近平总书记系列重要讲话读本(2016年版)》,学习出版社、人民出版社2016年版,第136页。

与、机会公平的重要性。机会公平与实质公平是相互联系、互为依存的,平等参与是公平正义的基本前提和重要环节,人们不能脱离机会公平而空谈实质公平。平等参与是个人全面发展的条件,因为"人不是在某一种规定性上再生产自己,而是生产出他的全面性;不是力求停留在某种已经变成的东西上,而是处在变易的绝对运动之中"①。习近平总书记指出:"我们的方向就是让每个人获得发展自我和奉献社会的机会,共同享有人生出彩的机会,共同享有梦想成真的机会,保证人民平等参与、平等发展权利。"②

4. 坚持用制度建设呼应促进群际和谐的伦理要求

构建和谐的群际关系是美好社会的重要标志。罗尔斯认为:"一个社会,当它不仅旨在推进它的成员的利益,而且也有效地受着一种公共的正义观调节时,它就是一个良序的(well-ordered)社会。"③ 共享发展理念追求公平正义,坚持用制度建设呼应群际伦理规范,有利于构建"良序"社会,保障群际关系和谐发展。

第一,制度建设是完善群际伦理的重要手段。在现代社会,制度和伦理都是完善群际关系的基本机制,两者互为助力、相辅相成。在完善群际伦理方面,制度发挥着不可替代的重要作用。一方面,要推进伦理规范的制度转换,将其融入相关领域的制度设计中,以增强其规范群际关系的刚性作用,进而扩大伦理规范的社会认同;另一方面,要增强制度建设的伦理底蕴,防止制度建设伦理风险,让相关伦理规范在制度实施中得到实践检验和调试,以增强伦理规范的实践性,使其在调整群际关系中得到完善。

第二,制度建设是破解群际失衡的关键环节。相关制度、体制和机制的不完善是制约民族、区域、城乡和阶层等群际关系均衡发展的短板。习近平总书记指出:"要把促进社会公平正义、增进人民福祉作为一面镜子,审视我们各方面体制机制和政策规定,哪里有不符合促进社会公平正义的问题,哪里就需要改革;哪个领域哪个环节问题

---

① 《马克思恩格斯全集》第46卷(上),人民出版社1979年版,第486页。
② 习近平:《在中法建交五十周年纪念大会上的讲话》,《人民日报》2014年3月29日第2版。
③ [美]约翰·罗尔斯:《正义论》(修订版),何怀宏、何包钢、廖申白译,中国社会科学出版社2009年版,第4页。

突出，哪个领域哪个环节就是改革的重点。"①为此，相关责任主体要通过创新制度安排，努力克服人为因素造成的有违公平正义的现象，使制约群际关系均衡发展的结构性问题逐步得到破解。

第三，制度建设是保障群际和谐的根本途径。社会公平正义是群际和谐的基本条件，"无论处在什么发展水平上，制度都是社会公平正义的重要保证"②。要把制度建设作为根本途径，着力破解制约群际关系均衡发展的结构性问题，"如果到2020年我们在总量和速度上完成了目标，但发展不平衡、不协调、不可持续问题更加严重，短板更加突出，就算不上真正实现了目标"③。要加快保障社会公平正义的制度建设，推动相关制度更加成熟，为群际和谐和国家长治久安提供一整套更加完备、更加稳定、更加有效的制度体系。

三 重构了人类历史前进十字路口的国际伦理

世界经济发展和国际格局演变正处在关键时刻，全球治理面临着复杂形势，人类社会发展正处在关键的十字路口。共享发展理念顺应世界"百年未有之大变局"的全球治理需要，倡导相互尊重、公平正义、合作共赢的新型国际关系，坚持共商共建共享的全球治理观，超越了西方结构现实主义、新自由主义和结构建构主义这三大主流国际关系理论，重构了人类历史前进十字路口的国际伦理。

1. 坚持把主权平等作为国际政治伦理的基石

在全球治理视域下，共享发展理念追求国际社会大家庭成员之间利益均衡，倡导各国相互尊重、平等发展，坚持把主权平等作为构建国际政治伦理的基石。

第一，主权平等是国际关系的基本准则。主权平等是现存国际秩序和国际体系的核心，"是数百年来国与国规范彼此关系中最重要的准则，也是联合国及所有机构、组织共同遵循的首要原则"④。过去

---

① 习近平：《切实把思想统一到党的十八届三中全会精神上来》，《求是》2014年第1期。
② 《习近平谈治国理政》，外文出版社2014年版，第97页。
③ 《习近平谈治国理政》第2卷，外文出版社2017年版，第78页。
④ 《习近平谈治国理政》第2卷，外文出版社2017年版，第539页。

几十年，全球殖民体系土崩瓦解，冷战对峙不复存在，各国相互联系、相互依存，全球命运与共、休戚相关。各国以联合国和相关国际机构为平台，不分大小、强弱、贫富平等参与国际事务，大致维系了二战后国际秩序的相对稳定。主权平等越来越成为任何时候都不能丢、不能动摇的伦理底线。

第二，主权平等是国际秩序的正义呼声。从现实来看，尊重主权平等依然任重道远，国际关系中的不公正不平等现象仍很突出。全球性挑战层出不穷，各种地区冲突和局部战争此起彼伏，这些问题与西方个别国家推行霸权主义和强权政治，不尊重甚至侵犯别国主权和领土完整密切相关。在人类历史前进的十字路口，主权平等依然是国际秩序的正义呼声。习近平总书记指出："主权平等，真谛在于国家不分大小、强弱、贫富，主权和尊严必须得到尊重，内政不容干涉，都有权自主选择社会制度和发展道路。"[1] 世界各国一律平等，不能以大压小、以强凌弱、以富欺贫，要积极推动各国权利平等、机会平等和规则平等。

第三，主权平等是均衡发展的根本前提。当今世界"发展不平衡不充分问题仍然普遍存在，南北发展差距依然巨大，贫困和饥饿依然严重，新的数字鸿沟正在形成，世界上还有很多国家的民众生活在困境之中"[2]。只有主权平等得到尊重，才能让发展中国家平等参与决策、享受权利、履行义务，制定更加有利于缩小南北发展差距的国际规则；才能在新一轮科技革命和产业变革引发的国际分工体系中表达合理关切，通过主权国家之间的良性互动，在全球价值链深度重塑中维护自身权益，实现更均衡的发展；才能消除国与国之间的依附性，更好地推动国际关系民主化发展，走出一条对话而不对抗、结伴而不结盟的国与国交往新路径，为建设美好世界创造条件。

2. 坚持把共同发展作为国际经济伦理的准则

在世界经济体系中，"缺乏道德的市场，难以撑起世界繁荣发展大厦"，"大家一起发展才是真发展。"[3] 共享发展理念"讲求效率、

---

[1]《习近平谈治国理政》第 2 卷，外文出版社 2017 年版，第 539 页。
[2]《十九大以来重要文献选编》（上），中央文献出版社 2019 年版，第 111 页。
[3]《习近平谈治国理政》第 2 卷，外文出版社 2017 年版，第 524 页。

注重公平，让不同国家、不同阶层、不同人群共享经济全球化的好处"①，符合各国人民长远利益和根本利益，应该成为世界百年未有之大变局下国际经济伦理的准则。

第一，共同发展源自"你中有我、我中有你"的利益格局。新一轮科技革命和产业变革条件下，生产要素在全球的流动更加频繁，由市场驱动形成的国际分工和产业链布局已将世界各国的利益牢牢地拧在一起。在"你中有我，我中有你"的利益格局下，"各国应该坚持你好我好大家好的理念"②，共同推动世界各国繁荣发展。在人类文明发展的十字路口，共同发展不仅是一种国际道义，更是理性的唯一选择。

第二，共同发展契合"开放包容、多元互鉴"的时代基调。习近平总书记指出："当今世界，开放包容、多元互鉴是主基调"③。在人类文明的大家庭中，各国丰富多彩的历史、文化和制度依托技术的便利条件，日益成为开启人类新智慧、建设人类新文明的宝贵资源。在经济全球化深入发展的今天，"弱肉强食、赢者通吃是一条越走越窄的死胡同，包容普惠、互利共赢才是越走越宽的人间正道"④。共同发展契合"开放包容、多元互鉴"的时代基调，必将对推进世界均衡发展产生积极作用。

第三，共同发展超越意识形态和社会制度差异造成的藩篱。习近平总书记指出："发展是第一要务，适用于各国"⑤。当今世界正处于百年未有之大变局，正发生着社会主义和资本主义两种意识形态、两种社会制度的较量。世界经济走到了十字路口，防范"灰犀牛""黑天鹅"风险的压力加大。但冷战思维若隐若现，一些西方大国戴着意识形态的有色眼镜，以特定国家和企业为目标，奉行保护主义、单边主义政策，刻意阻碍甚至意图切断全球化，这种逆时代潮流的倒行逆施给世界的发展带来了破坏。共同发展意味着国与国之间的关系主要

---

① 《习近平谈治国理政》第 2 卷，外文出版社 2017 年版，第 479 页。
② 中共中央宣传部：《习近平新时代中国特色社会主义思想学习纲要》，学习出版社、人民出版社 2019 年版，第 220 页。
③ 习近平：《共倡开放包容 共促和平发展》，《人民日报》2015 年 10 月 23 日第 2 版。
④ 《十九大以来重要文献选编》（上），中央文献出版社 2019 年版，第 684—685 页。
⑤ 《习近平谈治国理政》第 2 卷，外文出版社 2017 年版，第 542 页。

应该"着眼于自身长远的战略利益,同时也尊重对方的利益,而不去计较历史的恩怨,不去计较社会制度和意识形态的差别"①。亚洲国家70年来"逐步超越意识形态和社会制度差异,从相互封闭到开放包容,从猜忌隔阂到日益增多的互信认同"②,这反映了共同发展是超越意识形态和社会制度差异藩篱、增进共同利益、促进世界发展的最佳选择。

3. 坚持把公平正义作为全球治理伦理的向度

全球治理体系变革的走向,关乎各国特别是新兴市场国家和发展中国家的发展空间,关乎世界繁荣稳定。公平正义是实现各国共同发展的必要条件,是全球治理伦理的向度。

第一,公平正义倡导国际关系民主化,赋予新兴市场国家和发展中国家在全球治理中更多的空间。公平正义是世界各国人民在国际关系领域追求的崇高目标。国家不分大小、强弱、贫富,都是国际社会平等成员,理应平等参与决策、享受权利、履行义务。习近平总书记指出:"世界的命运必须由各国人民共同掌握。各国主权范围内的事情只能由本国政府和人民去管,世界上的事情只能由各国政府和人民共同商量来办"③,"国际规则应该由各国共同书写,全球事务应该由各国共同治理"④。全球治理变革应该更加平衡地反映大多数国家特别是新兴市场国家和发展中国家的意愿和利益,在国际事务中赋予其更多的代表性和发言权,为促进全球均衡发展提供政治保障。

第二,公平正义倡导国际关系法治化,有利于逐步压缩强权政治在全球治理中的存在空间。公平正义是法治的必然要求,法治是公平正义的坚实保障。在现行国际体系下,国际法经常成为强权政治治"人"不治"己"的工具,毫无公平公正公道可言,尽显霸权霸道霸凌底色,这是全球治理乱局的重要原因。习近平总书记指出:"我们应该创造一个奉行法治、公平正义的未来。要提高国际法在全球治理中的地位和作用,确保国际规则有效遵守和实施,坚持民主、平等、

---

① 《邓小平文选》第3卷,人民出版社1993年版,第330页。
② 习近平:《迈向命运共同体开创亚洲新未来》,《人民日报》2015年3月29日第2版。
③ 《习近平谈治国理政》,外文出版社2014年版,第274页。
④ 习近平:《论坚持推动构建人类命运共同体》,中央文献出版社2018年版,第417页。

正义，建设国际法治。"① 通过将国际关系各领域事务和问题法律化，给惯以"国际法维护者"自居的强权政治装上"紧箍咒"，才能让国际社会从强权政治时代跨入多元共存的民主政治新时代。

第三，公平正义倡导国际关系合理化，在全球治理中落实共同但有区别的原则。国际关系合理化是公平正义的本质要求，在全球治理中落实共同但有区别的责任原则是公平正义的重要体现。"共同责任"体现在对国际社会大家庭每位成员的平等尊重和主体责任要求；"区别责任"体现在对国际社会大家庭中弱小国家承担具体国际义务的酌情照顾和国际宽容。在全球治理中，虽然"共同但有区别"的责任原则获得了普遍的道义认同，但个别发达国家并没有完全履行好相关责任。习近平总书记指出："发达国家和发展中国家的历史责任、发展阶段、应对能力都不同，共同但有区别的责任原则不仅没有过时，而且应该得到遵守。"② 面对"发展赤字"，发展中国家在加快发展与履行国际责任之间存在更大的张力，要"适应国际力量对比新变化推进全球治理体系改革，体现各方关切和诉求，更好维护广大发展中国家正当权益"③，切实将"共同但有区别"的原则落到实处。

四 建构了支撑人类文明永续发展的代际伦理

在人类历史的发展中，"每一代一方面在完全改变了的环境下继续从事所继承的活动，另一方面又通过完全改变了的活动来变更旧的环境"④，"我们要为当代人着想，还要为子孙后代负责"⑤。共享发展理念包含的全民共享、全面共享、共建共享、渐进共享等内涵和对公平正义的维护，与人类共同价值相融汇，与人类命运共同体理念相贯

---

① 习近平：《携手构建合作共赢、公平合理的气候变化治理机制》，《人民日报》2015年12月1日第2版。
② 习近平：《携手构建合作共赢、公平合理的气候变化治理机制》，《人民日报》2015年12月1日第2版。
③ 习近平：《弘扬和平共处五项原则 建设合作共赢美好世界》，《人民日报》2014年6月29日第2版。
④ 《马克思恩格斯文集》第1卷，人民出版社2009年版，第540页。
⑤ 《习近平谈治国理政》第2卷，外文出版社2017年版，第538页。

通，突破了对人类"在场"各代的伦理要求，突出了"在场"各代对已经"退场"和尚未"出场"各代的伦理责任，旨在追求人类整体的利益均衡和公平正义，建构支撑人类文明永续发展的代际伦理。

1. 坚持把人类命运共同体作为代际伦理的总依据

人类命运共同体"就是每个民族、每个国家的前途命运都紧密联系在一起，应该风雨同舟，荣辱与共，努力把我们生于斯、长于斯的这个星球建成一个和睦的大家庭，把世界各国人民对美好生活的向往变成现实"①。人类命运共同体连接过去、现在和未来，"需要一代又一代人接力跑才能实现"②。构建人类命运共同体的价值理念有着深远而深刻的伦理创化意义③，是代际伦理的总依据。

第一，人类命运共同体是"历时性"的代际连续体，需要促进代际均衡发展的伦理规范。人类社会的发展是一个自然历史过程，"后代的肉体的存在是由他们的前代决定的，后代继承着前代积累起来的生产力和交往形式"④。在"历时性"的代际连续体中，维护代际公平正义、促进代际均衡发展成为一个首要的伦理命题，因为"人类社会的目的应当是实现、保护所有世代的福利和幸福，这样就有必要让地球的生命维持体系、生态学的过程、环境条件、人类生存和幸福的重要文化资源、健康舒适的人类环境等继续持续下去"⑤。

第二，人类命运共同体是"共时性"的多元组合体，需要促进代际均衡发展的伦理共识。人类命运共同体是一个由不同国家、民族、种族、宗教、社会制度和文化传统组成的"共时性"多元组合体。不同国家发展水平参差不齐、价值观念多元杂陈，在应对全球治理赤字、决定历史发展十字路口何去何从方面很难统一思想、统一行动，这些都给全世界人民的根本利益带来损害。构建人类命运共同体需要世界各国政府强化沟通协商，逐步在维护代际公平正义、促进代

---

① 《十九大以来重要文献选编》（上），中央文献出版社2019年版，第110页。
② 《习近平谈治国理政》第2卷，外文出版社2017年版，第548页。
③ 王泽应：《论构建人类命运共同体的伦理意义》，《北京大学学报》（哲学社会科学版）2017年第4期。
④ 《马克思恩格斯全集》第3卷，人民出版社1960年版，第515页。
⑤ ［美］爱蒂丝·布朗·魏伊丝：《公平地对待未来人类：国际法、共同遗产与世代间衡平》，汪劲等译，法律出版社2000年版，第24页。

际均衡发展方面达成伦理共识。

第三，人类命运共同体是"关系性"的利益共同体，需要促进代际均衡发展的伦理责任。在新一轮科技革命和产业变革推动下，全球产业链、价值链、供应链在各经济体间相互延伸和拓展，各国经济交往更加紧密，呈现出"关系性"的利益共同体。然而，世界发展的不平衡不充分问题依然普遍存在，南北发展差距依然巨大，单边主义、保守主义、霸权主义依然存在，这些给全球发展带来了不确定性。"如果奉行你输我赢、赢者通吃的老一套逻辑，如果采取尔虞我诈、以邻为壑的老一套办法，结果必然是封上了别人的门，也堵上了自己的路，侵蚀的是发展根基，损害的是人类的未来。"① 世界各国，特别是发达国家，应该转变发展思路，承担起促进代际均衡发展、促进人类永续发展的伦理责任。

2. 坚持把建设生态文明作为首要的代际伦理内容

人类生产活动对资源环境的破坏已经威胁到人类的生存和地球生物的延续，"建设生态文明关乎人类未来"②。国际社会应该携手同行，共谋全球生态文明建设之路，"共同呵护好地球家园，为了我们自己，也为了子孙后代"③。共享发展理念内含着让千秋万代共享幸福美好生活的伦理意蕴，地球家园则是实现这一伦理意蕴的根本前提。面对气候变化等全球性危机的加剧，生态文明建设应该成为国际社会首要的代际伦理内容。

第一，生态文明建设促进生态环境持续改善，为人类文明永续发展提供空间。地球家园只有一个，人类文明永续发展始终离不开地球生态环境这一基本依托。生态文明是高于工业文明且与信息文明等人类更高级文明形态相契合的文明形态。因为"我们连同我们的肉、血和头脑都是属于自然界和存在于自然界之中的"④。世界各国应该恪守生态伦理底线，顺应生态规律，保护好人类共有生态家园。

---

① 《十九大以来重要文献选编》（上），中央文献出版社 2019 年版，第 111 页。
② 《习近平谈治国理政》第 2 卷，外文出版社 2017 年版，第 525 页。
③ 《十九大以来重要文献选编》（上），中央文献出版社 2019 年版，第 111 页。
④ 《马克思恩格斯选集》第 3 卷，人民出版社 2012 年版，第 998 页。

第二，生态文明建设促进环境与资源的永续利用，为代际公平夯实物质基础。环境和资源是人类代际利益均衡的重要物质基础，"人并没有创造物质本身。甚至人创造物质的这种或那种生产能力，也只是在物质本身预先存在的条件下才能进行"①。良好生态环境是最公平的公共产品，环境和资源利用方面的代际公平是人类社会最基础、最直接、最现实的代际公平，"我们不能吃祖宗饭、断子孙路，用破坏性方式搞发展"②。世界各国应该牢固树立尊重自然、顺应自然、保护自然的意识，采取绿色、低碳、循环、可持续的发展方式。

第三，生态文明建设促进人与自然和谐共生，实现人类永续繁衍和全面发展。"人创造环境，同样，环境也创造人"③。生态文明建设就是要牢固树立和切实践行"绿水青山就是金山银山"的理念，"让人民群众在绿水青山中共享自然之美、生命之美、生活之美，走出一条生产发展、生活富裕、生态良好的文明发展道路"④，最终"实现世界的可持续发展和人的全面发展"⑤，符合让人类臻于至善的代际伦理追求。

3. 坚持把文明交流互鉴作为基本的代际伦理责任

在人类命运共同体视野下，共享发展理念必然包括文化文明的代际共享。消除文明隔阂、促进交流互鉴、实现永续传承必然成为当代世界各国基本的代际伦理责任。

第一，文明交流互鉴能增强文明活力，确保多元文明永续传承。文明多样性如同物种多样性一样，构成地球的生命本源。文明单一性必然导致脆弱性、极端性和破坏性，文明多样性才能产生稳定性、包容性和建设性。与其他文明平等交流、互学互鉴是文明生存、发展和保持旺盛活力的唯一选择，"如果各国重新回到一个个自我封闭的孤岛，人类文明就将因老死不相往来而丧失生机活力"⑥。在多元文化

---

① 《马克思恩格斯全集》第2卷，人民出版社1957年版，第58页。
② 《习近平谈治国理政》第2卷，外文出版社2017年版，第544页。
③ 《马克思恩格斯文集》第1卷，人民出版社2009年版，第545页。
④ 《十九大以来重要文献选编》（上），中央文献出版社2019年版，第431页。
⑤ 《习近平谈治国理政》第2卷，外文出版社2017年版，第525页。
⑥ 习近平：《深化文明交流互鉴 共建亚洲命运共同体》，《人民日报》2019年5月16日第2版。

文明交流交融交锋的时代，世界各国"既要让本国文明充满勃勃生机，又要为他国文明发展创造条件，让世界文明百花园群芳竞艳"①，让全人类的宝贵文化文明成果薪火相传、发扬光大。

第二，文明交流互鉴能促进世界团结，维护人类世代和平发展。各种人类文明"在价值上是平等的，都各有千秋，也各有不足。世界上不存在十全十美的文明，也不存在一无是处的文明，文明没有高低、优劣之分"②。不同文明相互交流、互谅互让、消除隔阂是超越意识形态、社会制度、发展模式差异，实现共同发展、促进世界团结的重要途径。在全球治理体系深刻重塑的新时期，"要合作还是要对立，要开放还是要封闭，要互利共赢还是要以邻为壑，国际社会再次来到何去何从的十字路口"③，要"共同消除现实生活中的文化壁垒，共同抵制妨碍人类心灵互动的观念纰缪，共同打破阻碍人类交往的精神隔阂，让各种文明和谐共存，让人人享有文化滋养"④，为维护人类世代和平发展创造文化条件。

第三，文明交流互鉴能凝聚人类智慧，共同克服全球治理难题。全球发展正面临治理赤字、信任赤字、和平赤字、发展赤字等巨大挑战，以及难民危机、恐怖主义、气候变化和网络冲突等全球性议题。尽管人类战胜困难的手段从来没有像今天这样丰富，但这些全球治理难题给人类的可持续发展和世代延续带来了潜在威胁。习近平总书记指出："应对共同挑战、迈向美好未来，既需要经济科技力量，也需要文化文明力量"⑤。世界各种文明都是在各民族长期的生产实践基础上形成的，凝聚着人类适应自然环境、协调社会关系的智慧，"不同文明应该和谐共生、相得益彰，共同为人类发展提供精神力量"⑥，为共同克服全球治理难题提供启迪。

---

① 习近平：《深化文明交流互鉴　共建亚洲命运共同体》，《人民日报》2019年5月16日第2版。
② 《习近平谈治国理政》，外文出版社2014年版，第259页。
③ 习近平：《顺应时代潮流　实现共同发展》，《人民日报》2018年7月26日第2版。
④ 《十九大以来重要文献选编》（上），中央文献出版社2019年版，第111页。
⑤ 习近平：《深化文明交流互鉴　共建亚洲命运共同体》，《人民日报》2019年5月16日第2版。
⑥ 《十九大以来重要文献选编》（上），中央文献出版社2019年版，第111页。

4. 坚持把人类共同价值作为根本的代际伦理追求

共享发展理念是人类命运共同体的本质意涵和价值旨归。构建人类命运共同体要以"和平、发展、公平、正义、民主、自由"的全人类的共同价值为前提，既要确立"共在"与"共生"的伦理信念①，又要将其作为根本的代际伦理追求，引领各主体成员自身的历史与实践。

第一，人类共同价值超越了西方"普世价值"。西方普世价值立足于西方政治文明，带有明显的"西方中心主义"特点。西方国家将诞生于西方资产阶级革命、适合于资产阶级专政的"民主、自由、平等、人权"等包装成"普世价值"进行全球兜售，旨在维护全球资本主义体系和国际政治经济旧秩序。人类共同价值立足于构建人类命运共同体，是世界各民族价值的"最大公约数"，凝聚的是各国人民最大的价值共识，旨在构建更加公正合理的国际体系和国际秩序。

第二，人类共同价值回应了人类价值困境。当今世界正处于百年未有之大变局，发展失衡、治理困境、数字鸿沟、公平赤字等问题成为全球治理的重大挑战。走出全球治理的时代困局，除了要变革全球治理体系之外，破解全球性的价值困境也是当务之急。国际上恃强凌弱、以大欺小、以富欺贫的现象屡见不鲜，主要大国逃避国际义务、选择性遵守国际法的现象司空见惯等，导致人类陷入了国际格局深度调整期的价值困境中。人类共同价值基于和平与发展这个时代命题和共商共建共治的全球治理观，有力地回应了世界各国特别是发展中国家人民的价值诉求，具有鲜明的实践性。

第三，人类共同价值体现了人类根本利益。人类共同价值根源于对全人类共同利益的关切，其中"和平"指的是全世界人民世世代代和平相处，"发展"指的是全世界人民世世代代要永续发展，体现了人类共同的生存价值观；"公平"指的横向的"代内"与纵向的"代际"都要追求双赢、多赢、共赢的利益格局，"正义"指的是国际交往要树立正确的义利观，讲信义、重情义、扬正义、树道义，体

---

① 参见刘同舫《构建人类命运共同体对历史唯物主义的原创性贡献》，《中国社会科学》2018 年第 7 期。

现了人类共同的社会价值观;"民主"指的是世界各国平等参与全球治理,"自由"指的是各国人民自主选择社会制度与生活方式,体现了人类共同的政治价值观。这些共同价值体现了人类的根本利益,具有正义性。

第四章
建成社会主义文化强国的分析框架

党的十九届五中全会是在"两个一百年"奋斗目标接续点上召开的一次十分重要的会议,具有深远的历史意义。全会提出了到2035年建成社会主义文化强国的远景目标,为社会主义文化强国建设明确了时间表。自党的十七届六中全会首次提出建设社会主义文化强国以来,学术界围绕建设社会主义文化强国的时代背景、重大意义、内涵与特征、标准和评价、战略路径等问题进行了广泛研究,为探索中国特色社会主义文化建设规律作出了积极贡献。在贯彻新发展理念、构建新发展格局、推动高质量发展的新发展阶段,在既有研究成果的基础上,进一步从学理上对建成后的社会主义文化强国作出定性分析,明确建成社会主义文化强国的评价标准和构成要素,进而构建起可以定量描述的建成社会主义文化强国评价指标体系,对于坚定中国特色社会主义文化发展道路,全局性谋划、战略性布局和整体性推进社会主义文化强国建设具有重要意义。

一 建成社会主义文化强国的评价标准

到2035年建成社会主义文化强国的远景目标是否实现、如何实现,均需要有相应的评价标准作为评判依据。评价标准是评价活动中作用于评价对象的价值尺度,具有引导评价对象如何发展的功能。建成社会主义文化强国的评价标准就是评价社会主义文化强国建设的价值尺度。确立建成社会主义文化强国的评价标准要胸怀中华民族伟大复兴战略全局和世界百年未有之大变局,树立系统观念,把中国文化建设的特殊规律与世界文化发展的普遍规律结合起来。依据这样的逻辑和思路，建成社会主义文化强国应该具备六个方面的评价标准。

1. 价值标准

价值标准是建成社会主义文化强国的根本标准。文化建设本质上是在人的头脑里搞建设，也是全社会的价值建设。当今世界，文化交流交融交锋的背后其实是不同文化核心价值的相互关系。以美国为代表的西方将自身的核心价值界定为"普世价值"在全世界行使文化霸权，基于这一时代背景，社会主义文化强国的价值建设就是要坚定文化自觉和文化自信，在全社会的理想信念、思想观念和价值理念中形成价值标准。只有价值标准过硬，才能形成支撑建成社会主义文化强国的精神支柱。建成社会主义文化强国的价值标准主要体现为：马克思主义中国化更加深入；中国特色社会主义理论体系更加枝繁叶茂；社会主义意识形态的引领力、凝聚力、吸引力和竞争力更加强大；中华优秀传统文化中蕴含的核心价值得到有效传承和发扬光大，成为中国价值、中国精神的底色，成为凝聚全世界中华儿女的精神寄托；中华民族共同体意识更加巩固。全社会的道路、理论、制度、文化自信更加浓厚。总的来说，社会主义核心价值观深入人心，全社会的思想观念、精神面貌、文明风尚、行为规范达到新的境界。

2. 结构标准

结构标准是建成社会主义文化强国的基础标准。文化是社会结构的重要构成，其自身也具有相应的结构。结构的和谐稳定既是建成社会主义文化强国的重要标志，又是确保文化长盛不衰的重要保障。建成社会主义文化强国的结构标准体现为三个层次。一是国家文化实力与深厚的文化底蕴、丰富的文化资源相匹配。从现状看，当前国家的文化实力与深厚的中华文化底蕴、丰富的文化资源相比，处于相对滞后状态，还有较大的发展空间。二是文化建设与"五位一体"总体布局和"四个全面"战略布局相适应。从现实看，在"五位一体"总体布局中，文化建设与经济建设、政治建设、社会建设和生态文明建设还不够协调，还存在着不少短板；在"四个全面"战略布局中，文化建设既是重要内容，又是精神动力和支撑条件，但其功能还没有得到应有的发挥。三是文化强国与社会主义现代化强国相承接。党的十九届五中全会明确到 2035 年建成社会主义文化强国，到 2050 年建成富强民主文明和谐美丽的社会主义现代化强国，体现了文化强国与现代化强国的承接关系，以及文化强国在现代化强国建设中的基础作用和引领价值。上述三个层面既体现了在社会主义文化强国建设中文化与社会结构的其他要素的规定性，也体现了文化结构内部相关要素的规定性，是结构标准的具体体现。

3. 活力标准

活力标准是社会主义文化强国的动力标准。文化活力始终是不同时代文化强国的基本特征。就当今时代而言，一些西方国家之所以被公认为文化强国，一个基本事实就是其具有令人叹服的文化创新创造活力。文化活力既是建成社会主义文化强国的基本条件，也是社会主义文化长盛不衰的不竭动力。把文化活力确定为建成社会主义文化强国的评价标准，既是社会主义文化发展规律的必然要求，也是应该具备的中国特色社会主义文化自信。活力标准指的是文化创新创造活力的发达程度，主要体现在三个层面：一是在文化资源的利用方面体现的活力，包括推动中华优秀传统文化创造性转化、创新性发展，革命文化的红色基因实现有效传承，社会主义先进文化实现大发展大繁荣；二是多元文化和谐统一方面体现的活力，包括民族文化、地域文化、外来文化争奇斗艳、美美与共，中华文化成为荟萃优秀文化的"百花园"；三是文化创意产业方面体现的活力，包括文化成为助推经济高质量发展的重要因素，文化与旅游、科技、产业深度融合，文化创意产业在国内生产总值中的占比达到公认的世界文化强国相应的占比水平。

4. 共享标准

共享标准是社会主义文化强国的本质标准。共享发展理念是新发展理念的"灵魂"，体现了社会主义的本质，包括全民共享、全面共享、共建共享、渐进共享四个方面的意涵。共享标准主要是从人民群众的文化获得感、幸福感层面来衡量社会主义文化强国的，体现了以人民为中心的发展思想。共享标准体现在四个层面：一是全国范围内文化发展水平趋于均衡，东、中、西区域之间的文化发展差距大幅缩小，城乡文化实现一体化发展，文化发展的区域特征更加彰显，发展水平趋于均衡；二是公共文化服务实现供给充分、普遍均等，贫困地区和弱势群体的文化需求得到倾斜和照顾，人民群众日益增长的精神文化需求得到满足，公共文化服务供给提质增量，服务供给标准化、均等化完全实现；三是文化产品和服务能够实现满足人民文化需求和增强人民精神力量相统一，国民素质和社会文明程度得到普遍提高；四是人民群众和社会力量能够有效参与文化治理，全民艺术充分普及，全民族文化艺术素养普遍提高。

5. 治理标准

治理标准是社会主义文化强国的保障标准。文化制度的成熟、文化治理体系和治理能力的现代化是建成社会主义文化强国的重要标志，不但为文化建设提供坚强保障，而且还为国家治理体系和治理能力提供强大的精神动力和智力支持。社会主义文化强国的治理标准体现在三个方面：一是党的十九届四中全会决定的文化制度体系得以实现，确立马克思主义在意识形态领域指导地位的根本制度，以社会主义核心价值观为引领的文化建设制度，人民文化权益保障制度，正确导向的舆论引导工作机制，把社会效益放在首位、社会效益和经济效益相统一的文化创作生产体制机制等，充分体现到文化治理、文化生产和服务、文化消费等全过程；二是文化法治体系良性运行，文化领域的法律法规体系完备，现代公共文化服务体系、文化市场体系和文化治理体系依法良性运行，文化创新创造得到依法保护和鼓励；三是文化领域的道德伦理、行业规范、业界惯例等得到充分发展，德艺双馨成为文艺从业者的自觉追求，文化领域的非正式制度成为保障正式制度运行的重要基础。

6. 势能标准

势能标准是社会主义文化强国的直观标准。势能（potentialenergy）本是物理学概念，指储存于一个系统内的能量，可以释放或者转化为其他形式的能量。本研究将物理学的势能概念借用到文化领域，指国际文化交流中体现出的不同文化之间的相互关系。在文化交流交融交锋中，文化势能高的国家相对于文化势能低的国家而言，一般属于文化输出者的地位，对文化势能低的国家产生文化霸权效应。社会主义中国奉行的是文明交流互鉴和平等包容的理念，建成社会主义文化强国不会对文化势能低的国家推行文化霸权主义，但我国文化势能的提高将成为维护世界文明交流公平正义的重要力量。从某种意义上讲，建成社会主义文化强国是与国外文化强国比较出来的结果，是社会主义优越性的体现，也是提高文化势能、扩大文化影响的生动过程。到 2035 年建成社会主义文化强国,应该在国际比较条件下,社会主义中国的文化综合实力要进入世界排名的第一方阵,在文化交流交融交锋中能够彰显出强大的文化势能。建成社会主义文化强国的势能标准主要体现在四个方面:一是中华文化的影响力得到明显提升,中华优秀传统文化在文明交流互鉴中得到世界的更多认同和借鉴,中国人的思维方式得到更多的理解和尊重;二是国家文化软实力得到明显提升,当代中国价值观念和社会主义中国的发展模式得到更多认同,中国在全球治理中的话语权得到提高,中国对构建人类命运共同体的贡献得到更多认可,中国共产党的故事、中国人民的故事、改革开放的故事能够为更多的国家和人民所倾听;三是国家的文化贸易趋于平衡,更多的文化产品和服务走向世界,文化领域的贸易逆差和文化冲突中的被动局面得到根本扭转;四是具有世界影响的标志性文化设施、文化大师和文艺作品纷纷涌现,体现出在人类命运共同体建设中的大国文化担当。

二 建成社会主义文化强国的构成要素

建成社会主义文化强国的构成要素与建成社会主义文化强国的判断标准、建成社会主义文化强国的指标体系之间有着紧密的逻辑关系。建成社会主义文化强国的构成要素是建成社会主义文化强国判断标准的具体化,是选定社会主义文化强国评价指标、构建指标体系的直接依据。在既有研究中,有学者认为社会主义文化强国是以马克思主义、中国传统文化精髓、西方优秀文化成果为"三重内蕴",以对内有强大的民族创造力和凝聚力、对外有强大的世界吸引力和影响力为"两着力点",以社会主义核心价值体系为"单一内核"的整体文化形象。[1] 有学者认为社会主义文化强国应该具备核心价值引领、道德文明素质保障、文化生活保障、文化创造提升、文化产业驱动和文化出口带动等六种力量。[2] 还有学者提出文化中国概念,认为文化中国是包括理论图式、知

---

[1] 参见刘文艺《中国特色社会主义文化强国之内涵探析》,《兰州学刊》2013 年第 6 期。

[2] 参见陈少峰、李兴旺《论文化强国的六种力量》,《新疆师范大学学报》(哲学社会科学版) 2013 年第 3 期。

识图式和意义图式同步发展的中国形象,是文化强国的价值追求。① 这些在特定历史时期的研究结论从不同的角度、在一定程度上揭示出社会主义文化强国的部分构成要素,但缺乏社会主义文化强国建成后的"终极"视角,以及深入的评价标准研究作支撑。本研究认为,社会主义文化强国既具有世界文化强国的一般性特征,又具有中国特色社会主义的鲜明指向性。建成社会主义文化强国的构成要素需要在前述评价标准之下,揭示出文化强国的"强"之所在。

1. 意识形态领导力

意识形态领导力是建成社会主义文化强国的根本构成要素。随着经济全球化、社会信息化和文化多样化进程的加快,社会思潮扩散呈现出多变性和不稳定性,传播渠道与传播方式变得多元化和立体化,许多社会思潮由以往的单纯学术争辩转向更多关注现实利益问题,并试图影响和左右现实政治,如果不加以有效防范,可能会危及政治安全。在中华民族伟大复兴战略全局和世界百年未有之大变局背景下,意识形态领域将会更加错综复杂,社会思潮既多样又多变,呈现共生共存、竞争较量的新态势,对错误社会思潮、非主流社会思潮的匡正和引领,将是主流意识形态面临的长期挑战,从而对意识形态的领导力提出了更高的要求。建成社会主义文化强国的首要构成要素就体现为社会主义意识形态的领导力强,直接体现为具有强大的凝聚力和引领力,具体表现为能凝聚起全面深化改革全方位深度开放的发展共识、主流意识形态的舆论共识、新时代中国特色社会主义的话语共识、社会主义核心价值观的内容共识。②

2. 文化资源整合力

文化资源整合力是社会主义文化强国的基本构成要素。文化资源整合能力是文化动员力和文化生产力的重要体现,是文化强国之所以强的重要原因。文化资源的整合主要依靠政府和市场两种手段,文化资源整合力主要取决于市场和政府的相互关系。我国既是具有五千年悠久历史

---

① 参见杨生平《文化中国:文化强国的价值坐标》,《中国特色社会主义研究》2014 年第 1 期。
② 参见林建华《我国意识形态安全的新时代意蕴和旨归》,《当代世界与社会主义》2018 年第 6 期。

的文明古国，又是充满生机的社会主义大国；既有基于自然风光和人文景观的物态层面旅游文化资源，又有基于精神层面的中华优秀传统文化、革命文化和社会主义先进文化资源，还有基于开放包容的世界文化资源。在整合文化资源方面，既要充分发挥市场机制的决定性作用，又要更好地发挥好政府的作用，还要发挥好社会力量的参与作用。与此同时，基于文化建设的特殊性，资源整合必须坚持社会效益优先、社会效益和经济效益相统一的原则。建成社会主义文化强国应该具有强大的文化资源整合力，主要体现为经过持续深化文化体制改革和文化机制创新，市场、政府、社会在文化资源整合中良性互动，文化资源得到最优配置，文化动员力和文化生产力得到充分发展。

3. 文化创新创造力

文化创新创造力是建成社会主义文化强国的核心构成要素。创新创造能力是文化发展的活力源泉和动力根基，是文化强国建设的重要驱动力和核心竞争力。建成社会主义文化强国就是要坚持中国特色社会主义文化发展道路，充分尊重和发挥人民群众在文化建设中的主体作用与首创精神，调动人民群众参与文化建设的积极性、主动性、创造性，推动中华优秀传统文化创造性转化、创新性发展，继承革命文化，发展社会主义先进文化，激发全民族文化创新创造活力。一个国家的文化创新创造能力越强，这个国家的文化发展就越有希望。文化创新创造力直接体现为文化创意产业的发达、文化跨界融合的深入、各类产品和服务文化附加值的扩张等。建成后的社会主义文化强国应该具有强大的文化创新创造力，体现为全社会的文化创新创造活力能够摆脱体制机制的羁绊，得到国家和社会的鼓励和支持，得到包括知识产权法在内的法治体系的充分保障。

4. 文化民生保障力

文化民生保障力是建成社会主义文化强国的终极构成要素。文化民生是广大民众在文化层面、文化领域的生存、享受和发展，是在人民温饱问题基本解决之后更高层次的精神文化需要。[①] 在全面建设社会主义现代化国家的新发展阶段，文化民生需求在人民美好生活需要

---

① 参见赵迎芳《新时代中国文化民生建设的战略选择》，《东岳论丛》2019年第4期。

中的比重会越来越大，要求会越来越高，因此应该把追求共同富裕和全体人民的自由全面发展放在更加突出的位置。建设社会主义文化强国必须坚定以人民为中心的发展思想，特别重视贫困地区、弱势阶层和群体在文化领域的公平正义，确保文化供给的均等性和可及性，让全体人民都能充分感受文化获得感、幸福感和公平感。建成社会主义文化强国的文化民生保障力体现在拥有成熟的现代公共文化服务体系、现代文化产业体系和文化市场体系，高质量的文化产品和服务供给丰富，人民群众的基本文化权益得到充分保障，实现满足人民文化需求与增强人民精神力量的有机统一。

5. 社会文明约束力

社会文明约束力是建成社会主义文化强国的重要构成要素。恩格斯曾经指出："文明是实践的事情，是社会的素质。"[①] 人类社会各个时期、各个领域、不同群体的文明，都体现为社会文明。文化是育人化人、塑造社会文明更基本、更深沉、更持久的力量，文化建设的进展成就直接体现为社会文明的发展程度。另外，社会文明会通过思想观念、精神面貌、文明风尚、行为规范等对社会成员产生规制作用，进而形成文化建设与社会文明的共生、共存、共促局面。党的十九届五中全会将"提高社会文明程度"置于建成社会主义文化强国的高度加以强调，不仅为建成社会主义文化强国确立了文明水准和社会基础，而且对于开启全面建设社会主义现代化国家新征程具有重要意义。建成社会主义文化强国应呈现出强大的社会文明约束力，体现为全社会的文明程度达到相当的高度，对公民、法人和其他社会组织的生产生活行为产生积极的正面影响和有效的文化约束，进而成为推动国家治理体系和治理能力现代化的重要力量。

6. 国家文化软实力

国家文化软实力是建成社会主义文化强国的关键构成要素。文化软实力集中体现了一个国家基于文化而具有的凝聚力和生命力，以及由此产生的吸引力和影响力。习近平总书记指出："古往今来，任何一个大国的发展进程，既是经济总量、军事力量等硬实力提高的进

---

① 《马克思恩格斯文集》第1卷，人民出版社2009年版，第97页。

程，也是价值观念、思想文化等软实力提高的进程。"① 国外有学者提出文化吸引力、政治价值观、发展模式、国际体系、国家形象和经济利诱是中国国家文化软实力的关键支撑，而国际交往、经济渠道和文化外交是拓展国家文化软实力的途径。② 中华优秀传统文化是国家文化软实力的重要基础，其蕴含的思想观念、人文精神、道德规范，不仅是我们中国人思想和精神的内核，对解决人类问题也具有重要价值，"要把优秀传统文化的精神标识提炼出来、展示出来，把优秀传统文化中具有当代价值、世界意义的文化精髓提炼出来、展示出来"③，把推动中华优秀传统文化"走出去"作为提升国家文化软实力的重要途径。要创新对外传播方式，把向世界充分展示当代中国的发展进步、当代中国人的精彩生活，推动反映当代中国发展进步的价值理念、文艺精品、文化成果走向海外作为提升国家文化软实力的关键举措。社会主义文化强国建成后，应该形成由文化交流、文化贸易和文化投资并举的文化"走出去"成熟格局，能够有效突破语言障碍、文化和意识形态差异，在国际话语体系享有与我国综合国力相匹配的话语权。

三 建成社会主义文化强国的指标体系

构建建成社会主义文化强国评价指标体系是一项政治性、政策性、科学性和实践性都很强的工作。学术界相关研究思路和成果成为本研究的重要基础。从国外来看，构建文化强国评价指标的理论基础主要是可持续发展理论与生活质量理论④，绝大多数研究成果是对"质"和"量"两个方面的测量，具体包括关于环境改善的文化指标、关于个人福利与发展的文化指标、关于社会资本与社会建设的文

---

① 中共中央文献研究室编：《习近平关于社会主义文化建设论述摘编》，中央文献出版社2017年版，第198页。
② Li, X., Verner W., "Building China's Soft Power for a Peaceful Rise", *Journal of Chinese Political Science*, Volume 16, Issue 1. 2011, pp. 69–89.
③ 《习近平谈治国理政》第3卷，外文出版社2020年版，第314页。
④ Duxbury Ancy, *Cities And Communities: Cultural Indi-cators at the Local Level*, Canada: Centre of Expertise on Culture and Communities, 2007.

化指标、关于经济发展的文化指标、关于文化活力的指标、关于文化行业健康与可持续发展状况的指标等。[1] 从国内来看，有研究基于中美两国的文化现实及世界文化发展趋势，从核心价值体系的凝聚力、公民文化素质的能动力、文化产业的创新力、文化对发展方式转型的带动力、文化在世界上的吸引力和影响力五个方面 19 个具体指标构建的文化强国评价指标体系[2]；还有研究从国际比较和国际竞争的视角，建构了由文化同质性、文化传播力、品牌竞争力、语言普及性和空间吸引力五个维度 6 个指标构成的中美文化软实力比较测算体系。[3] 这些成果为本研究提供了重要启示，但在研究立意、研究视野和指标构成方面与本研究有较大的不同。

1. 构建社会主义文化强国指标体系的基本原则

确定科学的基本原则是指标选择和体系构建的基本前提。Benoit Allaire 提出指标选择的效度（具有内在的结构效度）、信度（具有稳定性）、可分析性（具有可比性）、可操作性（能够有效地获得数据）、政治性（具有合法性）五大原则[4]，对本研究有借鉴意义。本研究认为建成社会主义文化强国指标体系的建构需要遵循如下五个方面的基本原则。

（1）导向原则。建成社会主义文化强国指标体系的导向原则是对指标选择、指标体系建构的规定，在所有原则中居于核心地位。指标体系的建构既有衡量是否建成社会主义文化强国的作用，更是对社会主义文化强国建设过程的规制。所有指标的选择应该有利于保障文化强国建设始终坚持走中国特色社会主义的文化发展道路，有利于始终坚持中国特色社会主义文化制度，有利于落实以人民为中心的发展思想，有利于彰显社会主义核心价值观，有利于巩固国家的文化安全。

---

[1] Simons, D., Dang S. R., *International Perspectives on Cultural Indicators: A Review and Compilation of Cultural In-dicators Used in Selected Projects*, Canada: Centre of Expertise on Culture and Communities, 2006.

[2] 参见洪晓楠、王文敬、姜照华《文化强国评价指标体系：中国与美国的比较》，《东岳论丛》2015 年第 4 期。

[3] 参见杨竺松、胡明远、胡鞍钢《中美文化软实力评估与预测（2003—2035）》，《清华大学学报》（哲学社会科学版）2019 年第 3 期。

[4] Allaire B., *Presentation: Quebec Observatory on Culture and Communications*, Ottawa: Government Conference Centre, 2006.

（2）包容原则。开放包容是中华优秀传统文化、革命文化和社会主义先进文化的重要特征，也是建成社会主义文化强国的制胜法宝。坚持包容原则体现在指标选择与体系构建要处理好坚持马克思主义一元指导地位与多元社会思潮客观存在、坚持"为社会主义服务""为人民服务"与坚持"百花齐放、百家争鸣"的关系，坚持文明交流互鉴与坚守中华文化立场的关系，坚持理论构建与开门问计的关系。

（3）底线原则。底线原则就是要在指标选择和体系建构中坚持底线思维，不仅要防范风险，更要积极作为，以实际行动化解风险。建成社会主义文化强国不是轻轻松松、敲锣打鼓就能实现的。要直面"两个大局"背景下国家文化安全可能面临的风险和挑战，指标的选择和构建要充分体现守正和创新的统一，有效防范敌对势力可能通过文化交流实施渗透、颠覆等破坏活动。要特别重视网络文化阵地的建设和治理方面的指标选择，统筹做好网上网下的风险防范。

（4）通用原则。建成社会主义文化强国指标的选择和体系的构建要有利于国际比较，所以必须坚持通用原则。要尽可能选择国际通用的文化领域评价指标，能够进行国际社会的横向比较。

（5）定性与定量相结合原则。建成社会主义文化强国评价体系的系统性很强，在指标体系建构中坚持定性和定量相结合原则就是要根据评价维度的需要，对一些不便量化的指标采用定性的方式确定。

2. 建成社会主义文化强国的指标框架

基于建成社会主义文化强国的判断标准和构成要素，结合前面对建构指标体系基本原则的研究，设计出如下建成社会主义文化强国指标体系的基本框架和社会主义文化强国建成指数的模型。

（1）评价体系的框架

本研究以建成社会主义文化强国的构成要素为基础，提出一套评价指标框架体系（见表4-1）。该指标体系共分为三个层次，即目标层、准则层、操作层，在后期深入研究的基础上选择适当的评价指标，采取综合评价方法测算出社会主义文化强国建成指数，用以反映新阶段社会主义文化强国的推进情况。

（2）评价指标的选定

目标层选定为社会主义文化强国建成指数（A）。准则层选定意识形态领导力（A1）、文化资源整合力（A2）、文化创新创造力（A3）、文化民生保障力（A4）、社会文明约束力（A5）、国家文化软实力（A6）6个指标。这6个指标集中体现了前述价值标准、结构标准、活力标准、共享标准、治理标准和势能标准的内在本质，是前述建成社会主义文化强国评价标准的具体化。

  操作层一共选择了28个指标。其中意识形态领导力是价值标准的体现，主要体现为马克思主义在意识形态领域的指导地位的巩固、党对意识形态工作的全面领导、马克思主义中国化的理论创新、党对社会思潮的批判和引导、意识形态安全等方面的程度，分别设定5个操作层指标。文化资源整合力是结构标准的体现，文化建设在"五位一体"总体布局和"四个全面"战略布局中的地位越适应，文化结构内部越协调，文化资源的整合能力就越高。基于可操作性的目的，选择政府、市场和社会在文化资源配置中的良性互动程度，东、中、西区域文化发展的均衡程度，县域文化发展的一体化程度，文化改革发展规划的实现程度，文化资源的数字化集成与共享程度5个指标。文化创新创造力是活力标准的体现，主要选定文化产业的发达程度、文化的跨界融合程度、知识产权法治保障程度、社会对创新创造的推崇程度4个指标。文化民生保障力是共享标准的体现。共享是社会主义文化建设的内在本质，共享标准直接体现为对文化民生特别是弱势阶层基本文化权益的保障程度。选定多样化文化产品和服务的供给程度，公共文化服务的标准化、均等化程度，弱势群体基本文化权益的保障程度，公共文化服务的服务效能水平，全民艺术普及程度5个指标。社会文明约束力是治理标准的体现，综合反映了文化治理体系和治理能力的现代化水平。选定全民族文化素养、全社会道德水准、文化自觉与自信、学雷锋志愿服务4个指标。国家文化软实力是势能标准的体现，是国际社会对特定国家文化综合实力的通用评价指标。选定中华文化影响力、中国故事传播力、中国方案认同度、文化交流对称度、文化标志贡献度5个指标。

  在操作层28个指标的测算中，需要遵循指标选择和体系构建的导向原则、包容原则、底线原则、通用原则、定性与定量相结合的原则，做大量的调查研究，以官方发布的权威数据为依托，灵活有效地选定数据或者采取定性方式确定数值，并科学确定权重。

表4-1　　建成社会主义文化强国评价指标框架体系

目标层	准则层	操作层	标准
社会主义文化强国建成指数（A）	意识形态领导力（A1）	马克思主义在意识形态领域指导地位的巩固程度（A11） 党对意识形态工作的全面领导程度（A12） 马克思主义中国化的理论创新程度（A13） 党对社会思潮的批判和引导程度（A14） 意识形态安全的保障程度（A15）	价值
	文化资源整合力（A2）	政府、市场和社会在文化资源配置中的良性互动程度（A21） 东、中、西区域文化发展的均衡程度（A22） 县域文化发展的一体化程度（A23） 文化改革发展规划的实现程度（A24） 文化资源的数字化集成与共享程度（A25）	结构
	文化创新创造力（A3）	文化产业的发达程度（A31） 文化的跨界融合程度（A32） 知识产权法治保障程度（A33） 社会对创新创造的推崇程度（A34）	活力
	文化民生保障力（A4）	多样化文化产品和服务的供给程度（A41） 公共文化服务的标准化、均等化程度（A42） 弱势群体基本文化权益的保障程度（A43） 公共文化服务的服务效能水平（A44） 全民艺术普及程度（A45）	共享
	社会文明约束力（A5）	全民族文化素养（A51） 全社会道德水准（A52） 文化自觉与自信（A53） 学雷锋志愿服务（A54）	治理
	国家文化软实力（A6）	中华文化影响力（A61） 中国故事传播力（A62） 中国方案认同度（A63） 文化交流对称度（A64） 文化标志贡献度（A65）	势能

3. 评价指数的测量

在社会主义文化强国建成指数的测量中,要根据上述评价指标体系框架,采取专家咨询、问卷调查、抽样调查等确定准则层、操作层和指标层的具体数据和指标分层权重,建立评价模型。根据权威统计数据进行综合测量,最终测量出社会主义文化强国的建成指数,为推进社会主义文化强国建设提供学术参考。

中　篇
建设维度

第五章
把握新时代意识形态工作的科学方法论

党的十八大以来，习近平总书记坚持用马克思主义的立场、观点和方法分析意识形态领域出现的新情况、新问题，发表了系列重要论述。这些论述集中体现在《习近平关于社会主义文化建设论述摘编》《习近平谈治国理政》（第1—3卷）《习近平著作选读》（第1—2卷）《习近平新时代中国特色社会主义思想学习纲要》《论党的宣传思想工作》和中央全会系列决议等重要文献中，也体现在中央颁布的《中国共产党宣传工作条例》《党委（党组）意识形态工作责任制实施办法》等党内法规制度中，有力回答了在中国特色社会主义新时代，在"两个大局"的历史交汇期，如何建设具有强大凝聚力和引领力的社会主义意识形态这个重大问题，是习近平新时代中国特色社会主义思想的重要组成部分。科学把握蕴含其中的科学方法论，对于坚持马克思主义在意识形态领域的指导地位，牢牢掌握意识形态工作的领导权、管理权、话语权，不断提高国家文化软实力和中华文化影响力，建成社会主义文化强国，具有重要意义。

一 坚持经济建设与意识形态工作相统一

新中国成立以来，党中央历代领导集体都高度重视意识形态工作，不断巩固和发展社会主义意识形态。毋庸讳言，党的意识形态工作也曾出现过"泛化""淡化"两种倾向，给党的事业造成了一定的负面影响，其产生根源恰在于没有正确处理好经济建设与意识形态工作的关系。习近平总书记审时度势，敏锐把握意识形态领域的新情况新问题，从"五位一体"总体布局和"四个全面"战略布局出发，围绕意识形态工作与经济建设的关系发表了系列重要论述，旨在强调坚持经济建设与意识形态工作相统一，为新时代做好意识形态工作指明了方向。

1. 意识形态工作要服务于经济建设这个中心

经济基础决定上层建筑，上层建筑对经济基础具有反作用，这是马克思主义的一条基本原理。作为观念上层建筑，意识形态"不再保留独立性的外观了"①。一方面，有什么样的经济基础就有什么样的意识形态，因为"人们的想象、思维、精神交往在这里还是人们物质行动的直接产物"②。另一方面，特定历史阶段的主流意识形态发挥着对相应经济基础的维护和辩护功能。习近平总书记指出："只要国内外大势没有发生根本变化，坚持以经济建设为中心就不能也不应该改变。"③意识形态工作必须服务于经济建设这个中心，不断丰富和完善话语体系，为经济高质量发展提供思想舆论保障。

2. 一刻也不放松和削弱意识形态工作

习近平总书记指出："经济建设是党的中心工作，意识形态工作是党的一项极端重要的工作"④，"能否做好意识形态工作，事关党的前途命运，事关国家长治久安，事关民族的凝聚力和向心力"⑤。从历史教训看，意识形态工作关涉党的执政根基、人民政权的巩固等根本性问题。从现实境遇看，意识形态领域中看不见硝烟的战争无处不在，没有枪炮的较量一直未停。一方面，"国内外各种敌对势力，总是企图让我们党改旗易帜、改名换姓，其要害是企图让我们丢掉对马克思主义的信仰，丢掉对社会主义、共产主义的信念"；另一方面，"有些人甚至党内有的同志却没有看清这里面暗藏的玄机……有的人

---

① 《马克思恩格斯选集》第1卷，人民出版社2012年版，第152页。
② 《马克思恩格斯选集》第1卷，人民出版社2012年版，第151页。
③ 《习近平谈治国理政》，外文出版社2014年版，第153页。
④ 《习近平谈治国理政》，外文出版社2014年版，第153页。
⑤ 中共中央宣传部：《习近平总书记系列重要讲话读本（2016年版）》，学习出版社、人民出版社2016年版，第193页。

奉西方理论、西方话语为金科玉律，不知不觉成了西方资本主义意识形态的吹鼓手"。① 从未来发展看，意识形态是国家文化软实力和中华文化影响力的决定性因素。建设具有强大凝聚力和引领力并能在国际社会获得广泛认同的社会主义意识形态，是中华民族伟大复兴的重要方面和衡量标尺。在集中精力进行经济建设的同时，一刻也不能放松和削弱意识形态工作。

3. 统筹抓好经济工作和意识形态工作

经济工作和意识形态工作是统一的。一方面，坚持以经济建设为中心，认真贯彻新发展理念、构建新发展格局、推进高质量发展，能够进一步增强人民群众的获得感、幸福感和安全感，既能增强全社会对"四个意识""四个自信""两个维护"的情感认同和理论认同，还能为做好意识形态工作提供物质基础。另一方面，高水平的意识形态工作会发挥能动的反作用，进一步维护和巩固党和国家的基本经济制度，为经济发展提供不竭的精神动力和智力支持。统筹抓好经济工作和意识形态工作就是"既不能因为中心工作而忽略意识形态工作，也不能使意识形态工作游离于中心工作"②，因为"只有物质文明建设和精神文明建设都搞好，国家物质力量和精神力量都增强，全国各族人民物质生活和精神生活都改善，中国特色社会主义事业才能顺利向前推进"③。为此，各级党委和政府应将意识形态工作与中心工作一同部署、一同落实、一同检查、一同考核，实现协同发展。

二 坚持解决思想问题与解决实际问题相统一

马克思主义认为我们的出发点是从事实际活动的人，而且从他们的现实生活过程中还可以描绘出这一生活过程在意识形态上的反射和反响的发展。④ 人民群众总是结合自己的生产生活实际来观察、评价党和国家的指导思想、发展道路和国家治理。意识形态工作只有深深

---

① 《习近平谈治国理政》第 2 卷，外文出版社 2017 年版，第 327 页。
② 中共中央文献研究室编：《习近平关于社会主义文化建设论述摘编》，中央文献出版社 2017 年版，第 21 页。
③ 《习近平谈治国理政》，外文出版社 2014 年版，第 153 页。
④ 《马克思恩格斯选集》第 1 卷，人民出版社 2012 年版，第 152 页。

扎根于人民群众的思想和生活实际,"既解决实际问题又解决思想问题"①,才能真正得到人民群众发自内心的认同和拥护。

1. 警惕割裂党性和人民性的理论陷阱

坚持党性和人民性的统一是统筹解决思想问题和实际问题的金钥匙。只有坚持党性,才能落实马克思主义在意识形态领域的指导地位,有效整合多元杂陈的社会意识形式,达成思想意识方面的"最大公约数";只有坚持人民性,才能实现好、维护好、发展好最广大人民群众的根本利益和长远利益。要高度警惕割裂党性和人民性的理论陷阱,防止"简单从某一级党组织、某一部分党员、某一个党员来理解党性"或"简单从某一个阶层、某部分群众、某一个具体人来理解人民性"②的错误倾向,"无论是理论研究、宣传报道,还是文艺创作、思想教育,都要把坚持正确导向摆在首位,始终绷紧导向这根弦,讲导向不含糊、抓导向不放松"③,完善党性和人民性相统一的话语体系和工作机制。

2. 坚持以人民为中心的工作导向

坚持以人民为中心的工作导向是做好意识形态工作的根本途径。马克思指出:"理论只要说服人,就能掌握群众;而理论只要彻底,就能说服人。"④ 要突出人民群众的主体地位,在人民群众的伟大奋斗和火热生活中建设主流意识形态,从人民群众的先进典型和感人事迹中揭示核心价值观,不断满足人民的精神需求,丰富人民的精神世界,增强人民的精神力量。要用好群众路线这一根本工作路线,掌握群众所思、所想、所盼、所愿,解决好群众的操心事、烦心事、揪心事,切实做到"把服务群众同教育引导群众结合起来,把满足需求同提高素养结合起来"⑤,将解决思想问题与实际问题相统一落到实处。

---

① 《习近平谈治国理政》第3卷,外文出版社2020年版,第311页。
② 中共中央文献研究室:《习近平关于社会主义文化建设论述摘编》,中央文献出版社2017年版,第23页。
③ 中共中央文献研究室:《习近平关于社会主义文化建设论述摘编》,中央文献出版社2017年版,第26页。
④ 《马克思恩格斯选集》第1卷,人民出版社2012年版,第9—10页。
⑤ 《习近平谈治国理政》,外文出版社2014年版,第154页。

3. 防止单向空洞的意识形态说教

习近平总书记指出："要坚决克服有些宣传报道脱离生活、不接地气、同群众贴得不够紧的问题。"[①] 坚持解决思想问题与解决实际问题相统一，要防止单向空洞意识形态说教的不良倾向，采取双向互动的方式增强主流意识形态的亲和力、吸引力。一要坚持问题导向。马克思指出："在思辨终止的地方，在现实生活面前，正是描述人们实践活动和实际发展过程的真正的实证科学开始的地方。"[②] 要聚焦于社会民生、群众诉求和社会舆论中的热点问题以及思想理论界的争议问题开展工作。克服不解决实际问题的形式主义、官僚主义倾向，警惕理论学习、宣传报道、巡视巡察走过场的问题。要防止基层工作单纯追求"有形覆盖"，简单用"墙上功夫"应付了事，导致党的意识形态工作成为不解决实际问题的"空壳子"。二要提高工作针对性。要理性分析思想问题和实际问题的互动关系，"对一般性争论和模糊认识，不能靠行政、法律手段解决，而是要靠马克思主义真理的力量，靠深入细致的思想政治工作，用真理揭露谎言，让科学战胜谬误"[③]，对大是大非的原则问题要敢于亮剑，采取政治问责、纪律约束或法律制裁等方式予以处理。三要注重话语体系创新。要树立学术话语、政治话语、理论话语向基层话语、群众话语、生活话语转化的意识，"让马克思讲中国话，让大专家讲家常话，让基本原理变成生动道理，让根本方法变成管用办法"[④]，增强亲和力，达到润物无声的目的。

三　坚持守正与创新相统一

在"两个大局"的历史交汇期，意识形态工作既面临如何应对风

---

① 中共中央文献研究室编：《习近平关于社会主义文化建设论述摘编》，中央文献出版社 2017 年版，第 26 页。
② 《马克思恩格斯选集》第 1 卷，人民出版社 2012 年版，第 153 页。
③ 中共中央文献研究室编：《习近平关于社会主义文化建设论述摘编》，中央文献出版社 2017 年版，第 28 页。
④ 中共中央文献研究室编：《习近平关于社会主义文化建设论述摘编》，中央文献出版社 2017 年版，第 100 页。

险挑战、固本强基的守正问题，又面临如何在变局中开新局、在危机中育新机的创新问题，妥善处理守正和创新的辩证关系成为新时代意识形态工作的重要主题。

1. 坚持守正这个根本

面对各种非马克思主义社会思潮对社会主义意识形态的消解和进攻，守住意识形态工作的根本，就要始终坚持马克思主义在意识形态领域的指导地位，"做好做强马克思主义宣传教育工作，特别是要在学懂弄懂做实新时代中国特色社会主义思想上下功夫"①。要让社会主义核心价值观融入生活，有效整合社会意识，不断扩大社会主义意识形态的同心圆。要"加强党对宣传思想工作的全面领导，旗帜鲜明坚持党管宣传、党管意识形态"②，"坚持党管媒体原则不动摇，坚持政治家办报、办刊、办台、办新闻网站"③，"所有从事新闻信息服务、具有媒体属性和舆论动员功能的传播平台都要纳入管理范围，所有新闻信息服务和相关业务从业人员都要实行准入管理"④，确保意识形态在任何时候都不旁落。

2. 把握创新这个关键

意识形态工作在坚守党的性质宗旨、理想信念、初心使命不动摇的同时，要"以新的理念、思路、方法、手段解决好党内存在的各种矛盾和问题，不断提高自我革命实效"⑤。要创新意识形态工作的领导体制，"动员各条战线各个部门一起来做，把宣传思想工作同各个领域的行政管理、行业管理、社会管理更加紧密地结合起来"⑥；要"坚定不移将文化体制改革引向深入，不断激发文化创新创造活力"⑦，完善坚持正确导向的舆论引导工作机制，健全把社会效益放在首位、实现社会效益和经济效益相统一的文化创作生产体制机制，

---

① 《习近平谈治国理政》第3卷，外文出版社2020年版，第312页。
② 《习近平谈治国理政》第3卷，外文出版社2020年版，第314页。
③ 中共中央文献研究室编：《习近平关于社会主义文化建设论述摘编》，中央文献出版社2017年版，第25页。
④ 中共中央文献研究室编：《习近平关于社会主义文化建设论述摘编》，中央文献出版社2017年版，第43页。
⑤ 《习近平谈治国理政》第3卷，外文出版社2020年版，第535页。
⑥ 《习近平谈治国理政》，外文出版社2014年版，第156页。
⑦ 《习近平谈治国理政》第3卷，外文出版社2020年版，第314页。

完善文化产品创作生产传播的引导激励机制。要挖掘中华优秀传统文化蕴含的思想观念、人文精神、道德规范,"努力实现传统文化的创造性转化、创新性发展,使之与现实文化相融相通,共同服务以文化人的时代任务"①;要"加强传播手段和话语方式创新,让党的创新理论'飞入寻常百姓家'"②,增强主流意识形态的亲和力。要"推动关键核心技术自主创新不断实现突破,探索将人工智能运用在新闻采集、生产、分发、接收、反馈中,用主流价值导向驾驭'算法',全面提高舆论引导能力"③。要推动媒体融合发展,加快"形成资源集约、结构合理、差异发展、协同高效的全媒体传播体系"④。要借力媒介技术创新,"打造新型传播平台,建成新型主流媒体,扩大主流价值影响力版图,让党的声音传得更开、传得更广、传得更深入"⑤。

3. 促进守正与创新的良性互动

在意识形态领域,守正是创新的前提和基础,没有守正,创新就失去了意义;创新是守正的关键和根本,没有创新,守正最终就无法实现。坚持守正和创新的统一,关键要实现二者的良性互动。一要把握变与不变的关系。要"清醒认识世情、国情、党情的变与不变……敢于和善于分析回答现实生活中和群众思想上迫切需要解决的问题"⑥。不管形势怎么变化,马克思主义的立场、观点和方法不能变,科学社会主义基本原则不能变,实践是检验真理的唯一标准的准则不能变,文化体制改革中坚持把社会效益放在首位、实现社会效益和经济效益相统一的导向不能变,文化领域的意识形态阵地属性不能变。二要把握继承和发展的关系。与时俱进是马克思主义的理论品质。马克思主义中国化的系列理论创新成果都是在继承中发展、在发展中继承形成的。要"坚持用马克思主义观察时代、解读时代、引领时代,用鲜活丰富的当代中国实践来推动马克思主义发展"⑦,不断开辟当

---

① 《习近平谈治国理政》第 2 卷,外文出版社 2017 年版,第 313 页。
② 《习近平谈治国理政》第 3 卷,外文出版社 2020 年版,第 313 页。
③ 《习近平谈治国理政》第 3 卷,外文出版社 2020 年版,第 318 页。
④ 《习近平谈治国理政》第 3 卷,外文出版社 2020 年版,第 318 页。
⑤ 《习近平谈治国理政》第 3 卷,外文出版社 2020 年版,第 319 页。
⑥ 《习近平谈治国理政》,外文出版社 2014 年版,第 21 页。
⑦ 习近平:《论党的宣传思想工作》,中央文献出版社 2020 年版,第 335 页。

代中国马克思主义、21世纪马克思主义的新境界。三要把握量变与质变的关系。事物发展是量变与质变的统一。实现守正与创新相统一旨在推进意识形态工作向上向好发展。要树立"积小胜为大胜"的观点，坚持稳中求进、蹄疾步稳，不断在创新工作理念、内容建设、话语方式、体制机制方面实现从量变到质变的突破。

四 坚持扩大认同与坚决斗争相统一

马克思主义认为，事物都是在矛盾运动中得到发展的，斗争是事物发展和实践创新的实现形式。在中国特色社会主义新时代，意识形态领域的主要对立仍然是社会主义与资本主义、马克思主义与反马克思主义的对立。只要国际上还有敌对势力，意识形态领域的斗争就决不能松懈，而且"没有任何妥协、退让的余地，必须取得全胜"[1]。坚持扩大认同与坚决斗争相统一应该成为新时代意识形态工作的一条主线，不断在扩大认同中推进伟大斗争，在伟大斗争中扩大认同。

1. 区分政治原则、思想认识、学术观点

在意识形态领域，各种社会思潮异常复杂，人民群众在理想信念、价值理念和道德观念上不可避免地受到影响，有时会表现为与主流意识形态不相容的行为方式。如果不能及时引导，很容易使小问题演变为大问题，甚至演化为意识形态事件。做好意识形态工作，要着眼于扩大认同和增进团结，注意区分政治原则、思想认识、学术观点三种不同性质的问题，旗帜鲜明地反对和抵制各种错误观点。对政治原则问题要旗帜鲜明地坚持真理、反对谬误。凡是违反四项基本原则、与党中央重大决策部署唱反调的大是大非问题，必须有理有利有节地斗争，压缩其存在空间，消除其传播渠道，及时帮助干部群众划清是非界限、澄清模糊认识。对思想认识问题要采取团结—批评—团结的方针，通过沟通说理、解疑释惑的方式消除错误认识。对于法律框架下的舆论监督和批评，要予以鼓励和包容，及时给予回应和处理。对于学术观点问题，要通过一定范围内的学术争鸣来辩论真理、

---

[1] 中共中央文献研究室编：《习近平关于社会主义文化建设论述摘编》，中央文献出版社2017年版，第37页。

纠正谬论，逐步统一认识。要防止意识形态领域走"以阶级斗争为纲"、随意贴标签、打击一大片的老路。要"正确区分学术问题和政治问题，不要把一般的学术问题当成政治问题，也不要把政治问题当作一般的学术问题，既反对打着学术研究旗号从事违背学术道德、违反宪法法律的假学术行为，也反对把学术问题和政治问题混淆起来、用解决政治问题的办法对待学术问题的简单化做法"[①]。

2. 把握红色、黑色、灰色"三个地带"

习近平总书记指出："思想舆论领域大致有红色、黑色、灰色'三个地带'。红色地带是我们的主阵地，一定要守住；黑色地带主要是负面的东西，要敢于亮剑，大大压缩其地盘；灰色地带要大张旗鼓争取，使其转化为红色地带。"[②] 这一论述阐明了扩大认同与坚决斗争的辩证关系和方法策略，是统筹两者关系的科学指南。守住红色地带就是要通过意识形态建设，用习近平新时代中国特色社会主义思想武装全党、教育人民、推进工作，管好用好新闻舆论、社科理论、文化文艺、教育教学、民族宗教、网络空间等意识形态阵地，深入推进文化领域供给侧结构性改革，在推动高质量文化供给中引领文化消费、推进精神文明建设。压缩黑色地带就是要通过主动坚决的意识形态斗争去压制黑色负面的东西，采取标本兼治的方针，逐步消除其存在空间。转化灰色地带就是要创新方式方法，不断增强主流意识形态的亲和力、吸引力、说服力，使越来越多的人在思想意识层面向红色地带转化，扩大社会主义意识形态在人民群众中的情感认同和理论认同。

3. 注重策略方法，讲求斗争艺术

扩大认同与坚决斗争是做好意识形态工作的一体两面。只有在不断扩大认同中才能更好地推进意识形态领域的伟大斗争，只有不断累积意识形态领域伟大斗争的胜利成果才能不断扩大认同，这是一个螺旋式上升、波浪式前进的历史过程。一要把握总体原则。意识形态工作是政治工作，团结是目标、斗争是手段，要"团结一切可以团结的力量，调动一切积极因素，在斗争中争取团结，在斗争中谋求合作，

---

① 中共中央文献研究室编：《习近平关于社会主义文化建设论述摘编》，中央文献出版社2017年版，第94页。

② 《习近平谈治国理政》第2卷，外文出版社2017年版，第328页。

在斗争中争取共赢"①，通过持续有效的工作，找到全社会思想意识层面的"最大公约数"，构筑"最大同心圆"。二要强化精准精细。各类社会思潮对意识形态的影响是分层、分类的，无论是扩大认同还是坚决斗争，都要树立精准精细的意识。正面的舆论引导要扩面，根据受众对象的实际，分层分类推进，把握好时度效；负面的思想斗争要聚焦，缩小打击面，精准把握敌对势力进行意识形态渗透分化的重点领域、重点人群，采取精准、精细的工作措施。三要善于综合施策。要推进社会主义核心价值观融入生活，强化其整合社会意识的功能。对于意识形态领域的负能量，要综合采取舆论、政治、经济、技术、法治等手段，遏制其消解主流意识形态的能力，实现对意识形态领域的有效治理。

五　坚持战略思维与底线思维相统一

社会主义现代化建设是经济基础与上层建筑整体跃升的过程，强大的社会主义意识形态是社会主义现代化强国的重要指标。在中国特色社会主义新时代，意识形态领域既存在推进制度体系更加成熟、更加定型的繁重任务，又潜藏着类似"黑天鹅""灰犀牛"等重大风险隐患，必须始终坚持战略思维与底线思维相统一的工作基调，确保意识形态工作向上向好、行稳致远。

1. 坚持以战略思维谋划意识形态工作

习近平总书记指出："战略问题是一个政党、一个国家的根本性问题。战略上判断得准确，战略上谋划得科学，战略上赢得主动，党和人民事业就大有希望。"② 从战略层面谋划意识形态工作，要把建设具有强大凝聚力和引领力的社会主义意识形态作为战略旨归，着力增强"四个自信"，精细谋划、驰而不息地推进理论武装、舆论引导、阵地管理等重要工作；要把培育和弘扬社会主义核心价值观作为战略依托，"继承和发扬中华优秀传统文化和传统美德，广泛开展社会主义核心价值观宣传教育，积极引导人们讲道德、尊道德、守道

---

① 《习近平谈治国理政》第3卷，外文出版社2020年版，第227页。
② 《习近平谈治国理政》第2卷，外文出版社2017年版，第10页。

德，追求高尚的道德理想，不断夯实中国特色社会主义的思想道德基础"①；要把增强国家文化软实力和中华文化影响力作为战略远景，不断夯实国家文化软实力的社会根基，挖掘中华文化的独特魅力，传播当代中国价值观念，塑造当代中国的国家形象。

2. 坚持以底线思维防范化解各种风险

现代社会本质上是风险社会，风险无处不在、无时不有。我国正处在包括意识形态风险在内的各方面风险不断积累甚至集中显露的时期。意识形态风险与政治风险、经济风险、社会风险等还存在连锁联动关系，风险防范始终是躲不开、绕不过的，"必须把防风险摆在突出位置，'图之于未萌，虑之于未有'，力争不出现重大风险或在出现重大风险时扛得住、过得去"②。要"善于运用'底线思维'的方法，凡事从坏处准备，努力争取最好的结果，这样才能有备无患、遇事不慌，牢牢把握主动权"③。要明确各级党委、政府和领导干部的职责，做到守土有责、守土尽责，坚持一级抓一级、层层抓落实。要建立健全包括风险研判、决策风险评估、风险连锁联动阻却、风险防控协同、风险防控责任在内的全过程防控机制。要深入研究意识形态风险的生成机制，构建意识形态风险应急预案和风险治理体系，提高源头治理、系统治理、依法治理的能力。

3. 坚持在风险防范中掌握战略主动

习近平总书记指出："既要有防范风险的先手，也要有应对和化解风险挑战的高招；既要打好防范和抵御风险的有准备之战，也要打好化险为夷、转危为机的战略主动战。"④ 要在战略思维中体现底线思维，在谋划意识形态工作时对有可能影响战略全局的风险隐患提前予以排查，将各种不利因素都考虑进来，从而增强战略谋划的科学性和可行性。要在坚持底线思维中体现战略思维，在防范化解风险隐患时，常观大势、常思大局，让风险防范服务于战略远景，最终实现"在变局中开新局，在危机中育新机"的战略主动。

---

① 《习近平谈治国理政》，外文出版社2014年版，第163页。
② 《习近平谈治国理政》第2卷，外文出版社2017年版，第81页。
③ 中共中央宣传部：《习近平总书记系列重要讲话读本（2016年版）》，学习出版社、人民出版社2016年版，第288页。
④ 《习近平谈治国理政》第3卷，外文出版社2020年版，第220页。

六　坚持线下与线上相统一

以互联网为代表的信息技术拓展了人类存在的新空间，形成了一个与线下现实社会相对应的线上虚拟社会。亿万网民在网络虚拟空间中获取、交流信息，分享对国家、对社会、对工作、对人生的看法，人们的求知途径、思维方式和价值观念都将受到深刻影响。坚持线下与线上相统一，是意识形态工作必须统筹考虑的工作范畴。

1. 构建线下与线上相统一的工作格局

线下与线上并存的空间结构是信息技术结构性重塑生活空间的结果。虽然意识形态在虚拟空间的呈现具有不同于现实社会的特点，但两者在本质上是统一的。要善于运用网络了解民意、开展工作，构建线下与线上相统一的意识形态工作格局。一要实现意识形态阵地的线下线上对接。互联网已经成为意识形态的主阵地和最前沿，"过不了互联网这一关，就过不了长期执政这一关"[1]，既要守好传统的意识形态阵地，更要科学认识网络传播规律，有效掌握网络意识形态的领导权、话语权和管理权。二要实现群众路线的线下线上贯通。坚持群众路线，做好群众工作是做好意识形态工作的根本途径。在互联网时代，"各级党政机关和领导干部要学会通过网络走群众路线，经常上网看看，潜潜水、聊聊天、发发声，了解群众所思所愿"[2]。三要实现社情民意在线下线上的整合。及时、准确掌握社情民意是做好意识形态工作的重要前提和基本途径。要适应信息社会的发展需求，"主动借助新媒体传播优势，完善运用体制机制，打通并用好同群众信息交流的新渠道"[3]，收集网民的好想法好建议，积极回应关切、解疑释惑，实现社情民意在线下线上的有效整合，不断提高教育引导群众的工作效能。

2. 强化线下与线上相统一的技术支撑

实现意识形态工作线下与线上的统一，要推动信息领域核心技术

---

[1] 中共中央文献研究室编：《习近平关于社会主义文化建设论述摘编》，中央文献出版社2017年版，第42页。

[2] 《习近平谈治国理政》第2卷，外文出版社2017年版，第336页。

[3] 中共中央文献研究室编：《习近平关于社会主义文化建设论述摘编》，中央文献出版社2017年版，第45页。

突破，运用新媒体新技术提高对网络意识形态的驾驭能力和线下线上意识形态工作的统筹能力。一方面，要依托新技术增强主流意识形态影响力。要"加快推动媒体融合发展，使主流媒体具有强大传播力、引导力、影响力、公信力，形成网上网下同心圆，使全体人民在理想信念、价值理念、道德观念上紧紧团结在一起，让正能量更强劲、主旋律更高昂"①。要运用新媒体新技术创新意识形态工作，推动传统优势同信息技术高度融合，增强时代感和吸引力。另一方面，要依托新技术压缩网络负能量的存在空间。要强化技术攻关，实现对涉及虚假、诈骗、攻击、谩骂、恐怖、色情、暴力等负面信息的精准识别和有效拦截，推动形成清朗的网络空间。要提高对网络言论、舆情热点的大数据分析水平，敏锐把握群众需求和各类社会思潮的动向，为网络综合治理提供数据支撑。

3. 完善线下与线上相统一的工作机制

实现意识形态工作线下与线上相统一，离不开有效的工作机制保障。要完善领导机制，各级党委（党组）对网络意识形态工作要承担主体责任，对线下与线上意识形态工作实施统一领导，构建自上而下、机构健全、覆盖全面的网络意识形态工作体系。要建立与网民的常态化联系机制，将其中的"代表性人士纳入统战工作视野，建立经常性联系渠道，加强线上互动、线下沟通，引导其政治观点，增进其政治认同"②，"要注重同思想界、理论界、知识界等方面建立良好沟通关系，及时向他们通报中央对一些重大问题的判断和工作大政方针，及时听取他们的意见，做到上情下达、下情上传"③，最大限度地扩大"朋友圈"。要"避免过去经常出现的'一放就乱、一管就死'现象"④，建立主管部门、互联网企业、社会力量协同参与机制，明确各自职责，走出一条齐抓共管、良性互动的善治之路。

---

① 《习近平谈治国理政》第3卷，外文出版社2020年版，第317页。
② 《习近平谈治国理政》第2卷，外文出版社2017年版，第325页。
③ 中共中央文献研究室编：《习近平关于社会主义文化建设论述摘编》，中央文献出版社2017年版，第33页。
④ 习近平：《论党的宣传思想工作》，中央文献出版社2020年版，第206页。

七　坚持对内与对外相统一

在全面对外开放的条件下，引导人们更加全面客观地认识当代中国、看待外部世界，必须树立国际视野，坚持对内意识形态建设与对外讲好中国故事相统一。

1. 对内宣传与对外宣传一体发展

对内宣传和对外宣传本质上都是尽可能让受众群体认同宣传内容。长期以来，我们比较重视对内宣传，对外宣传相对薄弱，"阐释技巧、传播力度还不够，当代中国价值观念的国际知晓率和认同度还不高，有时处于有理没处说、说了也传不开的被动境地"[1]。要动员各方面力量一起做好思想舆论工作，"加强统筹协调，整合各类资源，推动内宣外宣一体发展，奏响交响乐、唱响大合唱，把中国故事讲得愈来愈精彩，让中国声音愈来愈洪亮"[2]。要以提高新闻舆论传播力、引导力、影响力、公信力为核心，根据境内外受众群体的不同特点，强化对内、对外宣传的内容对接。要提高对外话语的创造力、感召力、公信力，"主动宣介新时代中国特色社会主义思想，主动讲好中国共产党治国理政的故事、中国人民奋斗圆梦的故事、中国坚持和平发展合作共赢的故事"[3]，讲好中国制度的故事，让世界更好地了解中国。要善于利用国外主流媒体平台，"把我们想讲的和国外受众想听的结合起来，把'陈情'和'说理'结合起来，把'自己讲'和'别人讲'结合起来"[4]，变"我说"为"他说"，变"自塑"为"他塑"，使内宣与外宣互相拉抬、良性互动，不断增强主流意识形态在国内的吸引力和引领力、在国外的亲和力和说服力。要推进国际传播能力建设，"加强提炼和阐释，拓展对外传播平台和

---

[1] 中共中央文献研究室编：《习近平关于社会主义文化建设论述摘编》，中央文献出版社2017年版，第199—200页。

[2] 中共中央宣传部：《习近平总书记系列重要讲话读本（2016年版）》，学习出版社、人民出版社2016年版，第211页。

[3] 《习近平谈治国理政》第3卷，外文出版社2020年版，第314页。

[4] 中共中央文献研究室编：《习近平关于社会主义文化建设论述摘编》，中央文献出版社2017年版，第213页。

载体，把当代中国价值观念贯穿于国际交流和传播方方面面"①。用好新闻发布机制和高端智库交流渠道，完善人文交流机制，综合运用大众传播、群体传播、人际传播等多种方式展示中华文化魅力，让中国声音赢得国际社会更多的理解和认同，从而增强中国人民的文化自信。

2. 内部动态与外部动态一并掌握

及时掌握意识形态形势和动态是做好意识形态工作的重要前提。从西方操纵的"颜色革命"演变规律来看，国外意识形态动向与国内意识形态动向高度相关。从我国意识形态斗争的历史经验来看，国内的意识形态动态往往与境外势力有着千丝万缕的联系。只有对境内和境外的意识形态动态一并掌握，才能牢牢掌握意识形态工作的主动权。一要常态掌握国内外社会思潮动态。西方新自由主义思潮及其变种、国外的宗教极端势力、民族分裂势力和暴力恐怖势力对我国的社会思潮产生了重大影响。国内一些组织和个人深受国外社会思潮的影响，甘当国外敌对势力的代言人，不断变换手法，制造思想混乱。要密切关注国内外社会思潮的演变规律和发展态势，确保非主流意识形态总体可控。二要重点关注突发事件、社会热点引发的舆情动向。国内外突发事件和社会热点常是意识形态事件的发生源。2020年新冠疫情发生后，以美国为首的西方国家将自身防疫不力"甩锅"中国，肆意抹黑、诋毁中国共产党和中国社会主义制度；敌对势力精心策划、不断炒作所谓新疆棉花生产中莫须有的"强迫劳动"和新疆地区存在"种族灭绝"等匪夷所思的谎言就是典型例证。要密切关注突发事件、社会热点的舆情动向，"防止各种敌对势力借机干扰和破坏，避免一些具体问题演变成政治问题、局部问题演变成全局性事件，避免出现大的意识形态事件和舆论漩涡"②。三要科学研判国内外意识形态的联动机理。要树立普遍联系的观点，透过现象看本质，科学分析国内外意识形态动向的联动路径和演变机制，为意识形态事件的应急处置提供决策依据。

---

① 中共中央文献研究室编：《习近平关于社会主义文化建设论述摘编》，中央文献出版社2017年版，第200页。

② 习近平：《论党的宣传思想工作》，中央文献出版社2020年版，第23页。

3. 对内宣传与对外说理一起推进

坚持对内宣传和对外说理一起推进的策略是逐步扭转国际舆论格局的长久之计。一方面，要旗帜鲜明地贯彻列宁的灌输思想，加大对中国人民和中华民族的优秀文化和光荣历史的正面宣传力度，"通过学校教育、理论研究、历史研究、影视作品、文学作品等多种形式，加强爱国主义、集体主义、社会主义教育"①。另一方面，要主动发声，让正确的声音先入为主，"让全国人民知道党和政府为人民做了什么、还要做什么，让世界知道中国人民为人类文明进步作出了什么贡献、还要作出什么贡献"②。要不断提升对外传播效果，"让更多国外受众听得懂、听得进、听得明白"③。要及时批驳各种针对党和政府的无端质疑和不实攻击，揭示真相，把道理讲清楚，不断扩大国际社会对中国共产党和中国特色社会主义的认同。

八 坚持制度建设与治理能力建设相统一

习近平总书记指出："制度是关系党和国家事业发展的根本性、全局性、稳定性、长期性问题。"④ 坚持制度建设和治理能力建设相统一既是推进国家治理体系和治理能力现代化的重要内容，也是提高意识形态领域治理科学化水平、实现社会主义意识形态强起来的重要保障。

1. 强化意识形态制度意识

制度意识是制度认知、制度自觉、制度自律和制度自信的有机统一，是国家治理现代化的重要标志。意识形态的制度意识带有根本性，对制度建设和治理能力建设至关重要。各级党委以及各级领导干部要树立用法治理念和法治思维分析、研究意识形态工作的意识。要"带头维护制度权威，做制度执行的表率……充分发挥制度指引方向、

---

① 中共中央文献研究室编：《习近平关于社会主义文化建设论述摘编》，中央文献出版社2017年版，第34页。
② 中共中央文献研究室编：《习近平关于社会主义文化建设论述摘编》，中央文献出版社2017年版，第209页。
③ 《习近平谈治国理政》第3卷，外文出版社2020年版，第320页。
④ 《习近平谈治国理政》第3卷，外文出版社2020年版，第185页。

规范行为、提高效率、维护稳定、防范化解风险的重要作用"①。针对意识形态领域的新情况、新问题，要积极探索治理规律，及时对行之有效的治理理念、治理方式、治理手段进行总结和提炼，形成规章制度。要根据国内外意识形态形势的发展变化，及时修改、完善与实际不相符的制度，确保制度建设与时俱进。

2. 完善意识形态治理体系

治理体系是一整套紧密相连、相互协调的制度形成的逻辑体系。要以推进意识形态领域治理体系和治理能力现代化为目标，尽快推进意识形态制度建设，构建起由根本制度、基本制度和重要制度组成的制度体系。一要坚持和巩固已经成熟和定型的制度。坚持马克思主义在意识形态领域指导地位的根本制度和坚持以社会主义核心价值观引领文化建设制度属于已经成熟和定型的制度，要将其落实到意识形态工作的全过程和各方面，通过制度的具体化来巩固制度本身。二要完善和发展需要进一步改革和创新的制度。要从提高制度有效性出发，进一步完善和发展人民文化权益保障制度、坚持正确导向的舆论引导工作机制以及把社会效益放在首位、实现社会效益和经济效益相统一的文化创作生产体制机制等需要进一步改革和创新的制度，"着力固根基、扬优势、补短板、强弱项，构建系统完备、科学规范、运行有效的制度体系"②。三要确保制度的有效实施。要认真落实意识形态工作责任制、党委（党组）理论学习中心组等各层级学习制度，加强对意识形态阵地管理，落实谁主管谁负责和属地管理等制度。要"构建全覆盖的制度执行监督机制，把制度执行和监督贯穿区域治理、部门治理、行业治理、基层治理、单位治理的全过程……确保制度时时生威、处处有效"③。

3. 提高意识形态治理能力

提高意识形态治理能力是一个系统工程，"要把提高治理能力作为新时代干部队伍建设的重大任务，引导广大干部提高运用制度干事

---

① 《习近平谈治国理政》第 3 卷，外文出版社 2020 年版，第 128 页。
② 《习近平谈治国理政》第 3 卷，外文出版社 2020 年版，第 127 页。
③ 《习近平谈治国理政》第 3 卷，外文出版社 2020 年版，第 128 页。

创业能力，严格按照制度履行职责、行使权力、开展工作"[1]。一要明确能力要求。意识形态素质是干部政治素质的重要体现，"看一个领导干部是否成熟、能否担当重任，一个重要方面就是看他重不重视、善不善于抓宣传思想工作"[2]。要将意识形态治理能力纳入领导干部选拔、培养、考核程序，作为领导干部的基本政治素养抓紧抓好。二要提升队伍素质。意识形态工作专业性较强，从事意识形态工作的各级领导和工作人员要不断学习新知识、熟悉新领域、开阔新视野，具备驾驭意识形态工作的专业素养和综合素质，要"加强调查研究，不断增强脚力、眼力、脑力、笔力，努力打造一支政治过硬、本领高强、求实创新、能打胜仗的宣传思想工作队伍"[3]。三要提升统筹能力。要树立系统观念，提高各级党委（党组）的统筹协调能力，建立和完善意识形态工作联席会议制度，有效整合宣传思想文化领域的阵地和资源，综合运用经济、行政、技术、法纪等多种手段，不断提高意识形态领域的治理水平。

---

[1]《习近平谈治国理政》第3卷，外文出版社2020年版，第128—129页。
[2] 中共中央文献研究室：《习近平关于社会主义文化建设论述摘编》，中央文献出版社2017年版，第33页。
[3]《习近平谈治国理政》第3卷，外文出版社2020年版，第315页。

第六章
坚定红色文化自信

文化自信是建设社会主义文化强国的重要理念。党的十九届六中全会通过的《中共中央关于党的百年奋斗重大成就和历史经验的决议》指出:"文化自信是更基础、更广泛、更深厚的自信,是一个国家、一个民族发展中最基本、最深沉、最持久的力量,没有高度文化自信、没有文化繁荣兴盛就没有中华民族伟大复兴。"[1] 红色文化是中国特色社会主义文化的核心渊源和内在本质。高度的文化自信说到底就是高度的红色文化自信。高度的红色文化自信最终来源于高度的红色文化自觉,即"在纷纭缭乱的文化现象中,把握红色文化的本质特征、普遍联系和发展规律,从而对它的效能和前途作出正确的判断"[2]。在中国特色社会主义新时代,从学理上厘清红色文化的概念、特征和新时代价值,把握建党百年红色文化的世界意义,有利于坚定红色文化自信,实现中国特色社会主义文化的繁荣兴盛,加快建成社会主义文化强国。

一 红色文化的概念与特征

1. 红色文化的内涵界定

学术界关于红色文化的内涵还存有争议,大致有三种说法。第一

---

[1] 本书编写组:《〈中共中央关于党的百年奋斗重大成就和历史经验的决议〉辅导读本》,人民出版社2021年版,第54页。

[2] 参见刘润为《红色文化与文化自信》,《红旗文稿》2017年第12期。

种认为,红色文化是中国共产党在新民主主义革命时期,领导人民所创造的反帝反封建的先进文化。中国社会科学杂志社《历史研究》常务副主编周群认为,红色文化应该是马克思主义传入中国后,特别是中国共产党成立后,领导中国人民为获得国家独立和民族解放而在长期的革命战争中形成的以马克思主义为主导的文化。① 在这里,红色文化被解读为党和人民创造的"革命文化"。第二种认为,红色文化是在新民主主义革命和社会主义建设时期,以及改革开放时期,中国共产党带领全国人民所创造的一种特殊文化。如中国红色文化研究会会长、求是杂志社原副总编辑刘润为认为,中国共产党领导全国各族人民在长期革命、建设、改革进程中创造的以中国化马克思主义为核心的先进文化,可以凝练地称呼为"红色文化"。在这里,红色文化被认为是我们党和人民创造的革命文化和社会主义先进文化的统称。② 第三种认为,红色文化是一种特殊的历史文化,反映的是近代以来中国各民族、各阶级、各阶层人民在谋求民族独立、人民解放和国家富强、人民幸福的斗争中,所创造的各种物质和精神财富的总和。这种论者还以中共中央办公厅国务院办公厅联合下发的《2011—2015年全国红色旅游发展规划纲要》为佐证,因为该官方文件将"1840年以来我国所发生的以爱国主义与革命传统精神为主题、有代表性的重大事件,以及重要人物的历史文化遗存"纳入红色旅游发展范围。

  党的十九大报告指出:"中国特色社会主义文化,源自于中华民族五千多年文明历史所孕育的中华优秀传统文化,熔铸于党领导人民在革命、建设、改革中创造的革命文化和社会主义先进文化,植根于中国特色社会主义伟大实践。"③ 为此,我们应在建设中国特色社会主义文化这一时代命题中,从五个层面来理解红色文化。其一,从源头来看,中华优秀传统文化是红色文化的总根源。我们分析红色文化不能忘记中华文化的根本立场,否则就会犯文化虚无主义的错误。其

---

① 参见黎昕《红色文化研究的新进展——红色文化高端论坛综述》,《福建论坛》(人文社会科学版)2017年第7期。
② 参见刘润为《红色文化与文化自信》,《红旗文稿》2017年第12期。
③ 本书编写组:《党的十九大报告辅导读本》,人民出版社2017年版,第40页。

二，从品质上看，马克思主义是红色文化的灵魂。正是在马克思主义的指导下，红色文化才能在中华优秀传统文化基础上生长出来，成为助推革命、建设和改革开放事业取得成功的精神力量。其三，从实践上看，新民主主义革命催生了红色文化。中国共产党领导中国人民进行反对帝国主义、封建主义和官僚资本主义的革命实践直接成为红色文化诞生的沃土。其四，从生命力看，红色文化是先进文化的保鲜剂。红色文化在社会主义革命、建设和改革开放各个历史阶段均传承优良传统，在文化建设中发挥着"航标"作用，使中国特色社会主义文化始终保持红色"底色"。在中国特色社会主义的新时代，红色文化更加彰显出其历久弥新的时代价值。习近平总书记明确要求：要"把红色资源利用好、把红色传统发扬好、把红色基因传承好"。其五，从对比上看，红色文化是当代中国文化的表征。在世界文明交流互鉴的新时代，红色文化是区别"本来"与"外来"，区分"中"与"西"，彰显中国气派、中国精神、中国价值、中国力量的重要表征。

为此，我们可以将红色文化的概念表述为，中国共产党在马克思主义指导下，在领导中国人民谋求民族独立、人民解放和国家富强、人民幸福的伟大斗争中，创造性转化、创新性发展中华优秀传统文化，形成的引领中国特色社会主义文化发展方向的先进文化。

2. 红色文化与相关文化形态的关系

全面理解红色文化，要将其放到中国特色社会主义文化的构成要素中，厘清其与中华优秀传统文化、革命文化，以及社会主义先进文化三种文化形态的关系。

（1）红色文化与中华优秀传统文化

中华优秀传统文化是中华民族在五千年历史长河中创造的宝贵财富。习近平总书记指出："中华文明绵延数千年，有其独特的价值体系。中华优秀传统文化已经成为中华民族的基因，植根在中国人内心，潜移默化影响着中国人的思想方式和行为方式。"[①] 中国共产党高度重视中华优秀传统文化，在中国革命、建设和改革中，一贯继

[①] 习近平：《青年要自觉践行社会主义核心价值观》，《人民日报》2014年5月5日第2版。

承、弘扬、提升中华优秀传统文化。红色文化是在马克思主义传入中国后，中国共产党领导中国人民在各个历史阶段特别是在革命战争年代中创造的先进文化。党的十九大报告指出："中国共产党从成立之日起，既是中国先进文化的积极引领者和践行者，又是中华优秀传统文化的忠实传承者和弘扬者。"① 红色文化是中华优秀传统文化注入马克思主义后发生的完美蝶变，它以中华优秀传统文化为"体"，以马克思主义为"魂"，开放包容对待外来文化，在中国革命、建设、改革开放各个历史时期的思想文化领域发挥着引领和主导作用，成为中国社会主义现代化建设的精神动力。在中国特色社会主义的新时代，红色文化既是中华优秀传统文化的重要组成部分，又是坚定社会主义先进文化前进方向的精神内核和不变基因。

（2）红色文化与革命文化

革命文化是在党和人民的伟大斗争中孕育和发展出来的，体现了马克思主义主导下的中国近现代文化的发展及其成果，是社会主义新中国在文化上的不可动摇的基石。② 红色文化与革命文化是两个既有联系又有区别的概念。红色文化是从文化特质、文化风貌方面对革命文化以及社会主义先进文化的总体描述。革命文化与中华优秀传统文化和社会主义先进文化处于并列的地位，特指革命战争年代孕育出的一种坚定信念、勇往直前、改天换地的文化形态。从相互联系的角度看，红色文化和革命文化都是在马克思主义传入中国后，特别是中国共产党成立后，在中国人民的革命事业中生长出来的，都是马克思主义中国化的重要文化成果、中国革命胜利的文化支撑和强大精神动力以及中国特色社会主义文化建设的优质基因③，且红色文化和革命文化的传统、基因都是在新中国成立前的革命岁月中锤炼出来的。从两者的区别来看，红色文化是不断发展的，在保持文化传统、文化基因不变的情况下，在革命、建设、改革开放和中国特色社会主义新时代

---

① 本书编写组：《党的十九大报告辅导读本》，人民出版社2017年版，第43—44页。
② 参见李维武《中国文化的古今变化及其联系——关于中华优秀传统文化、革命文化、社会主义先进文化关系的思考》，《中南民族大学学报》（人文社会科学版）2017年第5期。
③ 参见李康平《中国革命文化基本理论问题研究》，《马克思主义研究》2015年第7期。

会呈现出不同的文化形态；而革命文化具有特定的时段性，特指中国共产党成立到新中国成立这段革命岁月，其生成的土壤是中国人民的新民主主义革命事业。随着中国特色社会主义文化的不断发展，革命文化中的光荣传统、优秀基因将会更加发扬光大，开辟出红色文化的新境界。

（3）红色文化与社会主义先进文化

先进文化是符合人类社会发展方向、体现先进生产力发展要求、代表最广大人民根本利益、反映时代进步潮流的文化。先进文化在不同的历史时期有不同的表现形式和内容，因为"一定的文化（当作观念形态的文化）是一定社会的政治和经济的反映，又给予伟大影响和作用于一定社会的政治和经济；而经济是基础，政治则是经济的集中的表现"[①]。毛泽东认为："在'五四'以前，中国的新文化，是旧民主主义性质的文化，属于世界资产阶级的资本主义的文化革命的一部分。在'五四'以后，中国的新文化，却是新民主主义性质的文化，属于世界无产阶级的社会主义的文化革命的一部分。"[②] 在当代中国，社会主义先进文化是红色文化在社会主义建设和改革开放新时期的创造性转化。中国特色社会主义文化就是这个时代的先进文化，在多元文化交流、交融、交锋中发挥着主导作用。红色文化是先进文化的本源，涵盖了"五四"以来的革命文化和先进文化，其文化资源是发展新时代中国特色社会主义文化的重要资源，其文化传统在中国特色社会主义文化建设中应得到更好发扬，其文化基因应在新时代中国特色社会主义文化建设中得到更好传承。

（4）红色文化的经典形态

作为一种文化形态，红色文化与其他文化形态一样，都具有一定的文化结构，具体可以从物质、制度、精神三个层次来剖析。物质层面是指革命、建设和改革以来的遗物、遗址、遗迹、纪念碑、纪念地、纪念堂、纪念馆等实物；制度层面是指路线、方针、政策、理论和纲领等一整套规范体系与行为模式；精神层面是指所凝结的信仰、

[①] 《毛泽东选集》第2卷，人民出版社1991年版，第663—664页。
[②] 《毛泽东选集》第2卷，人民出版社1991年版，第698页。

知识、精神、价值、道德等。① 物质层面的红色文化具有静态性，制度层面的红色文化具有时效性，两者主要以红色资源的形式对当下产生影响。精神层面的红色文化则具有永恒性，体现为红色传统和红色基因，是建设社会主义先进文化所必须传承和弘扬的。中国革命、建设、改革开放的事业每前进一步，中国红色文化的发展就会前进一步，红色文化的内容会越来越丰富。经过实践探索和抽象凝练，一些红色文化的具体形态获得广大人民群众高度认同，成为鼓舞全国人民进行社会主义现代化建设的精神力量。就目前而言，"红船精神""井冈山精神""延安精神""沂蒙精神""西柏坡精神""抗美援朝精神""雷锋精神""大庆精神""红旗渠精神""焦裕禄精神""航天精神""98抗洪精神""抗震救灾精神"等，均是红色文化的经典形态。

3. 红色文化的特征

特征是某事物区别于其他事物的标志。从事物的特征入手进行研究，能够加深对该事物的认识。从不同的角度分析，可以发现红色文化具有六个方面的鲜明特征。

（1）先进性

先进性是红色文化的首要特征。时代是思想之母，先进的思想总是随时代向前传承发展，落后的思想迟早要被时代所淘汰。红色文化在革命、建设和改革开放的各个历史时期，纵使其表现形式不同，但代表本质的红色传统和红色基因一直得到很好传承，红色文化随着时代的发展散发出历久弥新的旺盛生命力。红色文化的先进性根源于马克思主义的指导。马克思主义是被实践证明了的客观真理，代表了新生事物的发展方向。红色文化是马克思主义中国化的产物，其先进性源自于马克思主义的先进性，体现为理论体系的科学性和真理性。在中国特色社会主义的新时代，必须利用好红色文化资源、发扬好红色文化传统、传承好红色文化基因，让红色文化在中国特色社会主义文化建设中引领方向。

（2）民族性

民族性是红色文化的基本特征。党的十九大报告指出："发展中

---

① 参见游海华《红色文化概念再探》，《红色文化学刊》2017年第1期。

国特色社会主义文化,就是以马克思主义为指导,坚守中华文化立场,立足当代中国现实,结合当今时代条件,发展面向现代化、面向世界、面向未来的,民族的科学的大众的社会主义文化。"① 红色文化的民族性特征体现在两个方面:一是红色文化是马克思主义中国化过程中产生出的文化形态,是在中国人民的革命、建设和改革开放实践中产生和发展起来的,是在中国的土地上长出来的,是服务于中国社会实践的;二是红色文化是中华优秀传统文化创造性转化和创新性传承的结果,其精神内涵与中华优秀传统文化保持一致,具有鲜明的中国特色和中国气派。发展红色文化必须坚守中华文化的根本立场,立足本土,服务本土。

(3) 实践性

实践性是红色文化的突出特征。首先,红色文化的实践性具有坚实的思想理论基础。实践性既是马克思主义的理论品质,也是中华文化的重要特征。作为马克思主义和中华优秀传统文化交融、蝶变的产物,红色文化固有实践性特征。其次,红色文化是在实践中产生和发展起来的。红色文化的传统和基因是在中国的革命、建设和改革开放的实践中形成的,各种经典红色文化形态都是在特定历史阶段的社会实践中孕育出来并被实践中的人民所认同的。最后,红色文化只有在实践中才能不断发展。红色文化是指导中国人民进行革命、建设和改革开放的理论武器,是激励全国人民开辟革命、建设和改革开放事业的新境界的精神力量,它只有在社会实践中才能发挥作用。

(4) 斗争性

斗争性是红色文化的本质特征。红色文化是在革命文化的基础上产生但又超越了革命文化的新文化形态。② 在革命战争年代,红色文化体现为革命文化,其斗争性体现在用革命的手段推翻不平等社会制度,建立新中国。在社会主义建设和改革开放时期,红色文化体现为社会主义先进文化,其斗争性体现在用改革的手段破除一切阻碍社会生产力发展的体制机制和制度,发展社会生产力、改善人民生活。在

---

① 本书编写组:《党的十九大报告辅导读本》,人民出版社2017年版,第40—41页。
② 参见张侃《红色文化、国家记忆与现代国家建构的宏观思考——一个政治哲学的维度》,《福建论坛》(人文社会科学版) 2017年第7期。

中国特色社会主义新时代，红色文化的斗争性依然是宝贵的精神财富，是建设伟大工程、推进伟大事业、实现伟大梦想必须始终坚持的光荣传统。党的十九大报告指出："社会是在矛盾运动中前进的，有矛盾就会有斗争。我们党要团结带领人民有效应对重大挑战、抵御重大风险、克服重大阻力、解决重大矛盾，必须进行具有许多新的历史特点的伟大斗争，任何贪图享受、消极懈怠、回避矛盾的思想和行为都是错误的。"① 红色文化的斗争性传统是始终保持新时代中国特色社会主义旺盛生命力的思想武器。

（5）开放性

开放性是红色文化的重要特征。从历史的视角来看，红色文化具有不断吸收多种文化成分的开放气度，在主导文化发展方向的过程中，通过汲取古今中外各种文化的精华而不断提升自身的文化品质。从革命、建设、改革开放，再到中国特色社会主义新时代，随着时代主题的转换，红色文化始终保持开放包容的传统，始终与时代发展相同步，内涵不断丰富、主题不断鲜明、形式不断创新，成为推进中国特色社会主义文化繁荣兴盛的助推器。以发展的眼光来看，红色文化的开放性决定了红色传统不断发扬、红色基因不断传承的可能性和必然性。随着时代的继续发展，红色文化的内涵及形式还会发生具有特定历史印记的变化。作为一个动态的、发展的文化体系，红色文化将随着马克思主义中国化理论成果的丰富而不断发展。在中国特色社会主义的新时代，红色文化必将以与时俱进的姿态，开放包容对待一切优秀文化形态和文化资源，不断增强自身的吸引力和影响力。

（6）人民性

人民性是红色文化的根本特征。马克思主义认为，人民群众不仅是物质财富的创造者，也是精神文化的创造者。红色文化是人民群众创造，始终保持着"民族的、科学的、大众的"传统本色。从红色文化孕育、形成、丰富和发展的全过程来看，其主题和任务是由人民群众在不同时代的社会实践活动中提出来的，其发展和创新是由人民群众在不同时代的社会实践活动来推动的，其弘扬和传承永远离不开

---

① 本书编写组：《党的十九大报告辅导读本》，人民出版社2017年版，第15页。

人民群众的社会实践活动。红色文化的服务对象是人民群众自身和人民群众开创的社会主义事业。红色文化的人民性特征，决定了发展红色文化，必须坚定以人民为中心的根本立场，永远根植于社会、根植于人民、服务于人民，在人民群众的社会实践中吸取营养，开拓创新。

二 红色文化的时代价值

红色文化自产生以来，见证了近代中国从站起来、富起来到强起来的历史进程。在中国特色社会主义新时代，包括文化建设在内的社会主义现代化建设进入了新的历史阶段，文化建设的机遇与挑战并存。着眼于新时代的中国特色社会主义建设，红色文化彰显着日渐日新的时代价值。

1. 红色文化是保证中国特色社会主义文化正确方向的不变基因

中国红色文化不只是一种文化形态，更是一种博大精深的民族精神思想，应该成为中国社会发展的文化基础。[①] 红色文化代表了中国特色社会主义文化的正统，体现了中国特色社会主义文化的底色，是社会主义中国的国家记忆，是构建中华民族共同体的文化纽带。在社会转型阶段，意识形态领域斗争复杂，多元文化共生共存，如何在交流互鉴中坚守中华文化的根本立场，在开放包容中坚持先进文化的前进方向是中国特色社会主义文化建设的根本问题。在中国特色社会主义新时代，大力弘扬红色文化，一方面，能够在世界文明交流、互鉴中彰显新时代中国文化的特色，增强中华文化的吸引力；另一方面，能够在多元文明交流交融交锋中，让红色传统、红色基因创造性转化和创新性发展，确保中国特色社会主义文化始终在正确的道路上向前发展、永不变质。

2. 红色文化是坚定中国特色社会主义道路的精神武器

中国特色社会主义道路是马克思主义中国化的生动体现。这条道路是中国共产党成立以来，经过革命、建设和改革开放，经过若干代

[①] 参见李娟《"文化整体论"：中国当代红色文化研究的视角转换》，《文艺理论与批评》2014年第6期。

人艰辛努力，历经挫折和失败后才探索出来的成果，是实现中华民族伟大复兴，开创人民美好生活的正确道路。这条道路的成功选择离不开红色文化蕴含的理想信念、奋斗牺牲、创新开路、不畏强敌、团结守纪、万众一心[①]精神的保障和激励。红色文化是在革命文化的基础上产生但又超越了革命文化的新文化形态，既具有阶段性和流动性，又具有延续性和传承性，已经内化为中国共产党人代代相传的行动方式和意识理念，成为中国现代国家建构的基本价值和道德感召。[②] 在中国特色社会主义新时代，红色文化是"既不走封闭僵化的老路，也不走改旗易帜的邪路，保持政治定力"[③]的思想文化武器。要强化红色文化在革命、建设、改革开放和新时代既一脉相承又各具特色的时代特征，坚定文化自信，将红色文化发扬好、发展好，使其成为坚定中国特色社会主义正确道路的信念之源和精神支撑。

3. 红色文化是实现"两个一百年"奋斗目标和中华民族伟大复兴的精神力量

红色文化是社会主义先进文化凝心聚力的精神纽带，是激发共产党人内在价值自省的先进文化思想源泉。习近平总书记指出："夺取坚持和发展中国特色社会主义伟大事业新进展，夺取推进党的建设新的伟大工程新成效，夺取具有许多新的历史特点的伟大斗争新胜利，我们还有许多'雪山'、'草地'需要跨越，还有许多'娄山关'、'腊子口'需要征服，一切贪图安逸、不愿继续艰苦奋斗的想法都是要不得的，一切骄傲自满、不愿继续开拓前进的想法都是要不得的。"[④] 在中国特色社会主义新时代，红色文化既是宝贵的文化资源，又是迎接各种挑战、克服各种困难、跨越各种陷阱、防范各种风险的锐利思想武器。我们要坚定红色文化自信，"把红色资源利用好、把红色传统发扬好、把红色基因传承好""让红色基因代代相传"，为实现"两个一百年"奋斗目标和中华民族伟大复兴提供持续的精神动力。

---

① 参见李捷《红色文化与文化自信》，《红旗文稿》2017年第14期。
② 参见张侃《红色文化、国家记忆与现代国家建构的宏观思考——一个政治哲学的维度》，《福建论坛》（人文社会科学版）2017年第7期。
③ 本书编写组：《党的十九大报告辅导读本》，人民出版社2017年版，第17页。
④ 《习近平谈治国理政》第2卷，外文出版社2017年版，第49页。

中国特色社会主义进入新时代，标志着中国特色社会主义站在了确立独立性、自主性、主体性和世界性的新的历史起点上。[①] 新的时代要我们进一步增强红色文化自觉，以高度的红色文化自信推进中国特色社会主义的道路自信、理论自信、制度自信和文化自信，加快实现"两个一百年"奋斗目标和中华民族伟大复兴。

三 红色文化的世界意义

文化是人类在生产劳动基础上创造的物质财富和精神财富的总和。[②] 作为对中国共产党领导中国人民形成的革命文化和社会主义先进文化高度概括以及形象化表达的红色文化，是马克思主义基本原理同中国具体实际和中华优秀传统文化有机结合、深度融合形成的先进文化谱系，是各个历史时期中国人民的精神脊梁以及中国文化、中国精神的重要体现。党自成立之日起，在领导中国革命的伟大斗争中积淀和形成，并在社会主义建设和改革开放新时期得到继承和发展的红色资源、红色传统和红色精神，都是红色文化的重要组成部分。[③] 建党百年铸就的红色文化是世界红色文化的重要组成部分，不但贯穿着中国的过去、现在和将来，而且融通着中国和世界。在全面建设社会主义现代化国家新征程中，胸怀"两个大局"、放眼国际共运和人类前途，深入理解建党百年红色文化的世界意义，对于传承红色基因、赓续红色传统，增强文化自觉和文化自信、讲好中国共产党的故事，担当好大党大国的文化责任和人类使命具有十分重要的意义。

1. 中国红色文化是维护文明多元平等的中流砥柱

文明体现为人类基于文化传统在社会实践中创造的物质、技术、精神、制度等方面的整体成就。在历史演进过程中，世界各地形成了丰富多彩的文明形态。中国红色文化从孕育、成长到发展的全过程，以其先进的文化基因、高尚的文化品格和优良的文化传统不但成为中

---

① 参见韩庆祥、黄相怀《中国特色社会主义新时代的哲学理解》，《哲学研究》2017年第12期。
② 徐光春主编：《马克思主义大辞典》，崇文书局2017年版，第81页。
③ 参见高翔《充分认识红色文化的深刻内涵》，《党建》2019年第5期。

华民族和中国人民的脊梁，同时也成为维护世界文明多元平等的中流砥柱。

首先，中国红色文化蕴含和秉持着交流互鉴的文明观，这是维护文明多元平等的思想先导。文明观是对世界文明体系及异质文明间相互关系的观点、看法和态度的总称。纵观中国红色文化的百年发展历程，交流互鉴的文明观始终是指导中国对外交往的一项基本原则。中国红色文化秉持的交流互鉴文明观以历史唯物论为根本指导，在党领导人民革命、建设、改革和新时代的伟大事业中不断发展。一是文明平等观。文明平等观是文明交流互鉴的前提。不同于西方中心主义立场的文明优越观，中国红色文化从发生学意义和实践意义上都坚持文明平等观，认为任何文明都是在特定时空背景下人类智慧的结晶，不同的时空背景和不同的社会实践孕育出不同的文明，这些文明本质上都是人类的创造，因而都是平等的。二是文明特色观。文明特色观是文明交流互鉴的基础。在唯物史观的视域内，每一种文明都值得尊重，"凡是民族作为民族所做的事情，都是他们为人类社会而做的事情"[1]。在中国红色文化的认知中，多元文明"如同自然界物种的多样性一样，一同构成我们这个星球的生命本源。"[2] 文明无高低之分，只有特色之别。三是文明包容观。文明包容观是文明交流互鉴的关键。坚持不同文明间"各美其美，美人之美，美美与共，天下大同"，反对基于自我中心主义的文明偏见，是中国红色文化交流互鉴观的准确写照。文明是一个复合体，具有不同的面向，即使不同文明体之间在某个时段、某个领域存在冲突关系，也不应该成为相互交流和借鉴的障碍。在文明交流互鉴的过程中，各国政府要"消除疑虑和隔阂，把世界多样性和各国差异性转化为发展活力和动力"[3]。四是文明和谐观。文明和谐观是文明交流互鉴的结果。蕴含崇高理想和信念的中国红色文化秉持文明融合的信念，与"文明冲突论"存在根本的区别。通过交流互鉴能够消除文明隔阂、超越文明冲突、实现文明共存和文明和谐的目标。中国红色文化所蕴含的交流互鉴文明观不

---

[1] 《马克思恩格斯全集》第42卷，人民出版社1979年版，第257页。
[2] 习近平：《论坚持推动构建人类命运共同体》，中央文献出版社2018年版，第322页。
[3] 《习近平谈治国理政》，外文出版社2014年版，第331页。

仅推动了中国特色社会主义文明形态的繁荣进步，让中国人民普遍受益，而且以实际行动和持续倡议增强了世界文明交流互鉴的共识，为维护世界文明多元平等营造了良好氛围。

其次，中国红色文化秉持着开放包容的发展观，形成了维护文明多元平等的实践伟力。发展始终是世界不同文明安身立命的根本。当今的世界是开放的世界，任何文明的发展都与同时代的其他文明的发展存在千丝万缕的联系。在推进自身文明发展中，对待异质文明的态度取决于特定文明所蕴含的发展观。受资本逻辑主导的西方文明固守着片面的、单向的、零和的发展观，以其强大的既得优势，控制着世界主要的资源、规则和话语权，恣意践踏弱势文明的生活方式和道路选择，压缩其他文明的发展空间，成为实现世界文明多元平等的主要障碍。中国红色文化坚持开放包容的发展观，引领和主导中国社会先后形成了新民主主义文明和中国特色社会主义文明形态，在世界文明体系中熠熠生辉。一方面，中国红色文化把开放作为发展自身文明的基本条件。无论是革命阶段锻造的革命文化还是建设、改革、新时代铸就的社会主义先进文化，都秉持开放的理念。在新民主主义革命阶段，党自觉将革命事业向国内外一切进步力量开放，破除一切应该破除的痼疾、团结一切可以团结的阶层、争取一切可以争取的力量，最终取得了革命的胜利。在延安时期，来自全国各地的文化青年，以及来自世界各国援助和支持中国抗战的记者、作家、医疗队、军事人员等汇集在革命圣地，形成了以革命文化为内核、荟萃国内外抗日进步力量的战斗文化。在社会主义建设、改革开放新时期、中国特色社会主义新时代，在社会主义先进文化的指引下，中国虚心汲取人类一切优秀文明成果，不断丰富和完善中国特色社会主义，在全球范围内形成了经济长期发展和社会长期稳定的"两大奇迹"。另一方面，中国红色文化把包容作为对待异质文明发展的基本态度。蕴含"共产主义""社会主义""天下大同""己所不欲、勿施于人"等文化基因的中国红色文化对待异质文明始终持包容态度。在百年演进中，中国始终尊重不同文明的生活方式、社会制度和自我选择的发展道路，在对外交流中始终做到不卑不亢、平等对待所有文明。在新时代"一带一路"倡议中，中国通过政策沟通、设施联通、贸易畅通、资金融通和民心相通，形成了"协和万邦"的发展局面。中国红色文化开放包容的发展观不但实现了中国自身的发展，也在提供公共产品、消除南北差距方面不断作出贡献，为维护文明多元平等夯实基础。

最后，中国红色文化既蕴含伟大的国际主义精神，又传承了中华优秀传统文化的道义精神。中国红色文化引领着中华民族从积贫积弱的苦难中走出来，在其百年发展史中，表现出来的是从未在任何强权、霸权面前屈服、从未欺负弱小国家和民族的气度和风骨。在革命战争年代，中国红色文化自觉将自身纳入全世界被压迫民族的解放事业中。在新中国成立后，党领导人民坚定地站在人类正义事业一边，坚决支持"亚洲、非洲、拉丁美洲各国的民族独立解放运动，以及世界上一切国家的和平运动和正义斗争"[1]。改革开放以来，尽管中华民族实现了从富起来到强起来的飞跃，但我们坚决不称霸，与不同文明相互尊重、和谐共处。在国际争端中，我们坚持正确义利观，不选边站，不畏强权，一切以事实的是非曲直作判断，发出正义的呼声。当今世界不同文明交往中存在着文明歧视甚至文明霸凌，广大发展中国家不仅仅在国际经济体系、政治体系中处于不平等的地位，甚至在文明交往中备受打压和歧视。中国红色文化坚决反对在文明交往中以强欺弱的行径，充分尊重弱小国家的正当权益。

2. 中国红色文化是破解全球治理困境的文化秘籍

世界正处于百年未有之大变局，全球正面临"治理赤字""信任赤字""和平赤字""发展赤字"等突出问题。破解全球治理困境是人类在新的十字路口绕不开的时代课题。习近平总书记指出，"应对共同挑战、迈向美好未来，既需要经济科技力量，也需要文化文明力量"[2]。中国红色文化内含着马克思列宁主义的普遍真理，闪耀着中华优秀传统文化的智慧光芒，依托于中国革命、建设和改革成功的伟大实践，是科学性、人民性、实践性和开放性相统一的先进文化，在全球治理变革中应该而且能够提供强大的文化文明力量，是破解全球治理困境的文化秘籍。

首先，中国红色文化的红色资源是消除文化误解和隔阂的重要载

---

[1] 《毛泽东文集》第7卷，人民出版社1999年版，第116页。
[2] 《习近平谈治国理政》第3卷，外文出版社2020年版，第465页。

体。在全球化时代，不同文化之间的封闭、隔阂、歧视，不仅不利于整合文化文明力量服务全球治理，而且还是累积全球治理破坏性能量的文化源头。由于受到冷战思维和意识形态偏见的影响，尤其是在西方保守政治势力上升、文化民粹主义抬头的背景下，西方文化对社会主义文化有着较深的误解和误读。消除文化误解和隔阂是中西文明交流和对话的关键，红色资源的开发和利用、红色革命精神的弘扬和传播是其重要进路之一。

红色资源是指在革命、建设、改革和新时代各个历史时期，党领导各族人民形成的具有历史价值、教育意义、纪念意义的物质资源和非物质资源。[①] 中国红色资源承载着中国共产党为中国人民谋幸福、为中华民族谋复兴、为世界人民谋大同的初心和使命；承载着中国共产党人的精神谱系；承载着伟大的理想信念、国际主义情怀、人本主义精神和正义的力量，是破解全球治理困境、文化交流互鉴的精神富矿。要树立坚定的红色文化自信和为全球治理提供中国方案的信心，依托文化创意产业、旅游业和多层面多层级的文化交流，加大对红色资源的开发利用，采取全球化、区域化、分众化的表达策略，以文载道、以文传声、以文化人，积极向世界阐释推介更多的红色资源。通过"请进来"与"走出去"、"对人说"与"让人看"相结合，让世界各国人民通过对中国红色资源的了解和认识，真正体认到中国红色文化是人类的文化、人民的文化、正义的文化、开放的文化，逐渐消除西方世界对中国文化的偏见和误解。

其次，中国红色文化的红色传统是破解全球治理制度困境的治本之策。无论是应对新冠疫情带来的冲击，还是面对气候变化、核扩散、地区冲突等问题，二战以来形成的现代国际治理体系越来越难以应对关涉人类共同命运的突出问题，其制度性困境日渐突出。在资本文明主导下，全球经济治理无法扭转富者愈富、穷者愈穷的格局，南北差距只会越拉越大；国际政治秩序也不可能实现主权国家一律平等的制度设计初衷，大国控制、小国依附、丛林法则会致使国际社会不得安宁；在遇到全球公共危机和全人类共同挑战时，狭隘的个人主义

---

① 参见《湖南省红色资源保护和利用条例》（2021年7月30日湖南省第十三届人民代表大会常务委员会第二十五次会议通过）。

必然通过主权国家传导出来，"国别优先"论大行其道，人权、道义荡然无存。破解以上全球治理存在的制度性困境，应重视文化变革的先导作用。

红色传统是我们党在革命、建设、改革、新时代各个历史时期形成的优良传统和作风，体现了中国红色文化的行动范式。相较于全球治理的制度性困境，中国红色文化具有的人民至上、大局意识、集体主义、国际主义四大传统，切中了全球治理制度性困境的要害。人民至上是中国红色文化的根本传统，是中国共产党人初心和使命的体现。这体现在全球治理中，就是各国政府要坚持以人民为中心的理念，全球治理的参与方要以世界人民福祉作为国际机制构建的依据。大局意识就是个人和组织在复杂的社会关系协调和伟大事业的推进中，让"小我"自觉服从"大我"，局部自觉服从全局。讲大局、顾大局是中国共产党的优良传统和制度优势，也是中国红色文化的突出传统。这体现在全球治理中，就是要让国家利益、地区利益、大国关系、国家行为服从于全球治理和全人类利益。集体主义是社会主义的基本原则，也是中国红色文化的基本传统。集体主义精神就是当个人利益与集体和国家利益相冲突时，在无法兼顾的情况下，应该让个人利益服从于国家、集体利益的原则。这体现在全球治理中，就是要用集体主义传统去改造国际关系中的极端自私自利、见利忘义行为，用集体主义价值观协调国际利益关系，朝着服务全人类的方向消减个人中心主义、西方中心主义。国际主义传统指各国无产阶级在反对剥削制度，争取自身解放斗争中，坚持国际团结的思想和政治原则，在政治、经济、道义等方面互相支持、互相援助。这一传统已经体现在中国革命、建设、改革、新时代不同时期的政治抉择、政策选择中，成为担当大国大党国际责任的鲜明写照。这体现到全球治理中，就是各主权国家特别是大国要发扬国际主义精神，在国际社会大家庭中互相支持、援助，共建共享共治人类命运共同体。

最后，中国红色文化的红色精神是应对全球治理复杂局面的重要法宝。当前全球治理处于国际格局的深度调整期，各类传统安全和非传统安全隐患层出不穷。从协调机制看，国与国之间存在利益差别甚至冲突，霸权主义、强权政治客观存在。全球治理本应该是全世界的事情，应该由全世界的政府和人民共商共建，可在既有国际体系下，很难实现这一目标。红色精神体现为中国红色文化的精神风貌，是以伟大建党精神为开端，在党领导人民防范重大风险、应对重大挑战、开展伟大斗争、夺取重大胜利的各个历史时期累积形成的系列精神风范，集中体现为中国共产党人的精神谱系。红色精神博大精深，有革命年代的重大历史事件的精神升华，有建设时期典型人物、重大工程、重大攻关背后的精神写照，有改革年代时代精神的揭示、应对重大突发公共事件中的精神体现，还有诸如抗疫精神、脱贫攻坚精神等在新时代铸就的红色精神。红色精神唤醒和鼓舞着中国人民的志气和力量，使中国人民实现了精神上的完全主动；彰显了中国人民在党的领导下进行社会革命、自我革命，以及应对外来侵略、封锁打压和自然灾害中必胜的精神状态。世界正处于百年未有之大变局，全球治理面临着二战以来前所未有的重大挑战，红色精神是百年来在应对国际复杂局势、国内复杂局面中锤炼出的强大精神力量，其开放包容的品格和追求人类进步事业的使命决定其同样是应对全球治理的伟大精神，因而能够助力整合经济科技力量和文化文明力量，有效应对全球治理的复杂局面。

3. 中国红色文化是建构人类共同价值的重要来源

站在人类发展的十字路口，如何从精神文化层面建构一套全人类都能认可的价值观，是构建人类命运共同体的前提和基础。在资本文明和资本逻辑主导的国际体系下，西方主要资本主义国家将蕴含着自身利益的"自由、民主、人权、法治"等价值观包装成"普世价值"。但随着国际体系的不断演变，"普世价值"论的虚伪性不断被揭示，既有国际体系的公正性不断受到质疑。习近平总书记在第七十届联合国大会一般性辩论时首次提出"和平、发展、公平、正义、民主、自由"的全人类共同价值，这是中国共产党100年来理想信念与国际体系观的升华，是红色中国70年来外交实践经验的结晶，更是大国大党担当世界历史责任和人类前途命运责任的体现。"全人类共同价值"根植于中国红色文化的肥沃土壤，成为凝聚世界各国共识，荟萃文化文明力量的精神支柱。中国红色文化将以其先进性、民族性、实践性、斗争性、开放性和人民性的鲜明特征，成为构建全人类共同价值的强大支撑。

人类共同价值同构中国红色文化的价值追求。中国红色文化是在马克思主义坚实的理论根基、中华优秀传统文化深厚的文化渊源、党领导人民开创的革命、建设、改革等伟大事业的实践沃土上产生和发展起来的。积极为人类作贡献、建设一个美好世界的志向和情怀始终是其固有的价值追求。全人类共同价值是构建人类命运共同体的价值支撑。尽管"和平""发展""公平""正义""民主""自由"等在西方话语中早已耳熟能详,也在一定程度上包含着进步意义,但始终无法跳出"西方中心主义"的陷阱。总体来看,全人类共同价值是能够凝聚全球不同文明、不同价值观的价值底线,超越了意识形态偏见和狭隘的"文明冲突论"。"和平""发展"在中国红色文化中具有救亡图存、民族复兴的实践体认。消灭战乱、实现和平是近代以来中国人民梦寐以求的夙愿,实现中华民族的伟大复兴是中国人民的伟大梦想。中国共产党成立时,正是国家蒙辱、人民蒙难、文明蒙尘之时。经过革命、建设、改革和新时代的历史演进,中国人民深知和平的来之不易,发展是文明赓续发达的根本。放眼全人类,中国红色文化首要的价值追求就是和平和发展。"公平、正义"在中国红色文化中具有公道正义、重义轻利的道义传统。作为马克思主义中国化的产物,中国红色文化继承和发展了中华优秀传统文化的义利观,积极倡导国际交往要坚持"义利兼顾、以义为先"的正确义利观;坚信"正义的事业是任何敌人也攻不破的",在国际上坚决反对霸权主义、强权政治不公正、不合理的国际经济旧秩序。"民主、自由"在中国红色文化中具有解放世界、解放自身的目标追求。中国坚定主张国家主权的独立、全球治理的民主、各国选择发展道路的自由是各国人民乃至未来世界人民实现真正、全面、彻底的民主和自由的基本前提和关键。

人类共同价值立于中国红色文化的强大势能。人类共同价值是中国提出的具有原创性的理论观点,是与构建人类命运共同体中国方案相配套的理论体系和话语体系,受到越来越多国家和人民的关注,产生了深远的国际影响,成为世界百年未有之大变局条件下国际治理体系价值观重建的光辉旗帜。人类共同价值与中国红色文化内含的理想信念、初心使命、价值追求以及社会主义核心价值观是高度契合的。人类命运共同体思想已被写入联合国的多个重要文件，说明其依托的人类共同价值已经作为一个理念框架在国际社会矗立起来，这离不开中国红色文化在文明交流互鉴中的强大文化势能。文化势能指的是国际文化交流中体现出的不同文化之间的相互关系[①]，文化势能强的文化文明必然对文化势能弱的文化文明产生启迪、借鉴和规训效应，这是文化文明发展的基本规律。

人类共同价值成于中国红色文化的赓续发达。人类共同价值从理论建构、公开提出到真正形成是一个十分复杂的渐进过程。毋庸讳言，人类共同价值形成的最大障碍是西方所谓"普世价值"。资本逻辑主导下的既得利益国家集团不会慷慨地、自觉地交出对国际体系的控制权，更不会在国际社会中削弱对"普世价值"的伪装和鼓吹，因此，具有中国红色文化渊源的人类共同价值必然面临着与其持久的较量和斗争。中国红色文化是中国特色社会主义文化的重要组成部分，是中华优秀传统文化的蝶变升级，是中国特色的突出表现。从根本上说，没有中国红色文化的赓续发达，就不可能真正形成全人类共同价值，两者存在深层次的逻辑关系。中国红色文化的赓续发达，有利于增强中华文化影响力和国家文化软实力，进而夯实人类共同价值的话语基础；当代中国马克思主义才能在跨文化交流中被更多人所尊重、亲近和接受，才会得到更为广泛的国际认同，这是夯实人类共同价值认同基础的重要途径；形成高于资本主义文化的文化势能，才会使具有"零和博弈"传统的资本主义文化真正改变文明交流方式，消除其固有的傲慢与偏见，真正形成共商共治共享的全球治理观。

4. 中国红色文化是推进人类进步事业的精神动力

习近平总书记指出："人类社会应该向何处去？我们应该为子孙后代创造一个什么样的未来？对这一重大命题，我们要从人类共同利益出发，以负责任态度作出明智选择。"[②] 推进人类进步事业，让各

---

① 参见胡守勇《建成社会主义文化强国的评价标准、构成要素与指标体系》，《福建论坛》（人文社会科学版）2021年第5期。

② 习近平：《同舟共济克时艰，命运与共创未来》，《人民日报》2021年4月21日第2版。

国人民更加幸福、让世界未来更加美好是国际社会共同的心愿。中国共产党既是在民族国家范围内为人类文明进步和世界大同不懈奋斗的马克思主义政党，其本身又是推动人类文明不断发展的强大动力。[1]中国红色文化承载着中国共产党解放全人类、实现共产主义的理想信念以及立己达人、兼济天下的人类情怀，承载着为人类作出新的更大贡献的崇高使命，这些宝贵的元素彰显着坚定的信仰和信心，积淀着团结、乐观和担当，不但是实现中华民族伟大复兴的文化引擎，而且是推进人类进步事业的精神动力。

中国红色文化承载的理想信念是推动人类进步事业的指引。理想信念体现着人类对未来社会的追求，中国红色文化承载着共产主义的远大理想、马克思主义和社会主义的执着信仰以及中国特色社会主义的坚定信念。在艰苦卓绝的新民主主义革命时期，中国红色文化包含的理想信念引起了世界有识之士的广泛关注，美国记者斯诺、史沫特莱等相继考察延安，通过著作和报道的形式热情地传播中国红色文化，成为在相对封闭条件下世界了解中国革命的重要窗口，让世界看到了社会主义理想信念的力量。20世纪50—70年代，中国红色文化对亚非拉地区的民族独立运动产生了重要影响，成为推动亚非拉国家获得民族独立、反对霸权主义、维护世界和平的重要力量。苏东剧变后，世界社会主义陷入低潮，"历史终结"论、"社会主义失败"论、"马克思主义过时"论等甚嚣尘上，中国共产党的领导地位及其开创的中国特色社会主义事业面临复杂考验。我国坚定"中国肯定要沿着自己选择的社会主义道路走到底。谁也压不垮我们。只要中国不垮，世界上就有五分之一的人口在坚持社会主义"[2]的理想信念，不但让世界社会主义运动在中国站稳了脚跟，而且以中国特色社会主义的坚定信念高举着科学社会主义的伟大旗帜，让处于低潮阶段的世界社会主义运动依然充满生机和活力。建党百年来，中国红色文化依托中国式革命、建设和现代化，体现出人类文明新形态的形成，这既不同于西方的资本主义现代化，也不同于苏联的传统社会主义现代化，而是

---

[1] 参见任晓伟《中国共产党百年在人类文明史上的地位》，《陕西师范大学学报》（哲学社会科学版）2021年第4期。

[2] 《邓小平文选》第3卷，人民出版社1993年版，第321页。

具有中国特色的社会主义现代化模式，生动诠释了后发国家实现现代化的模式不是单一的，世界各国应该根据各自国情自主选择社会制度和发展道路的深刻道理，折射了马克思主义之所以"行"的深层逻辑。立足于中国红色文化的人类命运共同体理念，成为通向自由人联合体的行动方案，是合规律性与合目的性有机统一的重大理论创新，既体现了博采不同制度、整合不同文明的包容性和策略性，又体现了对共产主义远大理想和马克思主义崇高信仰的坚定和执着。在推进人类进步事业的伟大进程中，不管会遇到多大的困难和曲折，中国红色文化所承载的理想信念始终是人类走向未来美好社会的灯塔。

中国红色文化承载的人类使命是推动人类进步事业的动力。在领导中国的革命、建设和改革事业的同时，中国共产党始终关注人类前途命运，同世界上的一切进步力量团结在一起，始终做世界和平的建设者、全球发展的贡献者和国际秩序的维护者。中国红色文化承载着中国共产党以推动人类解放和人类文明重塑为核心目标的人类使命，"为人类而工作""环球同此凉热"等胸襟已经深深地注入中国红色文化的基因里。中国红色文化秉持"中国革命是世界革命的一部分"的革命视野、"中国发展离不开世界，世界发展也需要中国"的开放精神、"欢迎搭乘中国发展的列车"的豪迈气概，始终将中国人民与世界人民、中国的发展与人类的进步紧密相连。新中国成立初期，在综合国力还不够强的情况下，毛泽东认为："不能因为自己独立了就不管别人了"[1]，"中国是一个具有九百六十万平方公里土地和六万万人口的国家，中国应当对于人类有较大的贡献"[2]。中国坚持国际主义原则，把支持无产阶级的世界革命和支援各被压迫民族的独立与解放战争，作为推进人类进步事业的基本途径。改革开放新时期，和平和发展已经成为时代主题。邓小平认为："应当把发展问题提到全人类的高度来认识，要从这个高度去观察问题和解决问题"[3]，创造性地发展了无产阶级国际主义观，以新的视角和姿态去推进人类进步事业，强调"我们党在国际方面能否尽到自己应尽的责任，归根到底，

---

[1] 《毛泽东文集》第8卷，人民出版社1999年版，第318页。
[2] 《毛泽东文集》第7卷，人民出版社1999年版，第156—157页。
[3] 《邓小平文选》第3卷，人民出版社1993年版，第282页。

首先决定于能否把我们国内的工作搞好"①,"到实现了四个现代化,国民经济发展了,我们对人类特别是对第三世界的贡献可能会多一点"②。在中国特色社会主义新时代,中国积极拓展人类进步事业的内涵和外延,积极展现"负责任大国"形象,承担更多国际责任。尽管国际单边主义、强权政治、保守主义抬头,丛林法则若隐若现,习近平总书记坚持"站在历史正确的一边",坚定推动建设人类命运共同体;通过"一带一路"倡议,与沿线国家共享发展机遇;积极参与全球治理,推动国际热点问题的解决,积极参加联合国维和行动,积极应对传染病、全球气候变化以及全球金融危机等问题;在新冠疫情应对中,我国积极履行大国责任,向世界提供疫情信息、防疫物资,为世界卫生组织和发展中国家提供疫苗等。总之,在中国共产党成立100余年来,为世界谋大同、为人类作贡献的人类使命已经成为中国红色文化的基因被不断传承和发展,这种使命的力量是推进人类进步事业的不竭动力。

中国红色文化承载的革命精神是保障历史正确方向的纠偏机制。中国红色文化承载着中国共产党的伟大革命精神,即主动推进伟大社会革命和自觉开展自我革命的内在精神品质。在历史唯物主义的视野中,"无产阶级和其他阶级的区别就在于,它不拘泥于历史的个别事件,并不单纯是受它们所驱使的,而是自己就构成了推动力量的本质,对社会发展过程的核心起决定性的影响"③。中国共产党是中国工人阶级的先锋队,也是中华民族的先锋队,代表中国先进生产力的发展要求,其革故鼎新、与时俱进的社会革命精神是与生俱来的存在。自我革命精神同样源于马克思主义政党的批判性和革命性的本质属性。从主观层面看,作为使命型政党,保持先进性和纯洁性是中国共产党在应然层面的内在要求,只有敢于刀口向内,始终以批判性和革命性态度不断改造自己,才能履行好引领时代的使命。从客观层面看,中国共产党没有自己特殊的利益,从来不代表任何利益集团、权

---

① 《邓小平文选》第1卷,人民出版社1994年版,第297页。
② 《邓小平文选》第2卷,人民出版社1994年版,第112页。
③ [匈] 卢卡奇:《历史与阶级意识》,杜章智等译,商务印书馆1992年版,第127页。

势团体、特权阶层的利益,只把人民整体利益作为最高利益,所以能够以超然的姿态摆脱各种特殊利益的羁绊,将自我革命进行到底。经过新民主主义革命、社会主义革命、社会主义制度的改革和完善,以及全面从严治党的实践锻造,中国共产党的社会革命精神和自我革命精神已经成为文化基因,传承在中国红色文化的发展中。中国红色文化承载的革命精神能够转化为有力的纠偏机制,在违背历史发展规律、违背人民意愿的情况发生后,定能发挥关键性作用,有效动员变革力量、矫正世界历史发展的方向,保障人类进步事业始终在正确的航向上推进。

第七章
推进社会主义核心价值观生活化

习近平总书记指出："要注意把社会主义核心价值观日常化、具体化、形象化、生活化，使每个人都能感知它、领悟它，内化为精神追求，外化为实际行动，做到明大德、守公德、严私德。"[①] 2023年，是毛泽东等老一辈革命家为雷锋同志题词60周年，习近平总书记对深入开展学雷锋活动作出重要指示，强调"新征程上，要深刻把握雷锋精神的时代内涵，更好发挥党员、干部模范带头作用，加强志愿服务保障和支持，不断发展壮大学雷锋志愿服务队伍，让学雷锋在人民群众特别是青少年中蔚然成风，让学雷锋活动融入日常、化作经常，让雷锋精神在新时代绽放更加璀璨的光芒，为全面建设社会主义现代化国家、全面推进中华民族伟大复兴凝聚强大力量"[②]。学雷锋活动是国家层面倡导的重大道德实践活动，不但是现代社会治理体系不可或缺的正能量之源，而且是培育和践行社会主义核心价值观的有效抓手。立足日常生活，增强学雷锋活动的有效性和吸引力，既是推进学雷锋活动常态化的根本之策，又是推进社会主义核心价值观生活性嵌入的根本途径。

---

① 中共中央文献研究室编：《习近平关于社会主义文化建设论述摘编》，中央文献出版社2017年版，第118页。
② 《深刻把握雷锋精神的时代内涵 让雷锋精神在新时代绽放更加璀璨的光芒》，《人民日报》2023年2月24日第1版。

一 推进社会主义核心价值观生活化的逻辑必然

核心价值观承载着一个民族、一个国家的精神追求，体现着一个社会评判是非曲直的价值标准。一个国家或民族的核心价值观建设不能一蹴而就，必须按照科学的路径持之以恒、久久为功，这一点在古今中外概莫能外。社会主义核心价值观是兴国之魂，是实现"两个一百年"奋斗目标和中华民族伟大复兴的精神支柱。作为一项战略工程，培育和践行社会主义核心价值观有其自身的理论和实践逻辑。从生成论来看，核心价值体系和价值观的当代中国建构存在着双重的逻辑：宏观的战略性生成和微观的生活实践生成。[1]

1. 战略性生成

任何社会的核心价值观都是在长期的历史发展过程中不断积淀而成的。中国共产党自诞生之日起，在历经革命、建设、改革的不同历史时期，都能结合不同的时代特征和自身的中心任务，积极探索和培育社会主义核心价值观，这些探索的经验为新时期凝练和总结社会主义核心价值观奠定了基础。[2] 在中国特色社会主义快速发展的新阶段，社会主义核心价值观"最大公约数"的形成经历了三个关键性的发展阶段。一是党的十六届六中全会通过的《中共中央关于构建社会主义和谐社会若干重大问题的决定》首次提出建设社会主义核心价值体系的战略任务，并明确规定"马克思主义指导思想，中国特色社会主义共同理想，以爱国主义为核心的民族精神和以改革创新为核心的时代精神，社会主义荣辱观，构成社会主义核心价值体系的基本内容"[3]。二是党的十七大报告指出，"社会主义核心价值体系是社会主义意识形态的本质体现"；党的十七届六中全会指出，"社会主义核心价值体系是兴国之魂，是社会主义先进文化的精髓，决定着中国特

---

[1] 参见王洪波《我国社会主义核心价值体系的生成逻辑及其运化方式研究》，《中国特色社会主义研究》2012年第5期。
[2] 参见蒋艳《中国共产党探索社会主义核心价值观的历程和经验》，《思想理论教育导刊》2015年第10期。
[3] 《十六大以来重要文献选编》（下），中央文献出版社2008年版，第661页。

色社会主义发展方向"。三是党的十八大报告确定了"三个倡导"这一明确表述，并强调要积极培育和践行社会主义核心价值观。2013年12月下旬，中共中央办公厅印发《关于培育和践行社会主义核心价值观的意见》，为积极培育和践行社会主义核心价值观提供了基本遵循。为此，基本完成了培育和践行社会主义核心价值观第一阶段的重大任务，这个过程是经过数十年"理论—实践—理论"循环过程才提炼出来的。

2. 生活实践生成

将抽象层面的"富强、民主、文明、和谐，自由、平等、公正、法治，爱国、敬业、诚信、友善"社会主义核心价值观转变为全社会的价值准则和行动遵循，成为社会主义核心价值观战略性生成后的必然逻辑。在面对用社会主义核心价值观凝聚当代中国的价值公约数这一宏大命题之时[①]，只有将"24字"的内涵落实、落细和落小于社会群体的日常生活之中，才能实现国家层面的价值原则、社会层面的价值规范和个人层面的行为准则的有机整合。然而，从近年来各地在培育和践行社会主义核心价值观的具体实践来看，虽然取得了重大成果，但一方面，社会主义核心价值观的政治严肃性与现实生活的世俗性之间存在的张力导致二者融合的矛盾性；另一方面，社会主义核心价值观践行中存在的宣传教育与日常生活的脱节问题没有根本解决，其生活实践生成依然还有需要认真探索的空间。

有学者认为，日常生活世界是人类千百年来生生不息生存发展的根基，是人们最日常化的生存状态和表现形式，对人们思想观念和行为准则的养成，对人们的世界观、人生观、价值观的形成，具有基础性、深层次的影响和制约。[②] 为此，在完成了社会主义核心价值观提炼、提升和提振的战略性生成后，将其融入日常生活实践中便成为理论和实践的必然逻辑。

[①] 参见周琪《社会主义核心价值观建设的内在逻辑及实现》，《西南大学学报》（社会科学版）2016年第1期。

[②] 参见杨茜《在群众日常生活中融入社会主义核心价值观》，《理论视野》2015年第11期。

二　学雷锋活动是推进社会主义核心价值观生活化的重要载体

雷锋精神是以雷锋的名字命名、以雷锋的精神为基本内涵、在实践中不断丰富和发展的革命精神，其实质和核心是全心全意为人民服务，为了人民的事业无私奉献。[①] 在新的历史时期，对雷锋精神较为完整的概括是热爱党、热爱祖国、热爱社会主义的崇高理想和坚定信念，服务人民、助人为乐的奉献精神，干一行爱一行、专一行精一行的敬业精神，锐意进取、自强不息的创新精神，艰苦奋斗、勤俭节约的创业精神。[②] 雷锋精神是一个开放的理论体系，尽管随着时代的发展其内涵还会不断丰富和发展，但生活性无疑是这个体系的重要理论特质。

1. 雷锋精神产生于火热的时代生活

雷锋精神的出现不是偶然的，它既是中华民族几千年来优秀传统文化连绵传承的必然结果，又是中国共产党领导人民在新的历史时期创造新生活的必然结果。在那个火热的激情岁月中，雷锋以其亲身经历、点滴小事和朴实的话语为我们形象地阐释了雷锋精神的价值内涵。20世纪60年代初期，新生的人民共和国在社会主义建设中取得伟大成就的同时，也遇到了一些挫折，特别是中苏关系的恶化和来自西方持续的制裁，激发起了全国人民的民族自尊心、自豪感和自信心，激情满怀地投入社会主义建设的高潮中。有过与雷锋类似经历因此怀着与他相同情感的人不计其数。在新社会，人与人的关系被重新建立，人们的社会生活方式被重新确立，千百年来一直处于社会底层的普通劳动者，在集体主义精神的感召下，政治、经济、文化等境遇发生了翻天覆地的变化。生在旧社会、成长在新中国的一代新人怀着对党、对人民的无限感恩之情，怀着对共产主义事业的无限向往，从身边的小事做起，努力在各行各业的工

[①] 参见石军玲《雷锋精神学习读本》，新华出版社2012年版，第102页。
[②] 参见黄中平《雷锋精神时代化与学雷锋活动常态化——2012年"雷锋精神论坛"综述》，《求是》2012年第11期。

作岗位上，在思想道德修养上追求先进和卓越。在此背景下，雷锋精神成为社会主义新生活的建构性力量，雷锋作为其典型代表和精神承载者，很快得到了党中央和毛泽东的高度肯定，并作为社会主义道德楷模在全社会中广泛宣传。随之，雷锋精神作为一种宝贵的精神财富得到了全社会的尊崇。

2. 雷锋精神蕴藏着生活中的正能量

"人的生命是有限的，可是为人民服务是无限的，我要把有限的生命投入到无限的为人民服务之中去"，这是雷锋的至理名言，也是雷锋精神的本质。雷锋精神蕴藏着历久弥新的生活正能量。首先，对集体主义精神的信仰和坚守符合人的社会性本质。人的本质不是单个人所固有的抽象物，在其现实性上，它是一切社会关系的总和。从人类进化史来看，在生产力极度落后的人类社会初期，为抵御洪水猛兽侵袭和应对恶劣的生存条件，人类能够生存下来的唯一办法就是集体行动和"抱团取暖"；人类能够创造出光辉灿烂的历史文化，靠的也是人类集体的智慧；在社会日益个体化的现代社会，不仅个人的发展更加依赖国家、民族、政党、单位等共同体提供的平台，而且现代人对各类群体（集体）的归属感也越来越强烈。其次，对利他主义的执着与践行符合社会生活的运行规律。雷锋在日记中写道，我们吃饭是为了活着，可活着不是为了吃饭；我活着是为了全心全意为人民服务，是为人类的解放事业——共产主义而斗争。这是雷锋利他主义精神的真实写照。在现实社会生活中，人与人之间的行为都是交互性的，个人行为的基点是"利己"还是"利他"会给社会的运行带来截然相反的两种效果。基于利己主义的行为会在社会成员中养成"人人损我，我损人人"的社会生态，形成一个尔虞我诈、互相侵害、共同受损的恶性运行社会，导致社会不稳定，人们普遍缺乏安全感；基于利他主义的行为会在社会成员中养成"我为人人、人人为我"的社会生态，形成一个诚实守信、相互关爱、共同获益的良性运行社会，促使社会和谐稳定，人民幸福安康。雷锋一辈子所践行的"从办事动机上利他、从办事结果上利他和从生活目的上利他"的利他主义精神，符合成熟市场经济的本质要求，成熟的市场经济强烈呼唤利他主义精神。① 再次，对自律主义的坚定与保持有利于增强社会生活的适应能力。雷锋在日记中写道，谁要是游戏人生，他就一事无成；谁不能主宰自己，就永远是一个奴隶。雷锋是一个高度的自律主义者，无论是在工作、学习还是生活中都能严格要求自己，勤于反省、善于自我批评。正是这种自律不但增强了其对生活的适应能力，而且使自己的人格日臻完善，成为时代先锋的典范。在现代社会生活中，价值观念多元杂陈，生活方式多元多样，利益诱惑层出不穷。个人如果缺乏足够的自律意识，就很容易导致各种越轨行为，甚至在错误的观念和行为方式中越陷越深，导致与主流价值观和社会期待格格不入。最后，对乐观主义的奉行与推崇有利于健康社会心态的养成。理性平和的健康社会心态是现代社会良性运行的必要条件，而乐观向上的个人心态是这种健康社会心态的重要表现。雷锋对未来、对前途、对工作、对困难都能保持一种乐观的心态，他的生活总是充满了阳光。这种乐观主义精神不仅是任何一个社会都需要的正能量，而且是个人修身养性、保持健康心态的重要法宝。在社会流动逐步加快、各种利益盘根错节的改革年代，无论是个人还是单位都可能会遇到各种困难或困惑，如果没有乐观向上的心理特质和思维习惯，就难以形成良好的社会心态。

3. 雷锋精神引领着个人的生活旨趣

经过40多年的改革开放，我国经济社会结构发生了重大变化，人们的社会生活也日益丰富多彩。但与此同时，也存在一些诸如国家观念弱化、社会心态浮躁、社会诚信缺失、人际关系冷漠、贫富差距扩大、生活方式分野等问题，在日益复杂的社会生活中，个人生活旨趣的状况将直接影响到政风、社风和民风。

雷锋精神经过不断地丰富和发展，从生活性的角度来看，涵盖了个人社会生活的方方面面：在理想信念方面，坚定爱党爱国爱社会主义；在为人处世方面，关爱社会、关爱他人，与人为善、助人为乐；在工作中，坚持干一行爱一行、专一行精一行；在生活方面，坚持艰苦奋斗、勤俭节约；在精神状态方面，坚持锐意进取、自强不息。这些都是现代社会生活中个人理想生活旨趣的生动体现。雷锋身上所体

---

① 参见覃正爱《雷锋精神的伦理价值探析》，《马克思主义研究》2013年第9期。

现的生活旨趣与当前社会生活中一部分人中存在的精神空虚、意志消沉、思想颓废、浮躁焦虑、悲观厌世、愤世嫉俗、自私自利、生活奢靡、贪图享乐、追求低级趣味等形成巨大反差。在日常生活中，唯有热爱生活、品德高尚的人，才能从利他、利社会的行为中得到乐趣，找到自己的生活价值和精神依托，实现对自我存在的确证和说明。① 在当今时代，弘扬雷锋精神，倡导健康的个人生活旨趣成为社会转型阶段的客观需要。

4. 雷锋精神规范着人们的社会交往

雷锋有一个苦难的童年，生在旧社会，长在新中国。他最初是怀着一颗朴素的感恩之心来面对周围的人和事的。他在日记里写道，过去，我是孤苦伶仃的穷光蛋；现在，我是一个光荣的共产党员、国家的主人；将来，我永远是党的忠实儿子、人民的勤务员。正是从这种朴素感情和独特认知开始，在党的教育下，在雷锋与他人感恩互动中才孕育了雷锋精神。心理学研究认为，人际感恩是指个体由于接受了他人善意提供的具有一定价值的恩惠而诱发的一种愉悦的、心怀感激而意欲报答的认知性情绪。② 在社会结构深刻调整、社会流动明显加快的"陌生人社会"，懂得感恩、学会感恩既是促进社会和谐的润滑剂，也是确保人际关系良性交往的基本规则。人与人之间懂得感恩，一方面是对"学雷锋做好事"的社会认可，营造鼓励人们多做好人好事的社会氛围；另一方面也是对得到帮助的人道德指引，让他们在具备条件时，也去帮助其他需要帮助的人。这种简单明了、随时随地都在发生的人际互动行为，实际上体现了雷锋精神和人际感恩心理在社会交往中的规范作用。

三　常态化开展学雷锋活动的立足点和落脚点

习近平总书记指出："文明是现代化国家的显著标志。要把提高

---

① 参见程立涛、蔺子雨《日常生活体验与后现代道德——微观视角下的人性与伦理的考察》，《河北师范大学学报》（哲学社会科学版）2010年第5期。
② 参见梁宏宇、陈石、熊红星等《人际感恩：社会交往中重要的积极情绪》，《心理科学进展》2015年第3期。

社会文明程度作为建设社会主义文化强国的重大任务。"① 党的二十大将社会文明作为精神文明建设的重要表征，部署了"提高全社会文明程度"②的新任务。常态化开展学雷锋活动是赋能社会交往、社会生活的重要载体，是推动社会文明进步的重要途径，需要把握好立足点和落脚点，将其落细落小落实。

1. 把学雷锋活动的工作重心放在基层社区

新形势下深入开展学雷锋活动，大力弘扬雷锋精神，是国家意识形态工作的战略工程。随着新型工业化、信息化、新型城镇化、农业现代化的发展，我国城乡基层正在发生深刻变化，农村村民集中居住成立社区，城市的单位体制被打破，过去大量的"单位人""村组人"转变为"社会人"，"社会人"转变为"社区人"，社区成为城乡居民日常生活的依托和社会运行状态的缩影。为此，应该主动适应社会结构的重大变化，将学雷锋活动的工作重心放在城乡基层社区，学雷锋活动的领导者和组织者要紧盯社区生活的新变化，充分发挥社区的主导作用和居民的主体作用，发挥基层群众的积极性、主动性和创造性，在社区普遍成立由社区居民组成的学雷锋活动团队，以社区生活参与者的视角科学谋划学雷锋活动，在社区居民生活中拓展工作空间。各级党政机关、企事业单位的领导人要回归社区生活，在各自社区的学雷锋活动中发挥示范和带头作用。通过工作重心的转移，真正将学雷锋活动嵌入社区这个日常生活的承载空间。

2. 把学雷锋活动的服务重点留给困难群体

在现实社会生活中，"我为人人，人人为我"是客观规律。虽然每一个人在特定的时空背景下都需要得到别人的帮助，但各种原因造成的空巢老人、留守妇女儿童、困难职工、残疾人、刑满释放人员等困难群体更需要获得社会和他人的帮助。重点关注这些困难群体的现实生活，多做有针对性的帮扶工作，能够更好地让得到帮助和实惠的人借助特殊的生活经历和复杂体验，感受人世间的真诚、友善和同情

---

① 《习近平谈治国理政》第4卷，外文出版社2022年版，第310页。
② 习近平：《高举中国特色社会主义伟大旗帜　为全面建设社会主义现代化国家而团结奋斗——在中国共产党第二十次全国代表大会上的报告》，人民出版社2022年版，第44页。

心，感受社会生活中闪耀着的真诚、朴实和善良的道德火花，从而增强学雷锋活动的社会效应；以困难群体为服务重点，能够更好地发挥示范和带动效应，增强学雷锋活动的吸引力，让更多的人参与到学雷锋活动中来。

3. 把学雷锋活动的真实效果摆在关键位置

学雷锋活动时时可为，处处可为，在点滴小事中就能彰显道德力量。一段时间内，学雷锋活动存在"走过场""摆花架子"等问题，不但不利于学雷锋活动的常态化发展，而且会扭曲学雷锋活动的宗旨。为此，必须把学雷锋活动的真实效果摆在关键位置。一要多做"雪中送炭"的事情，少做"锦上添花"的事情。要立足社会实践、切中时代脉搏、把握群众需求、精心策划活动，将雷锋精神渗透人们的学习、生活、工作的各个方面、各个环节，把服务送到真正需要帮助的人手中。二要完善学雷锋活动的工作机制，从制度层面杜绝形式主义。完善考核机制，将主要工作的主要心思从应付检查评比中解脱出来，有针对性地组织策划好活动的内容和形式，切实提高学雷锋活动的有效性。

4. 把学雷锋活动的根本动力托付给社会力量

学雷锋活动常态化开展的根本动力在于全社会的文化自觉。为此，要把学雷锋活动的根本动力托付给社会力量。一要认清"自上而下"动员体制和"自下而上"道德实践的关系。"自上而下"的动员体制是基于国情强化道德建设的客观需要，是一种工作推进模式；学雷锋活动本质上是一种个人的道德实践行为，需要个人基于道德自觉，将雷锋精神内化于心、外化于行；常态化开展学雷锋活动最终离不开社会成员的普遍认同和积极参与。二要处理好学雷锋志愿服务总体布局中党政引导与社会带动的关系。党政引导要以舆论宣传为抓手，提升学雷锋志愿服务积极分子的社会声望。要在搭建平台、营造氛围、提供保障等方面下功夫，最大限度地激发全体社会成员参与学雷锋活动的积极性和主动性。三要处理好党员干部带头和鼓励群众参与的关系。在全社会的学雷锋志愿服务活动中，党员领导干部同样发挥着关键少数的作用。党员领导干部要以身作则，经常抽出时间，参加有组织的学雷锋志愿服务活动，只有这样才能更好地鼓励和动员全社会学雷锋志愿服务活动的深入持久开展。

第八章
建构公共文化服务效能评价指标体系

在加快推进社会主义文化大发展大繁荣的背景下，国家公共文化服务体系建设进入了整体推进、科学发展、全面提升的新阶段。党的十八大报告要求"完善公共文化服务体系，提高服务效能"，正式提出了公共文化服务效能的时代命题。党的二十大报告明确"实施国家文化数字化战略，健全现代公共文化服务体系，创新实施文化惠民工程"。为此，公共文化服务体系的建设重点必将会逐步转移到服务效能的提高上来。构建对服务效能的评价指标体系无论对公共文化服务体系理论研究还是建设实践都具有重要的意义。学术界对公共文化服务效能评价指标体系的相关研究集中在三个方面：一是公共文化服务绩效评估指标体系构建应坚持的原则或方向[1]；二是公共文化服务绩效评估影响因素或者评价维度的选择[2]；三是公共文化服务评价模型或者指标体系的构建[3]。这些研究对公共文化服务的绩效评价进行了有益的探索，是本研究的重要基础。但这些研究还存在评价客体限于

---

[1] 参见杨泽喜《建构工具理性与价值理性契合的公共文化服务评估体系》，《中国地质大学学报》（社会科学版）2012年第1期；焦德武《公共文化服务体系的绩效评价》，《安徽农业大学学报》（社会科学版）2011年第1期；徐清泉《公共文化服务评估研究：现状、需求及要素》，《毛泽东邓小平理论研究》2012年第8期。

[2] 参见向勇、喻文益《公共文化服务绩效评估的模型研究与政策建议》，《现代经济探讨》2008年第1期。

[3] 参见李少惠、余君萍《公共治理视野下我国农村公共文化服务绩效评估研究》，《四川行政学院学报》2010年第1期；王洛忠、李帆《我国基本公共文化服务：指标体系构建与地区差距测量》，《经济社会体制比较》2013年第1期；刘大伟、于树贵《新时代公共文化服务绩效评价的结构转向》，《江西师范大学学报》（哲学社会科学版）2019年第6期。

政府绩效而没有考虑其他主体在公共文化服务体系建设中的积极作用；评价指标没有从公共文化服务体系功能的广阔视野来进行设计等不足。由于文化自身的特殊性、文化价值观的多元性、文化传统及各国各地发展情况的差异性，迄今为止，并没有一套全球公认的权威的文化指标体系可供测量文化发展、文化服务，或对其各项指标应达到的指标值提出权威"标准值"要求。[①] 本章正是基于公共文化服务评价体系的现实需要和现有评价方案的不足，从公共文化服务效能的内涵出发，从公共文化服务体系功能视角设定评价指标体系，以期设计一套能客观反映公共文化服务体系功能实现程度的评价指标体系，为公共文化服务体系建设服务。

一 公共文化服务效能评价的内涵及特点

1. 公共文化服务效能评价的内涵

公共文化服务效能是公共文化服务体系达到预期结果或影响的程度，亦即公共文化服务体系功能的实现程度。公共文化服务效能评价就是通过设定的指标体系对公共文化服务体系的功能实现程度进行测量，以此作为调整工作思路，改进工作措施的必要手段，确保公共文化服务体系的良性运行。公共文化服务体系有着鲜明的价值规定性和内在的功能要求，在该体系初步建成以后，其服务效能如何是该体系运行状况的晴雨表，对公共文化服务效能的评价成为一种客观需要。从战略地位看，公共文化服务效能的高低决定着文化改革发展的成败。公共文化服务体系与文化体制改革有着直接的逻辑联系。2002 年党的十六大第一次将传统的大文化事业进行了公益性文化事业和经营性文化产业的划分，掀开了"两手抓、两加强"文化改革发展战略的序幕。正是在文化体制改革的推动下，2005 年 10 月党的十六届五中全会第一次正式提出了国家公共文化服务体系的大框架，提出"加大政府对文化事业的投入，逐步形成覆盖全社会的比较完备的公共文化服务体系"。国家公共文化服务体系建设成为中国文化体制改革进入较高阶段出现的文化建

[①] 参见于群、李国新《中国公共文化服务发展报告（2012）》，社会科学文献出版社 2012 年版，第 80 页。

设目标,在文化事业与文化产业分途改革发展的总体战略下,国家公共文化服务体系建设体现了深化文化体制改革阶段文化事业体制改革和发展的方向,是文化体制改革进入到深化拓展阶段的必然选择。① 只有公共文化服务效能不断提高,才能真正实现党的十八大报告提出的"发挥文化引领风尚、教育人民、服务社会、推动发展的作用"。从发展历程看,公共文化服务效能命题的提出是事业发展的逻辑必然。随着国家公共文化服务体系建设的推进,党和政府更加明确了自身的文化职能定位,充分认识到了公共文化服务体系建设在改善文化民生、构建社会主义和谐社会和实现全面小康、建设文化强国中的重要地位,体现了新的文化自觉。2006年党的十六届六中全会作出《中共中央关于构建社会主义和谐社会若干重大问题的决定》中将"加快建立覆盖全社会的公共文化服务体系"作为和谐社会建设的内在要求。党的十七大把建立"覆盖全社会的公共文化服务体系"作为实现全社会建设小康社会的重要目标之一。2010年7月,胡锦涛在中共中央政治局第22次集体学习会上的讲话中将"加快构建公共文化服务体系"作为文化改革要做好的"三加快一加强"四项重要工作之一。2011年《国民经济和社会发展第十二个五年规划纲要》明确提出"十二五"时期要"建立健全公共文化服务体系"。党的十七届六中全会提出了建设社会主义文化强国的宏伟目标,要求"到2020年,文化事业全面繁荣,覆盖全社会的公共文化服务体系基本建立,努力实现基本公共文化服务均等化"。党的十八大提出"完善公共文化服务体系,提高服务效能",成为公共文化服务体系建设的逻辑必然。从现实需要看,公共文化服务效能评估恰逢其时。随着国家公共文化服务设施网络的逐步完善和制度体系的构建,国家公共文化服务体系的主要矛盾已经开始从供给不足向供给质量不高转变,提高服务效能将成为国家公共文化服务体系完善后的一个永恒主题,着手对公共文化服务效能评估的研究可谓恰逢其时。

2. 公共文化服务效能评价的特征

公共文化服务效能评价属于公共文化服务绩效评价的一种。相对于理论和实践中存在的相关评估,主要具有三个方面的突出特征。

---

① 参见傅才武《国家公共文化服务体系建设的价值评估及政策定位》,《江汉大学学报》(人文科学版) 2010年第6期。

（1）综合性。公共文化服务效能评价是针对整个公共文化服务体系的功能发挥而言的，无论是从考核内容、评价技术来看都具有明显的综合性特征。就考核内容而言，公共文化服务体系涉及图书馆、文化馆、视觉艺术、表演艺术、民间艺术、艺术培训与辅导、文化遗产保护等诸多行业。现行的一些传统考核，如原文化部全国文化先进县评比、全国文化工作先进集体评比、国家公共文化服务体系示范区创建、公共图书馆和文化馆的等级评估和达标率评估等相对具有行业性或者专业性特征；原文化部门限于政府内部的目标责任制考核，由于其政府主导引领的意志十分明确，其中不少评估指标系统的研究设定都直接指向了公共文化服务体系中的条块建设方面，目的在于服务于政府文化建设绩效的目标管理；而文化部门和公共文化服务机构的财务审计、人事管理中的考核则更难反映公共文化服务体系的整体运行质量。从技术选择上，由于"公共文化服务绩效与生俱来的'模糊性'及'滞后性'，显然，是我们在选取绩效评估指标时需要面对和考虑的问题。必要的定性指标和社会调查、公众评估或许是应对这种'模糊性'和'滞后性'的唯一办法"[①]，公共文化服务绩效评价设计必须坚持综合性的取向，采取定量评价与定性评价相结合，适时借用其他评估模型的测量结果。

（2）终端性。由于公共文化服务的绩效受制于公共文化服务建设资金和人才等方面投入力度、体制机制等制度性因素的运行状态、文化服务内容的创新性等多方面因素的影响，因此现行对公共文化服务体系的绩效考评总体上都是从投入和产出两个向度综合权衡比较。我国幅员辽阔，中东西各地区、各民族的发展现状和发展模式都有一定的特殊性，如果从投入和产出的双向角度来确立考评指标，很难设计出具有较强通用性的指标体系。相对于传统的绩效评估，公共文化服务效能评价采取单向性的策略，即回避投入结构、供给体制、供给机制、供给内容等方面的内容，只从公共文化服务体系的功能实现程度进行考核，体现了单向性的终端评价特征。

（3）通用性。通用性既是本研究的基本目标，也是公共文化服

[①] 参见傅才武《国家公共文化服务体系建设的价值评估及政策定位》，《江汉大学学报》（人文科学版）2010年第6期。

效能评价指标体系的重要特征。我国公共文化服务绩效评估指标体系除了专业性的评估外，具有全国范围内通用性的评估指标体系还很缺乏。公共文化服务效能评价的通用性特征主要缘起于两个方面的因素：一是考核维度的抽象性决定了全国范围内的通用性。国家初步建立了国家、省、市、县、乡、村六级公共文化服务网络，不管哪个层面的公共文化服务体系都有一个服务效能的问题，而这个服务效能被定为功能实现程度，国家公共文化服务体系的功能的统一性决定了公共文化服务效能评价的通用性；二是单向性的终端评价设计为通用性扫除了障碍。考核指标体系只针对功能实现程度，减少了从投入产出双向考核存在的复杂性，有效回避了地区产业、民族差异、行业差异等制约公共文化服务体系考评通用性的技术难题。

二 构建公共文化服务效能评价指标体系的基本原则

构建公共文化服务效能评价指标体系除了坚持科学性、合理性、可获得性、可操作性等评价指标体系通用的基本原则外，还应该坚持如下四个方面的基本原则。

1. 坚持善治理念

坚持善治理念就是在公共文化服务效能评价指标体系构建中要借鉴善治理论的积极作用。善治是指一种良好的治理（good governance），其基本内涵是指政府的管理活动能以耗费最少的社会资本获得最大限度的公共利益，满足最大多数人的公共需要，实现政府、市场与公民社会三者的和谐发展。[①] 公共文化服务以满足公民基本文化需求、保障公民基本文化权益为主旨，在公共文化服务体系建设中，除了政府这一承担主要责任的主体外，市场和社会都是利益相关者。为此，政府不应该在公共文化服务体系建设中唱"独角戏"，应该善于发挥引导和规范作用，借力于市场和社会，形成在公共文化服务体系建设中政府、市场、社会协调互动、共同发力的局面，这既是衡量

---

① 参见袁奋光《公共服务视域下的政府善治探析》，《青海社会科学》2010年第3期。

公共文化服务效能的重要参照，更是构建公共文化服务效能评价指标体系必须坚持的原则。

2. 坚持功能导向

公共文化服务效能评价就是公共文化服务体系功能的实现程度评价。功能是对象满足需要的属性。公共文化服务体系能满足国家、社会、市场、公民等不同主体的特有需要。对这些需要的满足程度就是公共文化服务体系功能的实现程度。构建公共文化服务效能评价指标体系坚持功能导向原则，就是构建公共文化服务效能评价指标体系要以公共文化服务体系功能分析为基本前提。公共文化服务体系的功能是预设的，既有显性功能又有隐性功能；既有直接功能又有间接功能。应在科学分析公共文化服务体系功能的基础上，围绕功能来确定评价指标体系。

3. 坚持整体思维

公共文化服务体系在发挥作用和实现效果方面必然表现为体系本身的整体推进与协调运作，而公共文化服务体系同其他相关观念、政策、制度的互动也会产生某种促进作用或约束条件，影响预期功能的发挥。[①]王列生等指出，在我们思考公共文化服务体系的功能实现方式之际，必须从一开始就超越于机构尤其是政府行政机构的现行文化职能去拓展我们的视野和思路，清醒地意识到"官僚制"文化机构甚至会有"反功能"的负面作用。[②]为此，构建公共文化服务效能评价指标体系必须坚持整体思维原则，即在效能评价指标体系设计中，一方面要将公共文化服务体系放在整个政府公共服务体系建设的总体框架中去思考；另一方面，在公共文化服务体系内部，还需自觉克服"大文化"与"小文化"以及"大服务"与"小服务"之间的结构性体制矛盾，防止"小文化"遮掩"大文化"和以"小服务"遮掩"大服务"的现象出现。

4. 坚持包容精神

在公共文化服务效能评价指标体系构建中坚持包容精神，就是要

---

① 参见马雪松、张贤明《公共文化服务体系建设：功能预期、价值取向与路径选择》，《探索》2012年第6期。

② 参见王列生、郭全中、肖庆《国家公共文化服务体系论》，文化艺术出版社2009年版，第25页。

将"包容性"理念运用到指标体系的设计中。一要体现公共文化服务体系建设主体的包容性。党的十七届六中全会强调的"引导社会力量通过兴办实体、资助项目、赞助活动、提供设施等形式参与公共文化服务",表明了除政府外,公共文化机构、文化类社会组织、民间文化团体等多元主体参与建设和多种途径供给服务的重要意义,评价体系要体现出各类主体在公共文化服务体系功能实现中的重要作用。二要体现公共文化服务体系受益对象的包容性。党的十七届六中全会提出要"基本建立覆盖全社会的公共文化服务体系,努力实现基本公共文化服务均等化",这体现了公共文化服务体系的包容性。为此,使宪法赋予每个公民享有的基本公共文化服务的权利惠及全体公民,特别是弱势群体和欠发达地区是包容精神的重要体现。[1] 目前,公共文化服务体系发展呈现出城乡之间、区域之间、阶层之间发展的不平衡,克服这种发展的不平衡是国家公共文化服务体系建设的重要内容,在构建公共文化服务效能评价指标体系过程中,要将受益对象的包容性作为功能实现程度的重要内容。

三 公共文化服务体系的功能:
效能评价的基本维度

分析公共文化服务体系的功能既要立足于国家文化体制改革以及隐藏在文化体制改革背后的中国社会基础结构的变迁[2],将其放到中国文化现代化的整体框架中去理解,又要放眼全面建设小康社会新的历史条件下,政治、经济、文化、社会和生态建设"五位一体"总体布局的宏观背景。笔者认为,公共文化服务体系的功能主要体现在以下四个方面。

1. 满足基本文化需求

满足群众的基本文化需求、维护群众的基本文化权益是公共文化服务体系的直接目标。哲学理念上,公共文化服务体系是一种以保障

---

[1] 参见方堃、冷向明《包容性视角下公共文化服务均等化研究》,《江西社会科学》2013年第1期。
[2] 参见傅才武《国家公共文化服务体系建设的价值评估及政策定位》,《江汉大学学报》(人文科学版)2010年第6期。

公民基本文化权利为出发点的制度体系。[①] 2007 年 6 月 16 日，胡锦涛主持政治局会议，专题研究加强公共文化服务体系建设，指出要"着力解决人民群众最关心、最直接、最现实的基本文化权益问题"，"切实保障人民群众看电视、听广播、读书看报、进行公共文化鉴赏、参加大众文化活动等"基本文化需求。这既表明了国家构建公共文化服务体系的初衷，也表明了公共文化服务体系的最直接功能。随着人民生活水平的提高，人们对文化需求的数量和质量提出了更高的要求。在社会分层加快、文化需求差距逐步拉大的情况下，政府必须通过满足基本文化需求来保障公民最基本的文化权益，这是公共文化服务体系的基本功能。随着社会的发展和人民生活水平的提高，基本文化需求也会"水涨船高"，为此，公共文化服务体系必须适时调整基本文化需求的内容界定。

2. 促进文化产业发展

文化产业是国家文化体制改革的结果，发展文化产业是社会主义市场经济条件下满足人民多样化精神文化需求的重要途径。公共文化服务体系作为政府特有的一种功能框架，对文化产业起着极大的制度支撑作用。[②] 一个地方文化产业的发展情况与其公共文化服务体系的服务效能密切相关。因为"公共文化服务提供者主要是政府，政府雄厚的资金和执行力优势恰恰可以整合产业链条上的各个环节；它不以营利为目的，不以资本理性行事，恰恰可以向发展文化价值导向的行业、项目倾斜，完成一些文化产业所需却也无力做或不愿意做的举措。这些举措不仅仅能够为公众提供层次更丰富的整体文化环境，还能够为一些当前利润附加值低的文化行业进行市场培育，从而帮助这些行业拉动需求，促进其产业发展"[③]。只有公共文化服务体系对文化产业发展的支撑功能得以正常发挥，才能促进文化产业生产出更多更好的精神文化产品。

3. 引领社会生活风尚

随着人民群众生活水平的提高，文化生活在社会生活中的地位越来

[①] 参见傅才武《公共文化服务体系建设在国家文化战略中的价值定位》，《华中人文论丛》2010 年第 1 期。

[②] 参见王列生、郭全中、肖庆《国家公共文化服务体系论》，文化艺术出版社 2009 年版，第 147 页。

[③] 参见江逐浪《中国公共文化服务事业发展中的几个内在问题》，《现代传播》2010 年第 5 期。

越突出，成为衡量社会生活质量的风向标。公共文化服务体系通过供给公共文化产品和服务的方式发挥着引领社会生活风尚的功能。一方面，培育和引导社会转型阶段社会公众的文化生活方式。公共文化服务产品和服务带有明显的倡导性和示范性，除了满足基本文化需求外，还培育着潜在的文化需求，这种培育过程是"以文化人"的过程，改善着社会公众的闲暇生活质量，引导社会生活方式。另一方面，在市场经济条件下，大众文化无孔不入，人们的文化生活取向和方式丰富多彩，但不乏平面化、快餐化、反主流等负面特征。"公共文化服务体系当中的群众文化事业是对社会成员进行终身社会教育、文化艺术辅导的重要平台，把它建设好，可以提升民众的艺术鉴赏能力，有效抵制大众文化的部分消极影响"[1]，间接起到引领社会风尚的作用。

4. 培育共有精神家园

党的二十大报告指出："满足人民日益增长的精神文化需求，巩固全党全国各族人民团结奋斗的共同思想基础，不断提升国家文化软实力和中华文化影响力"。[2] 随着市场经济的深入发展和社会个体化的推进，必须有意识地将真正具有知识和思想内涵的公共文化空间的构建当作一个重要的目标来完成。[3] 公共文化服务设施网络体系就是为社会公众提供的物质层面的公共文化空间，这是培育共有精神家园的物质载体。公共文化服务体系内容供给不仅是通过提供公共文化产品和服务让公众享受到基本文化娱乐权利，而且蕴含着引导人民通过接受文化产品而接受其背后的文化价值观和行为准则的目的。[4] 公共文化服务体系具有鲜明的国家意识形态前置性，以社会主义核心价值体系为灵魂，共铸"中国梦"；公共文化服务体系也具有自觉的意识形态自律，注重文化多样性、包容宗教和民间信仰，将非物质文化遗产作为中华民族的文化符号促其得以有效传承。这些都体现了公共文

---

[1] 参见胡守勇《论当代中国的大众文化》，《重庆文理学院学报》（社会科学版）2009年第6期。

[2] 习近平：《高举中国特色社会主义伟大旗帜 为全面建设社会主义现代化国家而团结奋斗——在中国共产党第二十次全国代表大会上的报告》，人民出版社2022年版，第43页。

[3] 参见曹爱军《公共文化服务：理论蕴涵与价值取向》，《湖北社会科学》2009年第6期。

[4] 参见江逐浪《中国公共文化服务事业发展中的几个内在问题》，《现代传播》2010年第5期。

化服务体系在社会转型阶段，培育共有精神家园的功能。

四　公共文化服务效能评价指标体系的框架

1. 指标体系框架

基于对公共文化效能评价内涵的理解以及公共文化服务体系功能的分析，依据公共文化服务效能评价指标体系设计的基本原则，笔者围绕公共文化服务体系满足基本文化需求、促进文化产业发展、引领社会生活风尚、培育共有精神家园四个方面的功能实现，提出了一套综合评价指标体系（见表8-1）。该指标体系共分为三个层次：目标层、准则层、指标层，共16个指标作为综合指标的参数，采取综合评价方法提炼出一个总和指标。用公共文化服务效能指数来反映公共文化服务体系的功能实现程度。

表8-1　公共文化服务效能评价指标体系框架

	准则层次	评价指标
公共文化服务效能指数（A）	满足基本文化需求（A1）	公共文化设施完备率（A11）
		公共文化设施使用率（A12）
		群众文化活动繁荣度（A13）
		公众对服务的满意度（A14）
	促进文化产业发展（A2）	文化科技创新支持度（A21）
		文化产业链条整合度（A22）
		公共文化产品采购量（A23）
		文化消费市场成熟度（A24）
	引领社会生活风尚（A3）	群众文化活动辅导（A31）
		公众艺术鉴赏水平（A32）
		闲暇文化生活质量（A33）
		社会整体文明程度（A34）
	培育共有精神家园（A4）	社会主义核心价值观建设（A41）
		非物质文化遗产保护（A42）
		传统文化的弘扬（A43）
		文化多样性的保护（A44）

第八章 建构公共文化服务效能评价指标体系

2. 评价指标值的测量

（1）评估主体。本指标体系评估的应用坚持政府主导、多主体参与的基本原则。采取政府委托学术机构、中介组织等具体实施，充分保障社会公众在服务效能评价方面的参与性和主体性。

（2）测量范围。空间上，既可以是对全国的测量，也可以是对某一行政区域，包括省、市、县、乡、村五级行政单位的测量。16个评价指标需要根据实际情况采取问卷调查、抽样调查等确定，部分指标则根据权威统计数据进行测量。时间上，对不同行政区域的比较可以随时进行测评，对于同一行政区域的测评要选择一定的时间跨度，比如5年时间，以此衡量一个时间段（一届政府）内公共文化服务效能的变化状态，以此作为改进工作的依据。

在国家公共文化服务体系初步建立并逐步完善以后，探索构建公共文化服务效能评价指标体系具有理论和实践的紧迫性。本章基于公共文化服务体系的功能分析，将功能实现程度作为服务效能评价的基本依据，并确立了由16个指标组成的评价指标体系框架。这个评价框架不同于现有公共文化服务体系建设绩效评估方面的评价指标体系，从公共文化服务功能实现程度的角度来考察公共文化服务体系的效能，具有一定的创新性。但是，本评价指标体系只是提供了一个基本框架，在具体应用过程中，还需要借助于公共文化服务体系单项（行业性）的评价数据、文化产业统计数据、精神文明创建等方面的测量数据等。如何让本评价指标体系的测量更具有可操作性，还有待于进一步深化研究。

第九章
补齐脱贫地区公共文化服务的效能短板

精准脱贫是全面建成小康社会最具决定性意义的攻坚战，深度贫困地区是这场攻坚战中最难啃的"硬骨头"。摆脱贫困首要的并不是摆脱物质的贫困，而是摆脱意识和思路的贫困。[①] 公共文化服务是落实共享发展理念，推进全体人民共享文化发展成果的重要制度设计。在夺取脱贫攻坚伟大胜利、全面建成小康社会、迈向社会主义现代化国家建设的新起点上，明确脱贫地区公共文化服务在应然层面的功能预设，揭示公共文化服务在实践层面的效能建设困境，探求破解对策，既是推进公共文化服务供给侧结构性改革的内在要求，也是贯彻落实共享发展理念，服务全面推进乡村振兴战略的客观需要。

一 脱贫地区公共文化服务的功能预设

党的十六届五中全会首次提出建构"公共文化服务"体系的问题。中国的公共文化服务理论脱胎于文化事业理论，它是中国特色社会主义在文化领域制度优势的显著体现。公共文化服务的"公共性"来源于政治学意义上的"公共领域"，公共文化服务的现代性同文化强国建设进程相耦合，是"物理空间""精神空间"和"制度空间"

[①] 参见《习近平扶贫论述摘编》，中央文献出版社2018年版，第137页。

现代性交互的结果。① 公共文化服务的功能问题既是一个重要的理论问题，又是一个重要的实践问题，对这个问题的理解关系到如何认识和构建现代公共文化服务体系。学术界关于公共文化服务的功能已多有研究，但以往的相关研究关注的都是公共文化服务在一般意义上应具备的普遍性功能。② 脱贫地区一般集革命老区、民族地区、边疆地区于一体，基础设施和社会事业短板多，社会经济发展滞后，自然地理、经济社会、民族宗教、国防安全等问题相互交织，这些都对包括公共文化服务在内的社会支撑保障体系提出了特殊要求。党的十九大报告提出脱贫攻坚要"注重扶贫同扶志、扶智相结合"，这对深入做好包括公共文化服务在内的相关工作提出了更高要求。基于以上分析，针对实现精准脱贫的现实需要，当前我国脱贫地区的公共文化服务应具备以下四个方面的功能。

1. 引导意识形态

意识形态是具有符号意义的信仰观念的表达形式，它以表现、解释和评价现实世界的方法来形成、动员、指导、组织和证明一定行为模式和方式，并否定其他的一些行为模式和方式。③ 在世界多极化、经济全球化、文化多样化、社会信息化深入发展的新时代，不同类型、不同群体、不同层次的思想思潮观念广泛并存、交流交锋，甚至竞争对峙，在复杂多变的国际形势下，有时国际上的意识形态斗争也会反映到国内来，若对主流意识形态安全工作不加以充分重视，就会对中国特色社会主义事业造成不可估计的危害。在全社会形成共同的理想信念、价值理念、道德观念是全面建成小康社会和开启社会主义现代化新征程的重要思想保障。对标"两不愁，三保障"的脱贫任务，脱贫地区的公共文化服务建设不仅存在基础设施建设方面的历史欠账，而且在很大程度上存在无暇顾及群众现实精神文化需求的问题。在脱贫地区，由于文化教育水平的落后，社会主流意识形态有时

---

① 参见范建华、周丽《论中国共产党文化强国建设的历史脉络、核心内涵与实现路径》，《云南师范大学学报》（哲学社会科学版）2023年第3期。

② 参见胡守勇《公共文化服务效能评价指标体系初探》，《中共福建省委党校学报》2014年第2期。

③ 参见［英］戴维·米勒、韦农·波格丹诺主编《布莱克维尔政治学百科全书》，邓正来等译，中国政法大学出版社1992年版，第345页。

更易受到各种错误社会思潮的干扰，一些脱贫地区甚至是某些非法宗教势力幻想的"法外之地"。因此，夯实各族群众加快脱贫攻坚奔小康的共同思想基础，就要高度重视脱贫地区社会主流意识形态对社会大众精神生活的正向引领功能。要通过公共文化产品和服务的有效供给，不断增强社会主义意识形态的凝聚力和引领力，引导和整合多元文化价值理念，提高社会主义核心价值观在贫困地区群众中的公信力和认同度，旗帜鲜明地抵制各种错误观点，消除落后思想观念对精准脱贫工作的消极影响，让社会主义意识形态随着脱贫攻坚的深入推进，在脱贫地区枝繁叶茂。

2. 保障文化民生

民生问题没有终点，只有新的起点。我国已经全面建成了小康社会，民生事业得到了极大改善。文化民生事关人民群众的生活品质，体现国家软实力，更是全面建成小康社会的重要一环。《公共文化服务保障法》规定，公共文化服务是由政府主导、社会力量参与，以满足公民基本文化需求为主要目的的公共文化设施、文化产品、文化活动以及其他相关服务。脱贫地区深受自然条件、地理区位等因素的影响，在社会结构、生态环境、文化传统等方面具有特殊性，贫困人口的文化消费支付能力严重不足。相对于其他民生事业，脱贫地区文化民生保障工作的难度更大。一是标准化、均等化、清单化、简单化的公共文化服务供给方式难以兼顾文化复杂性、族群异质性、地方差异性和个体多样性，容易导致服务供给与文化需求之间的错位。二是大量青壮年劳动力外流到城镇成为农民工，乡村留下大量妇女、儿童和老人，大部分家庭的结构和亲子关系受到破坏，留守人员在精神文化层面拥有更强烈、更特殊的需求。三是随着大中城市落户政策的普遍放开，农村举家外迁的规模越来越大，农村常住人口越来越少，一些行政村特别是条件较差的自然村开始出现无人常住的状况。人口的分散居住和动态外流不仅导致乡村精神文化生活日渐匮乏，而且增加了政府的公共文化服务供给成本，甚至还会出现供给"相对过剩"的怪象。四是上级政府以数字化、集合性、静态的表象呈现方式对下级进行考核，其间建构性的事实掩盖了供给与需求之间客观存在的鸿沟，困难群众最迫切的基本文化需求被长期抑制或掩盖。① 保障脱贫地区群众的文化民生权益既是全社会的道德责任,也是政府的法定义务,更是丰富脱贫人口精神文化生活,增强脱贫致富内生动力的重要举措。

3. 服务乡村振兴

脱贫地区巩固拓展脱贫攻坚成果、有效衔接乡村振兴战略是一项关乎全局的系统工程,必须注重包括公共服务效能建设的整体推进。对脱贫地区而言,常规的开发式项目扶贫这种硬性干预需具备的条件要求越来越高,对深度贫困人口的适应性挑战越来越大,相比之下基本公共服务减贫的路径属于软性干预,能够在项目扶贫路径之外提供新的适应性更强的减贫路径。② 相对于产业扶贫、易地搬迁等开发式"硬性干预",公共文化服务这种"软性干预"对于提升脱贫群众的生活质量和发展能力极其重要,是开发式扶贫"硬性干预"的基础支撑和保障条件。但是在脱贫地区的公共文化服务体系建设中,由于财力有限、投入不足,再加上如何实现公共文化服务与乡村振兴工作的准确对接点和着力点仍处于探索阶段,所以脱贫地区公共文化服务助力乡村振兴的功能还不能得到充分、有效地发挥。鉴于此,脱贫地区的公共文化服务要树立系统思维,坚持"扶智""扶志"导向,找准与乡村振兴工作的结合点或交融点,切实发挥好服务乡村振兴的功能。

4. 完善社会治理

无论是传统社会管理还是现代社会治理,文化在其中都发挥着不可替代的重要作用。文化治理既是社会治理的重要组成部分,又是社会治理的重要依托。随着社会主义市场经济深入发展和农村大量优质劳动力外流,脱贫地区社会治理模式面临着深刻转型。以文化建设促进脱贫地区的社会治理是实现精准脱贫和乡村振兴的客观需要和重要途径。③ 坚持治理导向的精准扶贫、精准脱贫,就是既要构建以社会

---

① 参见左停、徐加玉、李卓《摆脱贫困之"困":深度贫困地区基本公共服务减贫路径》,《南京农业大学学报》(社会科学版) 2018 年第 2 期。
② 参见王迪《从国家包揽到多方参与——公共文化服务体系建设中的社会治理理念与实践》,《学术论坛》2017 年第 1 期。
③ 参见金绍荣、张应良《优秀农耕文化嵌入乡村社会治理:图景、困境与路径》,《探索》2018 年第 4 期。

融入为目标的扶贫工作机制，又要构建以激发内生动力为目标的主体意识和集体认同培育机制，而公共文化服务体系建设正是完善脱贫地区社会治理的重要切入点。当前，我国脱贫地区文化建设面临文化基础设施薄弱、文化资源产业化开发粗放且收益外流、优秀传统文化传承创新不足、文化市场监管不到位等问题，这些问题不仅是一个文化治理问题，还是一个系统性的社会治理问题。因此，脱贫地区的公共文化服务建设要在坚持政府主导的同时，突出社会力量参与；在强化主流价值观引导、构建现代文化生活方式的同时，注重优秀民族民间传统文化的传承创新，把消除传统乡村社会中"他治"与"自治"之间的"零和博弈"作为公共文化供给侧结构性改革的重要任务，既在强化农村文化建设"战略性干预"的同时消除不当的"直接干预""过度干预"，又重视和培育农村文化"自组织"能力建设，推动农村文化"内生性重构"[①]，发挥好公共文化服务的社会治理功能。

二 脱贫地区公共文化服务效能建设的困境

不能仅仅将贫困视为一种经济现象，从更深的层面来讲，贫困也是一种文化现象，并表现为贫困的知识、贫困的思想、贫困的价值观念和心理机制。[②] 由于历史因素、文化传统、人口结构、生计方式等方面的特殊性以及文化建设的历史欠账太多，脱贫地区的生存伦理与文化价值普遍与社会主义市场经济的价值体系之间有着较大落差。尽管近年来国家加大了针对脱贫地区的文化投入，但脱贫地区公共文化服务效能建设遭遇的四大现实困境成为制约其预设功能发挥的主要阻碍。

1. 公共文化服务的"融入性"困境

公共文化服务具有基本性、普惠性、均等性、便利性的基本特征和意识形态前置的本质属性，其功能的有效发挥有助于筑牢培育和践行社会主义核心价值观的群众基础、拓展培育和践行社会主义核心价值

---

① 参见边晓红《贫困地区公共文化供给侧改革：观念构建与价值选择》，《图书馆论坛》2016年第10期。
② 参见陈前恒、方航《打破"文化贫困陷阱"的路径——基于贫困地区农村公共文化建设的调研》，《图书馆论坛》2017年第6期。

观的生活化路径以及增强培育和践行社会主义核心价值观的生动性与感染力。相对于脱贫地区的既有文化传统和文化生活方式，公共文化服务具有资源投入的外源性和文化结构的嵌入性特征，"当地贫困文化的象征符号、社会规范和价值观念等具有巨大的维持贫困生活方式的传统力量，对精准扶贫及其携带的现代主流文化形成包围和切割的阻碍困境"[①]。公共文化服务融入群众日常生活的不足，导致其对各类意识形态的引导力大打折扣。就设施利用而言，县级图书馆、文化馆、博物馆、美术馆等骨干性公共文化设施的利用率普遍较低，乡镇、村级基层综合性文化服务中心提供的文化服务吸引力不足。就价值信仰而言，在"贫困文化"和"地方性知识"的长期支配下，脱贫地区人们在与环境相互内化过程中所形成的以低物质供给为特征的行动策略和生活方式根深蒂固，这在一定程度上决定了深度贫困再生产逻辑的顽固性。[②] 就日常消费而言，一些民族地区的贫困群众受现代消费文化和传统"共享"习俗的影响，养成了与自己支付能力不相匹配的消费习惯，喝酒、赌博、交际等消费支出居高不下以致入不敷出。

2. 公共文化建设的"整体性"困境

公共文化建设应是以"人"为核心的整体性的公共文化空间建构，对公共文化服务建设整体性的忽视会导致其服务效能大打折扣。[③] 公共文化设施网络体系是构建现代公共文化服务体系的基础性条件，是提供公共文化服务、开展群众文化活动的基本载体。经过多年投入，脱贫地区城乡基层公共文化设施建设的短板在一定程度上得到了补齐。特别是2016年由中共中央宣传部牵头，会同原文化部、原国家新闻出版广电总局、国家体育总局等部门启动的"贫困地区百县万村综合性文化服务中心示范工程"，按照"七个一"[④] 标准要求推进

---

① 参见贺海波《贫困文化与精准扶贫的一种实践困境——基于贵州望谟集中连片贫困地区村寨的实证调查》，《社会科学》2018年第1期。

② 参见李俊杰、耿新《民族地区深度贫困现状及治理路径研究——以"三区三州"为例》，《民族研究》2018年第1期。

③ 参见张培奇、胡惠林《论乡村振兴战略背景下乡村公共文化服务建设的空间转向》，《福建论坛》（人文社会科学版）2018年第10期。

④ "七个一"即一个文化活动广场、一个文化活动室、一个简易戏台、一个宣传栏、一套文化器材、一套广播器材、一套体育设施器材。

建设，极大缓解了脱贫地区基层公共文化设施的短缺状况。但从当前公共文化设施的运行状况来看，虽然在多方支持下一座座拔地而起的公共文化设施建设得光鲜耀眼，但是设施使用、资源供给和服务供给中的"孤岛运行"问题还很突出。无论是从同一系统的纵向流动还是从不同系统的横向交流来看，都存在不少体制机制方面的障碍。一方面，网状分布的设施网络之间缺乏有机联系；另一方面，条块分割的文化机构缺乏有效兼容。其根本原因在于公共文化服务供给涉及文化、旅游、广播电视、新闻出版、体育、教育等多个部门，在公共文化服务和产品供给中政出多门、重复供给、内容分散等问题长期得不到体制机制性的彻底解决，导致公共文化服务效能损耗较大。

3. 服务乡村振兴的"操作性"困境

全面推进乡村振兴是当前脱贫地区的中心工作，公共文化主管部门和公共文化服务机构都需要服从和服务于这个大局。[①] 从具体实践层面来看，如何找准服务乡村振兴的切入点是脱贫地区公共文化服务部门正在致力解决的重点和难点问题。2018年，国家确定第一批"非遗+扶贫"重点支持地区，建设"非遗扶贫就业工坊"成为依托传统工艺带动贫困地区劳动力就近就业和稳定增收的切入点，这是公共文化服务助力精准扶贫的有益探索。需要指出的是，通过"非遗+扶贫"实现扶贫就业、产业发展和文化振兴多赢格局必须满足较多的特殊条件，而且，即使"非遗+扶贫"模式可以得到普遍推广，其对脱贫地区产生的文化扶贫总体效应也是有限的。总体而言，公共文化服务在脱贫攻坚中"扶志""扶智"的功能仍没有得到充分发挥，传统以基本文化权益保障和文化惠民工程为核心的标准化公共文化服务供给模式在完成服务脱贫地区乡村振兴这一紧迫任务方面，陷入了

---

① 学术界就公共文化服务精准脱贫进行了一定的研究。有学者认为在精准脱贫攻坚战中，落实"按照精准建设的要求，推进贫困地区公共文化服务体系建设"的要求，首先要对公共文化服务的重点目标人群、公共文化服务设施建设和公共文化服务产品供给予以精准识别。具体参见梁立新《精准扶贫情境下贫困地区公共文化服务精准识别研究》，《浙江学刊》2017年第1期。还有学者认为，公共文化服务运行的离散化状态使文化扶贫政策、项目不能有效聚焦贫困地区扶贫脱贫的实际需求，偏离精准扶贫的设定靶向，难以达到贫困治理的目标要求。具体参见陈建《文化精准扶贫视阈下的政府公共文化服务堕距问题》，《图书馆论坛》2017年第7期。

"操作性"困境。

4. 多元主体参与的"协同性"困境

改革开放 40 多年来，我们探索出了具有中国特色的减贫道路，其核心要义之一就是"坚持动员全社会参与，发挥中国制度优势，构建了政府、社会、市场协同推进的大扶贫格局，形成了跨地区、跨部门、跨单位、全社会共同参与的多元主体的社会扶贫体系"[①]。作为脱贫攻坚战"硬仗中的硬仗"，脱贫地区更是借力全社会的共同关注和鼎力支援，夺取了脱贫攻坚的伟大胜利。但研究发现，原贫困地区在治理贫困的实践中，往往存在政府、社会组织、企业等扶贫主体"各念各的经、各唱各的调"的情况，虽有多元主体参与，但协同效应不强。在精准脱贫中，多元主体虽然都秉持基于共同脱贫目标的"共商共建共享原则"，但各主体有着不同的利益考量以及各自需要依照的考核机制，这给多元主体扶贫行动的统筹协调工作带来了相当大的难度。特别是在东西部扶贫协作和对口帮扶中，脱贫地区各类帮扶资源主要来自外部支持，并主要通过"项目式"帮扶模式运行，其关注的重点主要是经济和民生项目，而通过文化帮扶和提升公共文化服务效能来激发脱贫群众内生动力的"从思想上拔穷根"的帮扶举措还很少。由于脱贫地区的政府与外来参与主体在帮扶目标的设定、帮扶信息的掌握、帮扶制度的对接、帮扶文化的建构和良好社会资本的培育等方面缺乏有效的协同配合机制，所以多元主体参与的"协同性"帮扶行动难以释放出"1+1>2"的协同效应，进而使帮扶资源难以产生应有的帮扶效应。

三 破解脱贫地区公共文化服务效能建设困境的对策建议

1. 强化价值引导

培育和弘扬社会主义核心价值观，有效整合社会意识，是社会系统得以正常运转、社会秩序得以有效维护的重要途径，也是提升国家

[①] 习近平：《携手消除贫困促进共同发展》，《人民日报》2015 年 10 月 17 日第 2 版。

治理体系和治理能力的重要方面。① 公共文化服务体系是弘扬社会主义意识形态的重要阵地，其实践运行必须坚持社会主义核心价值观的理念引领，重视公共文化服务与群众日常文化生活的融合，促进社会主义核心价值观的生活化、大众化。在文化帮扶过程中，应切实将社会主义核心价值观有效融入公共文化服务体系建设的全过程。一要创新和拓展内容供给，顺应脱贫地区群众思想意识和文化需求的变化态势，不断创新和拓展供给内容。具体而言，要以倡导文明健康的生活方式为导向，办好各种类型的农民夜校、讲习所，通过常态化宣讲以及物质奖励、精神鼓励等形式，促进群众比学赶超，提振精气神，推广扶贫理事会、道德评议会、红白事理事会等做法，通过多种渠道积极教育和引导贫困群众改变陈规陋习、树立文明新风。② 在公共文化服务体系建设过程中，要坚持"建、管、用"相统一原则，充分利用现有公共文化服务设施，采用政府购买、社会参与和企业运作的服务新模式，既要让传统公共文化空间承载时代新风，又要以互联网、云计算、大数据等信息化手段宣传社会主义核心价值观。二要引导和规范文化产品生产，建立健全脱贫地区文化产品创作以及传播流通的准入机制、监督机制和约束机制。既要完善文化帮扶项目的申报、扶持、考核、奖励办法，推动形成有利于培育社会主义核心价值观的良好文化生态；又要规范好脱贫地区文化遗产的保护性开发工作，发挥好文化遗产在社会主义意识形态建设中"传承发展、继承创新"的载体功能。三要防范和抵御国内外各种非法势力的渗透。脱贫地区科学教育基础薄弱、民族文化多元、宗教信仰复杂，容易成为境内外非法宗教和敌对势力争夺群众、进行渗透的区域。为此，公共文化服务一定要切实贯彻总体国家安全观，构建针对非法宗教势力渗透的防御机制，灵活运用法治和道德手段，在社会治理中维护意识形态安全，并广泛开展各种社会公益活动，强化对偏远农村和民族聚居区等重点区域以及进城务工人员和青少年等重点群体的文化服务。

---

① 《习近平谈治国理政》，外文出版社2014年版，第163页。
② 参见中共中央党史和文献研究室编《习近平扶贫论述摘编》，中央文献出版社2018年版，第144页。

2. 完善运行体系

脱贫地区公共文化建设"整体性"困境的深层次原因在于公共文化服务的体系化程度不高。通过构建体系化的运行机制来完善运行体系，是破解公共文化建设"整体性"困境、提升公共文化服务效能的基本途径。具体而言，一要坚持"五位一体"总体布局。习近平总书记指出，东西部扶贫协作和对口支援要在发展经济的基础上，向教育、文化、卫生、科技等领域合作拓展，贯彻"五位一体"总体布局要求。[①] 脱贫地区的精准脱贫工作是全面建成小康社会的必经阶段和重要内容，必须树立"五位一体"的系统思维，认清公共文化服务体系建设在实现脱贫目标、巩固脱贫成果中的重要意义，将其放到"五位一体"中通盘考虑、统筹安排，这是完善运行体系的根本前提。二要深化脱贫地区相关党政部门的机构改革。为有效解决因相关部门职能交叉、多头管理而导致的重复建设、资源利用率和服务效能不高等问题，脱贫地区应以正在推行的党和国家机构改革为契机，在县级层面推进"大部门制"改革，整合文化、旅游、体育、广电、新闻、教育等部门的公共文化职能，打破制约体系化运行的部门壁垒。要积极促进不同区域在信息化、数字化和网络化的基础上建立服务联盟，使公共文化服务由分散服务向联合服务转型，实现公共文化资源的共建共享。三要推进县域文化资源整合。脱贫地区要以图书馆、文化馆的总分馆建设为抓手，完善制度设计，加快构建以县级馆为中心馆、以基层综合性文化服务中心为分馆、以人口较多的自然村（居民点）为服务点的组织体系，以定点服务与流动服务、线下服务与线上支持相结合的网络体系，实现县域范围内公共文化资源体系化配置以及公共文化人才队伍一体化管理的目标。同时，要将社会力量举办的民办博物馆、阅读服务机构等纳入公共文化服务设施网络体系建设，达到整合现有存量资源，提升服务效能的目的。

3. 推进跨界融合

破解公共文化服务乡村振兴"操作性"困境的关键在于认清以移动互联网技术为引领的融合时代的发展大势、乡村全面振兴的整体性

[①] 参见中共中央党史和文献研究院编《习近平扶贫论述摘编》，中央文献出版社2018年版，第137页。

和文化帮扶的系统性，突破狭隘的部门或行业局限，构建跨界融合机制，开辟公共文化服务乡村全面振兴的新境界。一要推进公共文化服务与其他公共服务融合发展，将增强脱贫地区高质量发展的内生动力和脱贫户增收致富能力作为实施乡村振兴战略的根本任务。公共文化服务与教育、体育、卫生、就业、社会保障等公共服务在增强脱贫地区发展后劲、承载"扶智""扶志"功能等方面具有兼容性，各类公共服务的宗旨与不发生规模性返贫致贫底线要求在本质上是一致的。因此，公共文化服务要主动与其他公共服务相融合，既增强其他公共服务的文化内涵，又提升公共文化服务的供给质量。二要推进公共文化与文旅产业相融合。文化和旅游产业在脱贫地区既有较大的发展空间和优势，也是公共文化发展的强劲支撑。要探索基于公共文化资源挖掘的文化创意和旅游产业发展机制，结合旅游产业的功能布局，挖掘地方历史文化资源和民俗文化资源，策划旅游产品。镇（街）综合性文化服务中心可将本地旅游从业人员的艺术培训作为重要服务内容。三要推进公共文化与科技创新融合。结合脱贫地区实际情况，加强文化、科技等部门资源的集成和互动，共同立项攻关文化科技项目，共同探讨文化科技治理的新模式；建立文化科技创新产品的采购机制，提升公共文化服务领域的科技服务能力；推动不同部门、学科之间的交叉、碰撞、沟通和融合，成立跨行业的非营利性文化科技联盟，构建激发创新思维的服务平台，通过文化与科技的融合发展提升公共文化的服务效能。

4. 加强统筹协调

要充分吸收脱贫攻坚期在专项扶贫、行业扶贫、社会扶贫等多种举措有机结合、互为支撑的"三位一体"大扶贫格局下，应对多元主体参与"协同性"不足方面的实践经验，不断优化和完善统筹协调机制，有效发挥多元主体的协同效应。一要增强县级乡村振兴工作领导小组的统筹协调能力。在县级层面建立协同机制，强化帮扶资源的统筹管理，达到优化配置、有效利用的目的。乡村振兴工作领导小组要发挥好中枢作用，对外统一发布帮扶需求清单，统一接收来自脱贫地区外部的各类资源；对内根据乡村振兴规划和区域发展实际分配各类资金和资源。二要强化公共文化服务资源配置的统筹协调。在公共文化资源的配置方面，既要遵守《公共文化服务保障法》，又要坚持有所为、有所不为的工作方针，创新投入方式，科学布局，灵活投放；既可以根据实际需要将公共文化服务资源投入其他相关领域，也可以将其他相关领域的资源投入公共文化服务领域。三要构建多元主体参与文化帮扶的信息沟通共享机制。要坚持政府主导，发挥"互联网+帮扶"的积极做法，定期披露结对帮扶综合信息，分区域、分群体发布需求清单；创建公共交流平台，实现文化帮扶和公共文化服务体系建设之间信息互通，增强多渠道帮扶资源投入的协同效应。四要维护脱贫群众参与公共文化建设的主体地位。脱贫地区群众是乡村振兴的实践主体，是公共文化的建设者和受益者，必须尊重民族风俗习惯，对本土文化资源进行保护性开发，充分调动脱贫群众参与文化帮扶和公共文化建设的积极性和创造性，增强其发展能力和文化获得感。

第十章
加强政府购买公共文化服务的风险防范

　　政府购买公共文化服务是鼓励和引导社会力量参与、推进公共文化服务社会化发展、构建现代公共文化服务体系的重要制度设计。学术界对政府购买公共文化服务的风险问题研究主要体现在三个方面。一是从一般意义上揭示风险存在的原因，包括：公共文化服务购买与社会组织发育程度、大众文化消费意愿、文化单位运行机制、当前服务监管模式等不相适应[1]；政策法规缺失、购买范围狭窄、社会私营供给主体缺乏、购买程序与流程不完善、监管评估机制不健全等[2]。二是对"非合同制"治理模式的风险识别。有学者借鉴国外经验，认为"非合同制"治理模式在我国具有实践价值，但存在公共文化服务供给的碎片化、公共文化服务政策的长效性危机、公共文化服务的民主价值危机、多元文化机构间关系的协调困境等风险[3]。三是对公共文化投资项目的风险应对。如对融资风险、运营风险、市场风险和社会风险的规避研究[4]，对PPP项目中公私部门间的风险分担[5]等。

---

[1] 参见刘敏《政府购买公共文化服务的难点及对策》，《中国发展观察》2016年第Z1期。
[2] 参见伍玉振《政府购买公共文化服务的价值诉求与路径选择》，《四川行政学院学报》2016年第5期。
[3] 参见胡艳蕾、陈通、高海虹《我国政府购买公共文化服务的"非合同制"治理》，《中国行政管理》2016年第1期。
[4] 参见赵德森、秦德智、姚岚《公共文化投资项目：内涵、特征及其风险》，《云南行政学院学报》2015年第2期。
[5] 参见汪勇杰、陈通、邓斌超《公共文化PPP项目风险分担的演化博弈分析》，《运筹与管理》2016年第5期。

相较于其他公共服务，政府购买公共文化服务制度推行的时间较晚，学术界对这方面的风险研究还较薄弱，既缺乏对政府购买公共文化服务风险问题的个案研究，又缺乏对风险识别、致险成因、防范机制等方面的系统研究。本研究将政府购买公共文化服务制度放在构建现代文化治理体系宏观背景下进行理论分析，旨在提供一个政府购买公共文化服务风险识别、致险成因和防范路径的分析框架，以期能在理论上引起学术界对政府购买公共文化服务风险问题的重视；在实践上推动有关部门在具体购买活动中增强风险意识、完善制度设计，发挥好政府购买公共文化服务的制度价值，不断提高公共文化服务的供给质量和水平。

一 政府购买公共文化服务的风险识别

中国特色社会主义进入新时代，世情、国情、党情发生深刻变化，我们面临的风险挑战前所未有。习近平总书记强调："要强化风险意识，常观大势、常思大局，科学预见形势发展走势和隐藏其中的风险挑战，做到未雨绸缪。"[①] 作为一项重要的制度创新，政府购买公共文化服务承载着培育和践行社会主义核心价值观、巩固马克思主义在意识形态领域指导地位，高质量供给公共文化服务、维护人民群众基本文化权益等重要功能。毋庸讳言，在制度实施和购买活动中，来自政策系统内外部环境的风险因素可能使购买活动偏离预期效果。基于政府购买公共文化服务的功能视角，综合考虑现阶段该制度运行的内外部环境因素，笔者识别出政府购买公共文化服务的四类风险。

1. 意识形态失守风险

习近平总书记指出："思想舆论领域大致有红色、黑色、灰色'三个地带'。红色地带是我们的主阵地，一定要守住；黑色地带主要是负面的东西，要敢于亮剑，大大压缩其地盘；灰色地带要大张旗鼓争取，使其转化为红色地带。"[②] 公共文化服务是思想文化领域的红色地带，不但要守好阵地，还要通过高质量、高效能的公共文化服

---

① 《习近平谈治国理政》第 3 卷，外文出版社 2020 年版，第 223 页。
② 《习近平谈治国理政》第 2 卷，外文出版社 2017 年版，第 328 页。

务供给，向思想文化领域的灰色地带传递正能量，与黑色地带争夺地盘。政府购买公共文化服务实践中形成了体制内购买与体制外购买、竞争购买与非竞争购买、单位制购买与项目制购买等多种方式共存的格局。随着文化领域供给侧结构性改革的深入推进和现代公共文化服务体系的不断完善，体制内购买为主向体制外购买为主转变，营利性组织为主向非营利性组织转变，非竞争性的单位制向竞争性较强的项目制转变。① 在这种结构性调整中，可能出现两种倾向，导致意识形态阵地失守风险。一是淡化意识形态倾向。淡化意识形态指的是将文化产品混同于一般的公共产品，只注重保障公民基本文化权益，不善于从政治上看问题，忽视文化产品的意识形态功能。实践中表现为对承接主体、服务内容把关不严，有的甚至将公共文化服务委托给国外NGO组织或一些宗教类社会组织，让非主流社会思潮在潜移默化中得以步步为营，让社会主义意识形态节节后退，最终导致阵地沦陷。二是泛化意识形态倾向。泛化意识形态指的是带着封闭僵化的思维，看不到政府购买公共文化服务制度价值之所在，不信任体制外市场主体和社会组织。在政策制定中，培育社会力量动力不足，引入社会力量参与公共文化服务不深入，让政府购买公共文化服务长时间在体制内循环，贻误文化体制改革时机，让公共文化服务供给缺乏吸引力，导致供给质量上不去，使其功能发挥大打折扣；在制度执行中，以主体审核或内容审查为托词，通过各种烦琐程序，将社会力量排斥在竞争性购买之外，最终导致阵地塌陷。

2. 制度价值偏离风险

政府购买公共文化服务是顺应社会主义市场经济深入发展，推动政府职能转变、深化文化管理体制改革的重要制度设计，旨在通过引入竞争机制和鼓励社会力量参与，提高公共文化服务的供给效能，更好地满足人民日益增长的美好生活需要，蕴含着公共性、公益性、竞争性和效能性等制度价值。如果政府不能成为"精明的买主和管理

---

① 参见段小虎、张惠君、万行明《政府购买公共文化服务制度安排与项目制"文化扶贫"研究》，《图书馆论坛》2016年第4期。

者",相关流程得不到监督和管理,服务质量和效率评估得不到保证①,那么这些价值就可能偏离。一是政府低价购买导致公共性流失。在政府购买公共文化服务过程中,政府存在用最少的钱买最好服务的财政管理动机,无暇顾及服务质量。如在竞争性购买中,"价低者得"很容易成为常态,出卖方低价中标后必然把利润损失转嫁给社会公众,导致公众最终享受的文化服务要么是需要额外付费的,要么可能是质量不高的,从而带来公共性的流失。二是市场发育不足导致竞争性阙如。政府购买服务的前提是存在竞争性的承接主体,独立而平等的合作双方是购买关系成功的保障,否则购买就沦为形式。② 由于公共文化服务供给市场尚未成熟,实践中或是由于政社分开不彻底导致的"儿子买、老子卖""内部购买"问题,或是供给主体能力不足导致不具备竞争性购买条件或竞争性购买中出现"陪标"问题,甚至供给主体之间形成价格同盟,加之信息不对称,政府在购买过程中可能面临"高价购买、低效服务"的窘境③,最终损害竞争性的制度价值。三是主体逐利趋向导致公益性减损。在公共文化服务市场体系逐渐成熟的条件下,参与政府购买公共文化服务的主体既有各类所有制形式的文化企业,又有各类非营利性的文化类社会组织。这些主体参与政府购买公共文化服务后,在竞争机制作用下,"选择性参与""选择性生产"可能成为供给主体的生产逻辑,"撇脂现象"可能会普遍存在,最终导致公益性损失。四是服务供需脱节导致效能性损耗。提高公共文化服务效能是政府购买公共文化服务制度的重要价值,供给与需求的吻合是提高公众满意度的基本条件。政府购买公共文化服务使政府的直接供给转变为间接供给,在需求表达、群众评价和反馈机制不健全的情况下,针对性和有效性就可能大打折扣,服务供给与文化需求就可能错位,群众满意度可能下降,最终导致公共文化服务效能的损耗。

---

① 参见梅锦萍《公共服务市场化中的公共性缺失现象辨析》,《人文杂志》2016年第8期。

② 参见齐海丽《新时代政府购买公共服务的制度优化研究》,《中共天津市委党校学报》2018年第2期。

③ 参见孙荣、季恒《政府购买公共服务流程的价值链分析》,《行政论坛》2017年第1期。

3. 购买流程脱轨风险

公共文化服务具有种类多，形式多，层次多等特点，政府购买公共文化服务常有公开招标、邀请招标、竞争性谈判、竞争性磋商、单一来源等多种购买方式和购买、委托、租赁、特许经营、战略合作等各种合同方式。为了规范购买行为，《国务院办公厅转发文化部等部门关于做好政府向社会力量购买公共文化服务工作意见的通知》规定了项目选定、信息发布、组织采购、项目监管、绩效评价为主要环节的规范化购买流程。虽然购买流程是在实践基础上形成的理性设计，能够最大限度地确保政府购买活动的顺利进行，但每个环节都可能有隐患，存在购买流程脱轨风险。一是项目选定随意化。公共文化服务大多不同于其他有形的公共服务产品，政府难以界定购买的详细内容和标准，决策主体可能会随意选定购买项目，导致本应由政府直接提供的服务却由社会力量介入，本应由社会力量提供的服务却被政府过多干预介入。二是信息发布形式化。在文化体制改革的背景下，有些竞争主体与政府或其主管部门有千丝万缕的联系，或其本身是政府隶属、延伸或分流的部分，在信息发布前早已提前获取相关信息或者获取"量身定做"的关键信息，不但可能引发"权力寻租"，而且难以达到让所有潜在竞争主体公平获取购买信息的目的，导致信息发布走过场。三是组织采购失败。由于全面推行政府购买公共文化服务的时间不长、实践探索不足，可能存在采购程序不科学，采购方识别或评价能力不足，参与竞标的主体隐瞒不利信息等问题，导致采购失败或者选择的竞标主体并不是最佳选择。四是项目监管失效。一方面，由于信息、技术和人员的缺乏以及掌握的信息不对称、缺乏有效沟通交流等原因，政府很难对项目实施进行有效监管；另一方面，承接主体是政府按照规定和要求甄选的，即使供给方出现了与预期不符甚至是相反的偏差时，基于承担公共责任的压力，政府监管缺失难免发生。[①] 五是绩效评价失准。绩效评价是对政府购买公共文化服务实施情况的评判，对于认定公众需求是否得到满足、后期项目是否继续开展、

[①] 参见兰旭凌《政府购买公共服务的风险防范研究》，《中国特色社会主义研究》2017年第1期。

合同是否续签等有重大影响。由于目前的绩效评价工作既缺乏完善的评估程序和评估指标，又缺乏社会公众有效参与的评价机制和专业化的第三方评价机构，还缺乏对政府自身的评价办法，导致对采购资金的到位和使用情况、人力资源的投入情况、受益主体的满意程度、服务效能的发挥程度等无法进行准确的评价。

4. 实施保障不力风险

政府购买公共文化服务是转变政府职能、创新文化管理方式的重要抓手。该制度的有效实施需要适宜的制度环境，离不开主客观方面提供保障条件。从发展现状看，由于制度推行起步较晚，各地各行业发展不平衡，全面推行政府购买公共文化服务客观上面临保障不力的风险。一是统筹能力不足。政府购买公共文化服务的内容庞杂，牵涉文化、财政、体育、旅游、新闻、出版、广电等多个部门，条块分割的体制给各级政府的资源整合、统筹协调带来难度，出台科学有效的指导性目录或购买目录难度加大。二是资金保障不力。县级以上人民政府承担政府购买公共文化服务的主体责任，所需资金要列入财政预算，从部门预算经费或经批准的专项资金等既有预算中统筹安排。由于各地财力悬殊，资金投入规模和项目资金投放进度等都可能影响承接主体的供给质量。三是人力资本短缺。人力资本在政府购买公共文化服务有效运行中发挥着重要保障作用。文化类企业和社会组织的成长、政府合同监管能力的提升、专家团队的打造，以及第三方评估主体的发展都需要相应的人力资本作支撑，人力资本短缺也会导致保障不力的风险。

二 政府购买公共文化服务的致险成因

1. 社会思潮争夺文化阵地

受国际国内环境的双重影响，全面深化改革阶段的中国社会，伴随社会资源重新分配、社会阶层不断分化而来的是社会价值观的多元并存。各种非马克思主义甚至反马克思主义的社会思潮暗流涌动，思想文化领域"没有硝烟"的斗争激烈。境外敌对势力加大渗透和西化力度，境内一些组织和个人不断变换手法，制造思想混乱，与我争夺人心①，主流意识形态面临挑战。文化产品和服务具有鲜明的意识形态属性，对社会和群体的影响有一个潜移默化的过程和润物无声的效果。公共文化服务的公益性、基本性、均等性、便利性等特征更是放大了其文化形态塑造力和社会思潮影响力，必然成为多元社会思潮角逐的重要平台。作为公共文化服务供给方式的制度创新，政府购买以多元主体参与生产和供给为条件，其在释放公共性、公益性、竞争性、效能性制度价值的同时，客观上给各种社会思潮争夺阵地、争夺人心、争夺群众提供了条件。面对改革发展稳定复杂局面和社会思想意识多元多样、媒体格局深刻变化、制度构建还存在薄弱环节的现实境况，在政府购买公共文化服务制度实施过程中，必然存在意识形态淡化、泛化等风险，必须从基础性、战略性工作上下功夫，构筑意识形态风险"防火墙"。

2. 文化治理面临体制障碍

文化治理是社会治理的重要组成部分，是国家在文化生活领域进行社会管理的基本方式。顺应社会结构的深刻变动，我国文化治理结构中的治理主体、权力关系和治理效应也正发生着复杂变化，经历从"统治性文化治理"到"弥散性文化治理"再到"合作性文化治理"的转变。② 在"合作性文化治理"模式下，政府主导、政府与市场和社会等多元主体，以文化法治为基本方式，以法律、行政、经济、社会等作为具体手段的动态系统将处于良性循环中。作为文化治理体系的组成部分和重要环节，政府购买公共文化服务所蕴含的制度价值要在成熟的现代文化治理体系中才能有效实现。全面深化文化体制改革是构建现代文化治理体系的突破口。我国文化体制改革的渐进性道路性质，使其呈现出区域和产业部门多方面的"非均衡"特征③，面临不少"实践困境"：政事、政企分开有所推进，但均未达到文化改革制度设计所要求的程度；国有文化单位的体制缺陷和能力缺陷并没有

---

① 中共中央文献研究室编：《习近平关于社会主义文化建设论述摘编》，中央文献出版社 2017 年版，第 35 页。

② 参见邓纯东《当代中国文化治理体系和治理能力现代化的理论反思》，《湖湘论坛》2018 年第 6 期。

③ 参见傅才武、申念衢《当代中国文化政策研究中的十大前沿问题》，《华中师范大学学报》（人文社会科学版）2019 年第 1 期。

得到根本性的改变,资源配置的非竞争性与约束软化状态没有根除;文化市场体系中的各类市场主体公平竞争的环境还需进一步培育;社会力量参与公共文化服务的准入门槛还没有完全破除,适合政府购买公共文化服务制度良性运行的体制环境还有待进一步优化。在推行政府购买公共文化服务过程中,导致制度价值偏离的各类风险难以避免。

3. 社会组织承接能力不足

社会组织承接能力是推行政府购买公共文化服务的关键。在引导社会力量参与公共文化服务的政策背景下,非公有制社会组织只是传统公共文化供给主体"存量"之外的"增量"部分。传统的"国家—单位"二元结构并未完全转变为市场经济体制下的"国家—社会(市场)—单位"的三元结构,文化领域事业体制模式的路径依赖仍广泛存在。[①] 基于意识形态建构和文化公共性的制度设计,制度运行中政府主要面向文化事业单位、国有文化企业购买,其他非公有制文化类社会组织尚不具备参与竞争的整体实力。从发展现状来看,作为"增量"部分的非公有文化类社会组织,其参与购买公共文化服务的能力存在三个方面的不足。一是适格主体较少。政府购买活动本质上是一种合同关系,对承接主体的民事主体资格有基本要求。虽然各类群众文艺团体数量不少,但依法在工商管理或行业主管部门登记成立,能独立承担民事责任的企业、机构、文艺团体(协会)等文化类社会组织较少。二是专业水平不足。公共文化服务具有特殊的专业性,尤其是纳入政府采购的服务内容更需满足特定的条件,对承接主体的专业能力提出了较高的要求。文化类社会组织的专业能力距离文化事业单位或国有文化企业的差距较大,在政府购买活动中缺乏竞争力。没有非公有制社会组织参与的购买活动难以形成应有的竞争性效应。三是人员素质偏低。承接主体的从业人员中不乏大量文化类专业人才,但将新社会组织从业人员转变为坚持先进文化前进方向的"有机知识分子"还需较长时间的建设。非公有制文化类社会组织承接能力不足,难以形成对政府文化管理体制、文化事业单位和国有文化企

---

① 参见陈庚、崔宛《社会力量参与公共文化服务的实践、困境及因应策略》,《学习与实践》2017 年第 11 期。

业内部治理改革的倒逼压力，故而成为引发政府购买公共文化服务制度价值偏离和购买流程脱轨风险的重要原因。

4. 制度运行支撑体系薄弱

政府购买公共文化服务制度的实施及制度价值的实现需要风险意识、政策法规、操作流程等方面的强力支撑。总体来看，制度运行支撑体系还较薄弱。一是风险意识薄弱。政府购买公共文化服务的风险具有隐形性、缓慢性特征，局部风险事故在短期内并不妨碍大局，再加上追责机制不健全，采购方风险管理意识不强，常对购买活动中的潜在风险麻痹大意，防范化解风险的举措不多，客观上存在一买了之的"甩包袱"现象。承接主体在提供服务过程中看重的是合同义务，风险防控的主体意识不强，常处于被管理的被动地位。二是政策法规不完善。政府购买公共文化服务制度主要在国家层面作了原则规定和顶层设计，政策法规体系性不足。一方面，覆盖面不足。由于政府购买的范围非常广泛，尽管在新一轮机构改革中文化大部门制有所推进，但文化、体育、旅游、广电、新闻、出版等领域公共服务的行业性和专业性特征较强，相关领域的购买活动并没有得到完全覆盖。另一方面，操作性不强。省级以下地方性法规配套不足，尤其是作为公共文化服务的具体实施主体和责任主体——市县一级政府，只有少数地方出台了实施细则[①]，而且制度设计存在结合实际不足、针对性不强、上下一般粗等问题。政策法规的不完善，导致购买内容、购买方式的随意性强，购买程序不够规范。三是操作流程较笼统。公共文化服务具有不同于其他公共服务的社会属性，它是培育和传播主流价值观和现代公共精神的重要途径。目前公益性主导的基本公共文化服务与准公益性的一般公共文化服务在购买操作上没有明确规范，其结果是在购买对象、方式选择、绩效评估等方面出现操作上的混乱和认识上的偏差[②]，导致政府购买公共文化服务的制度价值难以有效实现。

---

① 参见伍玉振《政府购买公共文化服务供给侧结构性改革的路径选择》，《中共济南市委党校学报》2017年第1期。

② 参见张仁汉《政府购买公共文化服务的辨析与解构》，《中国机构改革与管理》2015年第3期。

三 政府购买公共文化服务风险的防范路径

1. 强化意识形态阵地意识

意识形态决定文化前进方向和发展道路。政府购买公共文化服务制度是文化领域改革创新的重要制度设计,实现了文化产业与文化事业的统一,公益性与竞争性的统一。文化领域是意识形态建设的重要阵地,意识形态失守风险是政府购买公共文化服务的根本性、颠覆性风险。习近平总书记指出:"加强对意识形态阵地的管理,落实谁主管谁主办和属地管理,防止给错误思想观点传播提供渠道。"[①] 在政府购买公共文化服务中强化意识形态阵地意识在风险防范中具有基础性、战略性意义。一要落实意识形态工作责任制。面对社会思想意识多元多样、媒体格局深刻变化,宣传思想文化战线各级党委(党组)要严格落实意识形态工作责任制,牢牢将领导权、管理权、话语权掌握在手中。要强化服务供给从业人员的政治素质,培养造就一批传播社会主义核心价值观的"有机知识分子"。二要准确适用意识形态风险排查。在政府购买公共文化服务活动中"淡化"和"泛化"意识形态都是错误的。要树立开放包容的心态,正确区分政治原则问题、思想认识问题和学术观点问题,既要旗帜鲜明地排除和抵制政治错误的文化产品和服务,又要倡导百花齐放、百家争鸣的公共文化服务供给环境。三要引导主流意识形态文化产品创作和生产。要通过政府购买这根指挥棒引导承接主体创新理念、内容和手段,形成新业态、创造新市场、引领新需求,不断提高服务供给质量和水平,实现意识形态宣传模式向文化传播模式的转变。

2. 全面深化文化体制改革

文化体制改革具有价值整体性和政治敏锐性,兼及经济基础和上层建筑诸多领域,是一场广泛而深刻的系统性变革。政府购买公共文化服务既是文化体制改革的产物,又是推进文化体制改革的重

[①] 中共中央文献研究室编:《习近平关于社会主义文化建设论述摘编》,中央文献出版社2017年版,第54页。

要机制，其有效运行涉及跨所有制、跨部门、跨行业的人力、财力、资源、科技、管理等供给要素的统筹、整合、协调和竞争。全面深化文化体制改革具备了坚实的制度基础、理论基础和实践基础，是防范政府购买公共文化服务风险的根本之策。一要着力在政企分开方面取得突破，培育壮大一批国有文化企业。加快健全管人管事管资产管导向相统一的国有文化资产管理体制机制，鼓励文化企业建立具有文化特色的现代企业制度，积极推动文化企业进行跨区域跨行业跨所有制兼并重组，增强企业文化供给实力。[①] 二是着力在政事分开方面取得突破，深化公共文化机构内部改革。要健全各级博物馆、文化馆、图书馆、美术馆等公共文化单位内部改革，健全法人治理结构、建立理事会制度，面向社会和群众需求自主开展业务，既增强对政府购买服务的承接能力，又为社会力量介入开辟制度空间。三是着力在社会力量参与方面取得突破，培育一批非公有制文化类社会组织。顺应当代社会结构和分层的发展趋势，走出一条区别于西方"公共领域""市民社会""社区自治"乃至非营利组织的发展模式，降低政府文化类社会组织的准入门槛，让非公有制文化类社会组织成为政府购买公共文化服务中激发创新活力、传播主流价值观、扩大公众满意度的重要承接主体。

3. 完善购买流程制度设计

科学的购买流程是防范政府购买公共文化服务风险的重要保障，要贯彻中央政策和国家法律的顶层设计，将政府购买公共文化服务制度落细、落小、落实。一要细化购买流程。政府购买公共文化服务的内容包括公益性文化体育产品的创作与传播，公益性文化体育活动的组织与承办，中华优秀传统文化与民族民间传统体育的保护、传承与展示，公共文化体育设施的运营和管理，民办文化体育机构提供的免费或低收费服务等类别，不同类别服务的专业性和特殊性较强。我们要根据风险识别的总体框架，分门别类、细化流程，增强购买流程的操作性和科学性。二要把握关键环节。我国政府购买公共文化服务尚处于初级阶段，各购买环节尚未形成完善的

---

① 参见柳杰、熊海峰《文化领域供给侧结构性改革之路》，《中国社会科学报》2017年7月10日第8版。

风险管理机制。政府应建立购买项目的可行性分析制度,推进公共文化服务标准化建设,根据不同类别的采购内容和具体实际,确定关键环节进行重点把握,实现风险研判、风险评估、风险防控协同、风险防控责任的有机协调,切实从制度和操作层面防范各类风险。三要完善实施机制,结合实践探索的经验模式,注重机制创新,将政府购买公共文化服务蕴含的制度价值落实到具体的举措中。建立购买方、承接方、受益方在具体项目实施中的风险分配机制,让各个主体明确风险责任,树立风险共担意识[①];建立、完善专家介入机制、第三方评估机制和受益主体的反馈机制,让政府购买公共文化服务制度有效运行,使各类风险可控。

4. 提高防范和化解风险的能力

政府购买公共文化服务的风险是客观存在的,提高政府防范和化解风险的能力是有效风险管理的关键。要切实提高全社会的风险防控意识,按照专业化要求不断提高防范和化解风险的能力。一是提高风险识别与评估能力。要将风险识别的基本框架运用到具体的购买活动中,在可行性研究中要识别出各种潜在风险并进行评估,确定根本性风险、制度性风险和一般性风险,制定出相应的应对举措。二是提高合同管理能力。要树立法治意识,将合同管理作为政府购买活动风险防范和化解的基本途径,将公共性、公益性、竞争性和效能性等价值体现到合同条款中,约定好相关主体的风险分担、防范义务和化解责任;根据政府购买公共文化服务的不同类型,完善招投标程序,明确合同监管和争议处置方式。三是提高过程监管能力。建立健全政府购买公共文化服务的过程监管机制,既要加强对采购方的自身监管,又要探索对委托监管机构的监管方式,还要创新社会监管渠道,不断增强政府购买公共文化服务制度的社会认同。

公共文化服务类别较多、体系庞杂,专业性和行业性都较强,本研究只是在一般意义上提出了风险识别、致险成因和防范路径的分析框架。在具体购买活动中,尤其是在可行性研究和风险管理活

[①] 参见徐家良、许源《政府购买社会组织公共服务的制度风险因素及风险治理》,《社会科学辑刊》2015年第5期。

动中，要在本分析框架下结合实际进行风险识别与评估，确定出根本性风险、关键性风险和一般性风险，采取相应的风险化解措施，将各类风险消灭在萌芽状态，最大限度地释放政府购买公共文化服务的制度价值，最大限度地提高公共文化服务的供给质量和服务效能。

第十一章
推进中部地区公共阅读服务均等化

公民平等地享受基本公共文化服务是国际社会的普遍价值认同，也是受我国宪法明确保护的基本权利。在理论界和实务界的长期探索下，推进公共文化服务均等化的路径日渐清晰。一是在推进手段方面，以标准化促均等化。中央层面制定了《国家基本公共文化服务指导标准（2015—2020年）》，作为全国通行的基本标准，各省、市、县根据实际制定不低于国家标准的地方标准，将政府向人民群众提供的基本公共文化服务项目、硬件设施、人员配备等进行有操作性和约束力的细化、量化。二是推进机制方面，普遍推行公共文化机构总分馆制。2015年1月14日公布的《中共中央办公厅国务院办公厅关于加快构建现代公共文化服务体系的意见》（中办发〔2015〕2号）明确："以县级文化馆、图书馆为中心推进总分馆制建设，加强对农家书屋的统筹管理，实现农村、城市社区公共文化服务资源整合和互联互通。"三是在推进方式方面，以县（市）域为单位整体推进。我国图书馆学界较早提出以县域为单位推进图书馆总分馆制改革[1]，这一思想被前述中央文件吸收，并扩展到县域其他公共文化服务领域。

长期以来，受东、中、西部区域梯次发展格局和城乡二元结构的消极影响，我国基本公共服务在区域、城乡、群体之间的发展失衡问

---

[1] 参见李国新《实现县级公共图书馆的全面协调可持续发展》，《图书与情报》2008年第1期；邱冠华、于良芝、许晓霞《覆盖全社会的公共图书馆服务体系：模式、技术支撑和方案》，北京图书馆出版社2008年版，第201—206页。

题日渐突出，有违公共服务公益性、基本性、均等性和便利性的基本精神。不仅如此，在公共文化服务领域，还出现了一些与其他公共服务不同的失衡特征。李国新教授研究发现，中部人口大省公共文化服务均等化指标大部分已经落在了西部地区之后，在"中部崛起"的进程中，公共文化服务却显现了"中部洼地"现象。[①] 公共阅读服务是公共文化服务的重要组成部分，对中部地区推进公共阅读服务均等化的实际情况进行调查研究，厘清其遇到的问题，提出有针对性的对策建议，有利于加快构建中部地区现代公共阅读服务体系建设，有利于在实现中部地区"经济崛起"的同时，实现"社会崛起"和"文化崛起"。

临湘市为隶属湖南岳阳的县级市，与湖北接壤，地处湘鄂赣交界地带，境内南高北低，东南群峰起伏，中部丘冈连绵，西北平湖广阔，市域总面积1718平方公里，总人口53万，辖13个乡镇（街道办事处），114个行政村（社区）。截至2022年末，全市户籍人口城镇化率为36.70%，常住人口城镇化率为59.42%，人均生产总值40377元，人均财政收入12830元，城镇居民人均可支配收入37462元，农村居民人均可支配收入22230元，处于中部地区县域发展中等水平，具有较好的代表性。作为湖南省级公共文化服务体系示范区创建单位，已经按照相关标准建成了现代公共文化服务体系示范区。本研究以该市实施的公共图书馆总分馆制改革为个案，以期能窥见中部地区推进公共阅读服务均等化发展可能会遇到的困难和问题，并提出相应的政策建议，为尽快走出公共文化服务"中部洼地"困境提供实践样本和学术思考。

一 中部地区公共图书馆总分馆制改革的基本情况

目前我国公共图书馆形成了"多元投入、协同管理"松散型、"多级投入、集中管理"集约型、"单一投入、统一管理"统一型三

[①] 参见李国新《强化公共文化服务政府责任的思考》，《图书馆杂志》2016年第4期。

种总分馆模式①。中部地区公共图书馆事业面临的主要问题是如何在推进现代公共文化服务体系建设中提升资源的供给及服务能力、服务效能，如何加强区域文化联动、推动公共图书馆事业相对均衡发展。②作为推进均衡发展的有效途径，中部地区公共图书馆总分馆制改革相对滞后（见表11-1）。数据显示，中部六省县级图书馆的分馆总数为7390个，只占全国的23%；而江苏、浙江二省的县级图书馆的分馆数就达9350个，达到全国的29%。

表11-1　　中部地区县级图书馆总分馆建设基本情况一览

省份	山西	安徽	江西	河南	湖北	湖南	全国
机构数（个）	117	108	102	144	100	123	2790
分馆数（个）	1800	1139	665	1263	887	1636	32182

数据来源：中华人民共和国文化和旅游部编：《中国文化文物统计年鉴（2021）》，国家图书馆出版社2022年版，第76—85页。

1. 临湘市图书馆总分馆制改革前的资源状况

实施总分馆制改革前，临湘市公共图书资源主要分布为三个互不隶属的层次：一是临湘市图书馆，由市财政支持，属于公共图书馆范畴；二是各乡镇、街道综合文化站内设的图书室，主要由各乡镇（街道）财政支持，部分藏书来自市图书馆的捐赠；三是村（社区）农家书屋，这部分图书来自新闻出版部门的直接配发。另外，还有部分图书资源分散于机关、学校、医院等单位的内设图书（资料）室。

2016年6月，临湘市图书馆总建筑面积1862.3平方米，藏书43万册，有在岗员工23人（其中大学以上学历13人，副高级职称1人，中、初级职称9人），事业编制17人。年均购新书15000余册，

---

① 参见金武刚、李国新《中国公共图书馆总分馆制建设：起源、现状与未来趋势》，《图书馆杂志》2014年第5期。
② 参见刘小花、邹序明《回顾·展望·提升——中部地区公共图书馆事业的发展分析与思考》，《图书馆》2016年第3期。

报纸杂志 200 余种，地方文献 100 种。年均到馆 60000 人次，图书借阅量 50000 余册次，年均新增借阅证 500 个左右，年均接待到馆自学、阅览室上网等读者 14500 人次，图书馆利用新书介绍专栏开展新书介绍活动年均 1 期 500 册。该馆从 1999 年起连续五届被文化部评为国家一级图书馆。

截至 2022 年底，临湘市图书馆总建筑面积达到 3003 平方米，现有藏书 89.1 万册［包含总分馆、分馆、村（社区）图书室］，7TB 数字资源。有在岗员工 21 人（其中大学以上学历 19 人，副高级职称 1 人，中、初级职称 10 人），事业编制 16 人。年均购新书 20000 余册，报纸杂志 60 余种，地方文献 100 种。年均到馆 575218 人次［包含总分馆、分馆、村（社区）图书室］，图书借阅量 495626 余册次［包含总分馆、分馆、村（社区）图书室］，年均新增借阅证 5620 个左右，年均接待到馆自学、阅览室上网等读者 30 万人次，图书馆利用新书介绍专栏开展新书介绍活动年均 4 期 12000 册。最新评估定级依然为国家一级图书馆。

在乡镇、村（社区）调整前，全市 310 个村（社区）已经实现农家书屋（图书室）全覆盖。乡镇、村（社区）区划调整后，全市辖 10 个乡镇和 3 个街道办事处，共有 114 个行政村和 33 个社区居民委员会。到 2016 年 6 月（见表 11-2），除了长安、五里牌两个街道的综合性文化站正在新建外，其他 11 个街道、镇的综合文化站都有图书室和报刊阅览设施资源，初步统计全市镇、街道一级藏书共有 53548 册，年均服务 67700 人次。147 个行政村和社区的图书藏量为 475300 册。总体来看，市、镇（街道）、村（社区）三级图书藏量已达 95 万册以上，但由于受到"一级政府建设管理一个图书馆"的体制影响，图书资源没有得到有效盘活，整体服务效能不足。农家书屋配发的图书是直接通过邮寄的方式直达村里，没有经过乡镇、街道文化站，以致乡镇、街道文化站对村级图书资源介入度很低。乡镇综合文化站的图书室与市图书馆的联系也较少，尽管市图书馆给乡镇图书室赠送过一些书，但相互之间的关系并不紧密。

表 11 -2　　　镇（街道）综合文化站公共阅读资源一览
（2016 年 6 月数据）

名称	电子阅览室 电脑（台）	电子阅览室 带宽（兆）	图书室 藏书（册）	图书室 服务人次/年	报刊阅览 报刊（种）	报刊阅览 电子屏数	村（社区）农家书屋 个数	村（社区）农家书屋 藏书（册）
长安街道	0	0	0	0	0	0	12	36000
五里牌街道	8	4	4000	600	3	0	12	50000
桃矿街道	11	4	5048	12000	11	0	2	6000
白羊田镇	7	10	3000	2600	6	0	7	17000
聂市镇	27	4	10000	5000	1	0	16	48000
坦渡镇	10	10	9000	8000	5	2	12	70000
桃林镇	8	4	3200	9000	2	0	18	40600
羊楼司镇	9	4	2000	3000	2	0	19	78000
长塘镇	6	4	2800	3000	5	0	7	16500
黄盖镇	8	2	3000	1200	3	0	4	12000
江南镇	1	8	5000	2800	8	0	14	42000
忠防镇	8	4	3000	16000	2	1	12	27200
詹桥镇	7	10	3500	4500	7	0	13	32000
合计	110	68	53548	67700	58	3	148	475300

2. 临湘市图书馆总分馆制改革的具体做法

临湘市图书馆总分馆制改革启动于 2015 年 6 月，由于在实施中遇到乡镇、村（社区）区划调整工作，总分馆制改革一直到 2016 年 6 月才正式进入实施阶段。在参照发达地区的成功做法后，制定了《临湘市图书馆总分馆体系建设实施方案》，拟以省级公共文化服务体系示范区创建为契机，构建以市图书馆为总馆、镇（街道）图书馆为分馆，以村（社区）农家书屋为服务网点，以图书流动服务车为补充，资源共享、协同采编、统一检索、一卡通用、覆盖城乡的临湘市公共图书馆总分馆体系。目前，确定的首批四家分馆正在临湘市图书馆的指导下加快建设，添置了电脑、书架、图书等资源，实施图书编码、数据录入、人员培训等基础工作。

（1）统一制定分馆建设标准

在总分馆体系建设中，最薄弱、最关键的是镇（街道）的分馆建设。临湘市制定了三个方面的分馆建设标准，作为申请加入总分馆体系的基本条件。一是在馆舍建设方面，根据《公共图书馆建设标准》(建标108—2008)，确定将分馆设于综合文化站内，建筑面积不小于150平方米。二是在功能配置方面，要求分馆内设有书架、报刊架、成人阅览桌椅、少儿阅览桌椅、电脑、独立接入的计算机网络（带宽不低于10兆）、空调、远程监控、音像柜、自助寄包柜等基本配置，每个分馆开馆时纸质图书不少于2000册（藏书空间不少于1万册）、报刊10种、音像资料200张以上。三是队伍建设方面，要求分馆有经市图书馆培训合格的图书管理员，能够胜任分馆的读者服务和相关服务工作。

(2) "两级投入、统一管理"的建设模式

"两级投入"指的是财政投入由市、镇（街道）两级财政共同投入（不排除适当引入社会力量参与），"集中管理"是指赋予市图书馆在总分馆体系建设中的主导地位，分馆建设标准的拟定、建设验收、审批接纳、运行管理，以及基层网点的布点和流动服务车的布局都由总馆统一操作和管理。具体而言，总分馆体系建设所需场馆、设施设备、文献采编、日常运行、业务活动、人员及免费开放等经费，由市、镇（街道）两级财政给予保障。按照每建一个分馆20万元的开办经费预算，市、镇（街道）财政各负担10万元。分馆和网点的购书经费按各镇（街道）常住人口由市财政统筹，按市、镇（街道）两级现行财政体制，以一定比例分担。

(3) "量力而行、分步实施"的推进节奏

坚持以辖区内常住人口为基准，根据各文化站的公共阅读硬件设施、图书室的服务人次、图书借阅册次、常住人口阅读习惯等因素，结合镇（街道）的财力，按照"成熟一个、发展一个"的原则，量力而行、稳步推进。选择经济基础较好、人口相对较多、居住相对集中、村级文化设施较健全、地域特色较明显的镇（街道）进行先行探索。经充分论证，确定在2016年12月底前，在综合条件相对较好的聂市镇、羊楼司镇、詹桥镇和桃矿街道办事处建成第一批分馆（见表11-3），并同步将村（社区）农家书屋（见表11-4）纳入总分馆体系，实现总馆与分馆、流通点之间资源和服务共享；2017年12月底前，建成第二批4个分馆；2018年12月底前建成剩余的5个分

馆，最终建成资源共享、协同采编、统一检索、一卡通用、覆盖城乡的市域图书馆总分馆体系。

表 11 - 3　　第一批 4 个拟建分馆的综合文化站基本情况

站名	建设基础
桃矿街道	桃矿街道办事处是在原国家有色总公司管辖的桃林铅锌矿基础上成立的，人口 3.2 万，其中离退休人员 1.2 万。居民绝大多数是原企业离退休职工和家属，文化素质相对较高，阅读习惯和氛围较好。办事处综合文化站设有图书室，藏书 5000 册以上，留守儿童图书室藏书 3000 册。有电脑 11 台、带宽 4 兆、各类报刊 11 种，图书报刊服务 12000 人次/年以上
詹桥镇	辖 11 个村、2 个居委会、377 个村（居）民小组，总面积 151 平方公里，人口 4.3 万，为湘北四大边境重镇之一。已建成了较为完善的免费开放文化活动中心，设有信息资源共享室、文体活动室、书画创作室、多功能活动厅、书画展览厅、办公室等。综合文化站有电脑 7 台、带宽 10 兆，文化站图书阅览室藏书 3500 册，服务 4500 人次/年
聂市镇	辖 14 个行政村、2 个居委会，总面积 259 平方公里，总人口 5.36 万。综合文化站占地面积 1115.8 平方米，建筑面积 1007.2 平方米。文化站在首次全国乡镇综合文化站评估定级活动中被评为"国家一级综合文化站"，连续五年被临湘市文旅广新局授予综合文化站工作先进单位"。目前文化站拥有电脑 27 台、带宽 4 兆，图书阅览室藏书 10000 册，服务 5000 人次/年
羊楼司镇	辖 15 个村和 5 个居委会，人口约 5.6 万，是临湘市规模最大的乡镇。文化站占地面积 1100 平方米，活动用房 330 平方米，文化站建有多功能活动厅，图书报刊阅览室，信息资源服务共享室，公共电子阅览室，培训教室，管理用房等，可容纳 1200 名群众参加文化活动的影剧院。文化站有电脑 9 台、带宽 4 兆，藏书 2000 册，服务人次 3000 人次/年

资料来源：临湘市文化广电新闻出版局。

表 11 - 4　　第一批 4 个拟建分馆所属村（社区）农家书屋
公共阅读资源一览

镇（办事处）	村（社区）（个）	电子阅览室 电脑数量（台）	电子阅览室 带宽（兆）	图书资源 藏书量（册）	图书资源 服务人次（人次/年）
桃矿街道	2	9	8	6000	9000
聂市镇	16	16	64	48000	32000
羊楼司镇	20	20	80	78000	18710
詹桥镇	13	14	28	32000	24420

资料来源：临湘市文化广电新闻出版局。

（4）探索总分馆体系运行机制

在稳步推进总分馆体系建设的同时，积极探索促进总分馆良性运行的机制。一是强化科技支撑。总馆、分馆、服务网点统一使用总分馆集群管理系统，统一固定（动态外网）IP或固定域名，统一读者证号、条形码和馆藏代码。二是强化图书配送和流通。总馆拟精准掌握各分馆、服务网点的服务情况，每季度为每个分馆流通图书不少于300册。乡镇（街道）分馆拟定期向村（社区）农家书屋配送图书。在服务网点难以覆盖的地区利用图书流动服务车定期开展流动图书馆服务，形成固定网点和流动服务相结合的图书馆服务网络，确保实现图书服务全覆盖。三是制定总分馆体系良性运行的考核制度。探索政府、社会、读者共同参与的考核评价机制，拟每年组织1次公共图书馆总分馆建设、管理、服务等综合考评。

3. 临湘市图书馆总分馆制改革后的总体面貌

随着临湘市图书馆总分馆制改革的深入推进，特别是在湖南省实施现代公共文化服务体系三年行动规划（2018—2020）的带动下，临湘市图书馆总分馆制改革取得了长足进步。截至2022年底，临湘市图书馆共建立分馆19个，其中设立在乡镇综合文化站的有13个，设立在村（社区）的分馆4个、景区与企业2个（见表11-5）。

表11-5　临湘市图书馆分馆建设情况一览（截至2022年底数据）

名称	设施情况	经费情况	人员情况	服务效能
长安街道	分馆借阅系统授权、人员进出流量监控、阅览桌椅等。书籍3000册	无经费	兼职1人	实行免费开放
五里牌街道	分馆借阅系统授权、人员进出流量监控、阅览桌椅等。书籍5000册	无经费	兼职1人	实行免费开放
桃矿街道	分馆借阅系统授权、人员进出流量监控、阅览桌椅等。书籍13890册	无经费	兼职1人	实行免费开放

续表

名称	设施情况	经费情况	人员情况	服务效能
白羊田镇	分馆借阅系统授权、人员进出流量监控、阅览桌椅等。书籍3000册	无经费	兼职1人	实行免费开放
聂市镇	分馆借阅系统授权、人员进出流量监控、阅览桌椅等。书籍8500册	无经费	兼职1人	实行免费开放
坦渡镇	分馆借阅系统授权、人员进出流量监控、阅览桌椅等。书籍4850册	无经费	兼职1人	实行免费开放
桃林镇	分馆借阅系统授权、人员进出流量监控、阅览桌椅等。书籍3000册	无经费	兼职1人	实行免费开放
羊楼司镇	分馆借阅系统授权、人员进出流量监控、阅览桌椅等。书籍5000册	无经费	兼职1人	实行免费开放
长塘镇	分馆借阅系统授权、人员进出流量监控、阅览桌椅等。书籍3000册	无经费	兼职1人	实行免费开放
黄盖镇	分馆借阅系统授权、人员进出流量监控、阅览桌椅等。书籍3800册	无经费	兼职1人	实行免费开放
江南镇	分馆借阅系统授权、人员进出流量监控、阅览桌椅等。开架读物30000册	无经费	兼职1人	实行免费开放
忠防镇	分馆借阅系统授权、人员进出流量监控、阅览桌椅等。书籍3300册	无经费	兼职1人	实行免费开放
詹桥镇	分馆借阅系统授权、人员进出流量监控、阅览桌椅等。书籍6000册	无经费	兼职1人	实行免费开放

续表

名称	设施情况	经费情况	人员情况	服务效能
詹桥镇印石分馆	分馆借阅系统授权、人员进出流量监控、阅览桌椅等。书籍2250册	无经费	兼职1人	实行免费开放
桃林镇中畈村分馆	分馆借阅系统授权、人员进出流量监控、阅览桌椅等。书籍2369册	无经费	兼职1人	实行免费开放
羊楼司镇新屋分馆	分馆借阅系统授权、人员进出流量监控、阅览桌椅等。书籍6515册	无经费	兼职1人	实行免费开放
羊楼司镇梅池分馆	分馆借阅系统授权、人员进出流量监控、阅览桌椅等。书籍2936册	无经费	兼职1人	实行免费开放
五尖山景区分馆	分馆借阅系统授权、人员进出流量监控、阅览桌椅等。书籍5365册	无经费	兼职1人	实行免费开放
金叶肥有限公司分馆	分馆借阅系统授权、人员进出流量监控、阅览桌椅等。书籍8625册	无经费	兼职1人	实行免费开放

资料来源：临湘市文化广电新闻出版局。

二 中部地区公共图书馆总分馆制改革中遇到的问题

1. 最直接的问题：资源供给能力不足

在最近几年国家、湖南省两级公共文化服务体系示范区创建的推动下，临湘市、镇（街道）两级持续增加了对图书馆建设的投入力度，市财政对市图书馆的财政预算从2013年的72.57万元，增加到2015年的111.8万元，其中购书经费的占比也从2013年的5.27%增加到2015年的44.72%（见表11-6）。

表 11-6　　临湘市图书馆近三年财政预算及购书经费一览

年份 项目	2013	2014	2015
财政预算（万元）	72.57	78.17	111.8
购书经费（万元）	6	15	50
购书经费占比（%）	8.27	19.19	44.72

资料来源：临湘市图书馆。

作为欠发达地区的县级市，实施图书馆总分馆制改革，遇到最直接的问题就是政府资源供给的能力不足。首先，资金方面的压力最大。2016年6月数据显示，从当时试点的四个分馆建设看，由市、镇（街道）两级财政各承担的10万元，总共20万元的建设经费很难及时到位，严重拖延了分馆建设进度。村（社区）一级农家书屋纳入总分馆体系还没有正式启动，也是受制于资金压力。2022年的数据显示，全部建成的19个分馆都没有专门的财政经费支持。其次，人才方面的问题。专业化的人才队伍是建成总分馆体系的基本条件。从目前正在建设的四个分馆实际来看，整个镇（街道）综合文化站只有2—3个正式编制，且基本没有经过图书馆方面的专门训练，成为分馆建设的短板。全市147家农家书屋图书的统一编码、数据录入等基础工作还没有启动，镇（街道）文化站图书室的图书统一编码、数据录入等基础工作，受制于资金和人力的双重约束推进滞缓。截至2022年底，19个图书馆分馆都只有1个兼职工作人员。最后，设施方面的问题。一方面，刚完成的乡镇机构改革中，一些公共文化机构的设施资源不但没有因为合并而实现总量增加，反而在合并中被改作他用，如五里牌、长安两个街道的文化站就处于无阵地状态，新建综合文化站的场馆阵地也需要大量资金投入。另一方面，分馆相对于图书室，其服务模式将发生质的飞跃，同时对网点布局、设备配套的要求较高，面临着大量的设备设施缺口。资金、人才和设施等方面的大量需求给市、镇（街道）两级相对薄弱的财政实力和供给能力带来了严峻考验，成为推行总分馆制建设最现实、最直接的问题。

2. 最核心的问题：体制机制改革滞后

总分馆制是对县域公共阅读资源的重组和优化。从目前试点的情况来看，总分馆制改革已经或即将面临如下三个方面的问题。一是分馆的定位问题。在现行的体制下，综合文化站是镇（街道）下属的站所之一，虽然属于事业机构，但工作人员脱离本行从事基层政府统一安排的其他任务是常态。在文化站内部图书室基础上建设的分馆在功能上应该如何定位？假若定位为完整意义上图书馆分馆而不仅是文化站图书室的"改头换面"，那么同样的问题还会出现在依托乡镇综合文化站建立的文化馆分馆，假若两个实质意义上的分馆建成后，乡镇综合文化站还需要设置吗？如此等等，这些矛盾都关涉到分馆的定位问题。二是总分馆体系与镇（街道）政府和村（社区）自治组织的关系问题。在总分馆体系下，总馆、分馆和流动服务点是一个统一整体，共同构成一个县域图书馆总分馆体系。图书业务管理集中于总馆，由总馆实施文献资源统一采购、统一编目、统一配送的管理模式；分馆和服务点主要提供阅读活动和阵地服务。[1] 临湘市图书馆总分馆建成后，镇（街道）和村（社区）介入分馆人事和业务管理的逻辑基础难以存在，现行镇（街道）政府对下属站所的统一管理体制将成为总分馆制改革的重要障碍。三是专业性与综合性的协调问题。在总分馆体系下，图书馆的核心业务（文献的选购、文献加工、空间和服务的设计、问题的解答、对当地经济社会生活的参与）应由图书馆学专业人员根据公共图书馆理念、理论和技术进行规划和设计[2]，这是图书馆事业专业性的起码要求。而综合性是国家公共文化服务体系顶层设计对乡镇和村（社区）一级的基本要求，正在推进的基层综合性文化服务中心建设中的人员编制管理也是基于这样的原则。分馆的专业性还需兼顾基层对工作人员素质综合性的要求，这种关系的协调也依赖于体制机制改革的深入。

---

[1] 参见金武刚《论县域公共图书馆总分馆制的构建与实现》，《中国图书馆学报》2015年第3期。

[2] 参见于良芝、李亚设、权昕《我国乡镇图书馆建设中的话语与话语性实践——基于政策文本和建设案例的分析》，《中国图书馆学报》2015年第4期。

3. 最关键的问题：服务效能提升乏力

党的十八大报告要求"完善公共文化服务体系，提高服务效能"，正式提出了公共文化服务效能的时代命题。作为公共文化服务体系重要组成部分的公共图书馆，其服务效能指的是集合馆舍设施、文献资源、专业人员、技术手段、投入资金等各种硬件和软件条件，通过科学布局，优化政策，组织资源，专业策划，为用户提供符合需求，均等化、专业化服务的程度，简而言之，就是公共图书馆履行使命的程度。① 虽然临湘市图书馆的服务效能近年来有明显改善，但在镇（街道）和村（社区）一级由于长期是"业余、自主"的建设和运行模式，基层的图书室、农家书屋等实际上无法提供规范化的服务，其结果是其目标人群（主要是农村人口）所享受的信息获取条件远远落后于其他人群。② 总分馆制通过科学布局，代替一群单独设置的图书馆，可以使场馆规划布局更加科学，节省建设成本，促进普遍均等服务，提升服务效能。③ 虽然理论界对此期望值普遍较高，但从目前的推进实践来看，服务效能提升的预期效果不佳成为最关键问题。从发达地区的经验来看，当图书馆总分馆建设与现有行政管理体制和财政体系、财政支撑能力发生矛盾时，一些地方强调结合实际而放弃遵循总分馆制的规律，使得总分馆无法发挥出资源、技术、人员等方面统一管理、内部共享的优势，分馆服务能力达不到用户需求，无法发挥出应有的服务效能。④ 基于临湘市的实际情况，发达地区遭遇的问题不可能在临湘市总分馆制改革中得到彻底解决。从临湘市公共阅读服务体系的运行现状看，服务效能低下的问题很难在短期内得以解决。在农村，农家书屋和镇（街道）图书室服务人次很低。笔者专门针对长安街道办事处下属各村（社区）的农家书屋作了调查统计，发

---

① 参见邱冠华《公共图书馆提升服务效能的途径》，《中国图书馆学报》2015 年第 4 期。
② 《现代图书馆理念的基石——"权利时代的图书馆"巅峰论坛》，《图书馆建设》2015 年第 1 期。
③ 参见邱冠华《公共图书馆提升服务效能的途径》，《中国图书馆学报》2015 年第 4 期。
④ 参见邱冠华《公共图书馆提升服务效能的途径》，《中国图书馆学报》2015 年第 4 期。

现 15 个农家书屋年度服务人次低于 100 的达到 12 家，其中 2 家的服务人次甚至低于 50，这与政府和社会各界对农家书屋的期望相去甚远。在城市，虽然市图书馆的服务效能明显高于镇（街道）图书室和村（社区）农家书屋，但从年接待人次、借书册次等指标来看，与发达地区的同级图书馆尤其是与公共图书馆的普遍认知要求相比，服务效能还处于低层次阶段。服务效能提升乏力，在短期内会影响政府和社会力量投入图书馆事业的积极性，长远会影响到图书馆总分馆体系的建设和运行质量，是一个必须下大力气解决的关键性问题。

4. 最根本的问题：阅读习惯先天不足

传统中国社会是典型的农业社会，中部地区是中国的缩影，深受农耕文化的影响。在传统中国社会，老百姓只需认识些字就足以应付生产生活的需要。20 世纪 20 年代，社会学家费孝通先生曾在《文字下乡》《再论文字下乡》等文章中指出中国社会从基层上看去是乡土性，中国文字具有庙堂性，并不是在基层上发生的，提倡文字下乡必须先考虑文字和语言的基础，否则开几个乡村学校和使乡下人多识几个字并不会有多大的效果。他甚至认为，只有在中国社会乡土性的基层发生变化以后，文字才能下乡。[1] 新中国成立后，经过 60 多年的持续建设，我们的城乡社会结构、社会文明程度等发生了翻天覆地的变化，但老百姓依然普遍将读书当作年轻人升学、入伍或进城务工的基本途径，为素质提升的阅读、为审美趣味的阅读很少，在总体上表现为没有好的阅读习惯，这是很严峻的一个社会问题。[2] 临湘市有大量的劳务输出，与中部地区其他县市一样，农村普遍存在"两栖人口""空壳村"等问题，村里对阅读感兴趣的年轻人基本在外地就学或务工，这些人逢年过节回到村里，大部分时间被安排在打扑克、搓麻将、喝酒、吃饭、应酬方面，难以抽出时间去农家书屋借书看。留守在农村的常住人口大多是缺乏或没有养成良好阅读习惯的老年人和儿童。少数在家务农的青壮年基本不善于通过阅读纸质材料获取信息，而是习惯于通过更加直观的影视材料获取农业知识，或者请农业技术

---

[1] 参见费孝通《乡土中国》，上海世纪出版集团 2007 年版，第 12—22 页。
[2] 参见邱书林《阅读的本质：大数据时代的知识汲取和文化继承》，《图书馆杂志》2014 年第 4 期。

人员到现场指导。总之，良好阅读习惯的缺乏从根本上遏制着公共阅读服务需求，不仅不利于图书馆事业的发展，而且是新型城镇化背景下现代公民文化素养培育的重要掣肘。

三　中部地区推进公共阅读服务均等化的对策建议

临湘市图书馆总分馆制改革遇到的问题在中部地区公共阅读服务建设中具有普遍性。为此，在稳步推进文化体制改革和机制创新的同时，尤要立足于中部地区经济社会发展实际，着眼于新型城镇化背景下县域城乡人口流动的基本态势和服务对象现代文化生活方式的养成，从以下四个方面整体发力，不断推进中部地区公共阅读服务均等化发展。

1. 动态布局资源

公共阅读资源在县域的科学布局是推进公共阅读服务均等化发展的重要基础。一要树立引导理念，超前布局。通过公共文化设施的科学布局，引导农村人口集中居住和向城镇集中是落实新型城镇化战略的重要体现。图书馆分馆和服务网点的布局要增强推动新型城镇化发展的主动性，使公共阅读服务供给成为引导城乡居民选择居住地的重要积极因素。应充分考虑地区居民的信息需求量、区域文献传递资金与时间的消耗量以及新建分馆需要投入的资金和人力资源量三者之间的关系合理布局。[①] 二要树立精准理念，灵活布局。在新一轮乡镇机构改革中，乡镇和村（社区）合并给公共阅读服务供给带来了新问题。中部地区农村人口居住相对分散，基层政权和自治组织合并后，导致一些公共服务机构远离群众居住区域，给享受公共服务带来了不便。在服务网点的布局中，既要认真落实上级的制度设计，又要树立精准服务的理念，根据人口流动的态势，坚持"有所为，有所不为"，打破按照行政建制配置公共阅读资源的僵化做法，打造基于常住人口有效覆盖的伸缩性网络体系。三要树立兜底理念，流动布局。

---

① 参见马岩、郑建明《基于协同理论的集群式总分馆模式探析》，《图书馆》2015 年第 7 期。

基于城镇化推进中人口流动和集中的加剧，一些边远地区的农村常住人口已经很少，在此布局固定服务点不利于服务效能的发挥。为解决这部分人口的文化权益问题，宜采取流动服务车等形式流动布局文化资源，让县域每个常住人口都有享受基本公共文化服务的机会。

2. 引领文化消费

在实现城乡全覆盖的前提下，服务效能在县域范围内的普遍提升是推进公共阅读服务均等化发展的核心议题。中部地区服务效能不高的深层次原因在于公共阅读服务供给的创新滞后于群众阅读需求的变化。在新型城镇化推进中，县域文化生活方式呈现为传统与现代、先进与落后、高雅与通俗相互交织、多元杂陈的局面，增加了公共文化服务供给的创新压力。统计数据显示，中部地区文化消费支出在消费支出结构中的比重逐年提高。[①] 以湖南为例，2021年湖南居民人均教育文化娱乐消费支出占消费总支出比例占比达到13.4%，高于全国平均10.8%的水平。2022年全省居民人均教育文化娱乐消费3250元，同比增长6.2%。公共文化服务具有鲜明的意识形态和文化审美的导向性，引领文化消费既是公共文化服务蕴含的内在价值，又是实现公共文化服务供给由被动向主动转变，提高服务效能的根本途径。为此，要着眼于现代文化生活方式的构建，用现代营销的理念，积极引领县域居民的文化消费。一方面，要通过文化辅导、公益广告等多种途径广泛宣传读书看报、体育健身、健康娱乐等文化生活方式；另一方面，要通过高质量高水平的公共文化产品和服务供给培育城乡居民新型文化消费方式和生活方式，形成公共文化服务供需两旺的格局，有效促进公共文化均等化发展。

3. 突出社会参与

基本公共文化服务在城乡之间、东西部之间和不同群体之间存在严重的不平衡和不均等问题多与公民参与面不广、参与人次少、参与渠道不顺或无参与需求相关。[②] 社会力量的广泛参与是现代公共文化服务体系建设的大趋势，这不纯粹是钱的问题，而是文化的问题、价

---

① 相关数据根据《中国统计年鉴》（2022）计算。
② 参见何义珠、李露芳《公民参与视角下的城乡公共文化服务均等化研究》，《图书馆杂志》2013年第6期。

值观的问题①，更是方法论的问题。一要探索村组一级公共文化设施共建共享。中部地区村组一级文化设施建设十分薄弱，少有的一些公共文化设施场所却大多处于闲置或半闲置状态。随着村组人口外流，村庄破碎加剧，一些仅存的在人生礼仪场合中以传统民间文化为内容的文化活动表演却没有合适的场地。一些农村兴起了村民自发筹钱修建"戏台"等公共文化设施的现象，与政府正在推动基层公共文化设施建设相契合。临湘市就在村组一级公共文化设施建设中，因势利导，采取"以奖代补"的方式对此进行鼓励，并配置公共图书资源，一大批通过"公益众筹"模式建成的村组公共文化设施得以建成。二要探索乡镇（街道）一级公共文化机构服务外包。运营管理能力不足是正在建设的乡镇综合性文化服务中心的短板，要积极培育专业化的文化类社会组织，以托管等服务外包方式对其进行专业化运营，以提高乡镇一级公共文化服务的专业化水平和服务效能。三要加快实施县级公共图书馆法人治理结构改革。按照法人治理结构的要求，在公共图书馆中扩大社会参与，通过吸收外部人员特别是读者进入决策层，扩大参与决策和监督的人员范围，确保公益目标的更好实现。

4. 强化刚性约束

近年来，中部地区公共阅读服务体系建设取得了长足进步。但在发展过程中，与其他领域一样，过多地依赖行政手段，从政策、项目、工程等方面加以推动。② 由于缺乏刚性约束，公共阅读服务体系建设的延续性常受地方党政主要负责人看法和注意力的影响。党的十八届四中全会对文化立法的相对滞后有着清醒的判断，提出了"制定公共文化服务保障法，促进基本公共文化服务标准化、均等化"这一明确要求，为强化县域公共阅读服务均等化发展的刚性约束提供契机。一要坚持以标准化促进均等化。标准化是实现基本公共文化服务均等化的重要抓手和有效手段。县域政府要按照上级政府发布的基本公共阅读服务标准，更加明晰县域两级政府在公共阅读服务领域的保障责任，推进县域公共阅读服务均等化发展。二是以法制化保障均等

---

① 参见吴建中《社会力量办公共文化是大趋势》，《图书馆论坛》2016年第8期。
② 参见张永新《以制定公共文化服务保障法为突破口积极推进公共文化立法进程》，《中国行政管理》2015年第2期。

化。在城乡二元结构长期影响下，实现县域公共阅读服务均等化目标最终要依靠文化法制的健全。中部六省的省、市（州）两级人大要以全国人大《公共文化服务保障法》《公共图书馆法》等法律的制定和出台为契机，抓紧出台相应的地方性法规，将实践中探索出的推进公共阅读服务均等化的制度创新成果以法规的形式固定下来，以法制手段保障县域公共阅读服务均等化。

在东、中、西部区域梯次发展战略格局的长期影响下，我国公共文化服务发展水平不仅呈现出较为明显的区域失衡问题，还出现了"中部洼地"现象，表明了文化发展存在不同于经济社会发展的特殊规律性。加快推进中部地区县域公共文化服务均等化发展是实现中部"文化崛起"的必修课。本研究以临湘市为例，采取实地调查的方法，介绍了该市图书馆总分馆改革的基本情况，分析了改革推进中遇到的最直接、最核心、最关键、最根本的问题，从制度层面提出了中部地区推进公共阅读服务均等化发展的对策建议。中部地区具有深厚的农耕文明传统，在新型城镇化推进中，人民群众文化生活方式和公共文化服务供给方式受到的冲击很大，在即将完成从"乡土社会"向"城市社会"的转型中，要牢固树立"创新、协调、绿色、开放、共享"新发展理念，不断提高县域公共阅读服务的均等化水平。中部地区要继续加大乡村阅读资金投入，构建县域城乡阅读资源共享机制，实现城乡公共阅读服务一体化，使城乡居民共享发展成果，促进社会公平，形成爱读书、读好书、善读书的浓厚氛围。

第十二章
推进公共文化与文化产业融合发展

公共文化和文化产业是文化强国建设的重要载体。在保障文化发展性质和发展方向的前提下，文化事业和文化产业的繁荣兴盛是社会主义现代化国家的文化标志。① 党的十八届三中全会作出了构建现代公共文化服务体系和现代文化市场体系的重要部署，指明了文化改革发展的基本方向。党的二十大报告提出了"坚持以文塑旅、以旅彰文，推进文化和旅游深度融合发展"② 重要部署，这更加突出了推进公共文化和文化产业融合发展的客观必然性和现实紧迫性。

多年以来，随着文化体制改革的深入推进，文化领域的融合创新业已成为实现文化转型升级的重要途径和根本动力。公共文化与文化产业作为文化建设的两大领域，其相互关系已经受到学术界的关注，如基于渭南市"一元剧场"典型案例，刘辉认为公共文化服务与文化产业之间存在"共荣"关系，以品牌化战略推动公共文化服务建设，有利于拓宽地方性文化资源的产业化道路③；许立勇、王瑞雪基于文化产业与公共文化的匹配视角，通过构建公共文化服务力（PC）

---

① 参见王永贵、颜润芝《中国式现代化进程中文化强国的行动逻辑》，《陕西师范大学学报》（哲学社会科学版）2023年第2期。
② 习近平：《高举中国特色社会主义伟大旗帜　为全面建设社会主义现代化国家而团结奋斗——在中国共产党第二十次全国代表大会上的报告》，人民出版社2022年版，第45页。
③ 参见刘辉《公共文化服务的文化产业效应——以渭南市"一元剧场"为个案》，《理论探索》2012年第1期。

与文化产业力（CY）"二力"模型分析匹配关系，提出北京市城市功能拓展区各区公共文化服务与文化产业发展的路径建议；① 高书生从促进文化产业健康快速发展的视角，认为应打通文化产业和文化事业之间的通道，把推动文化产业发展与弘扬中华优秀传统文化、建设社会主义核心价值体系融为一体；② 李凤亮、宗祖盼认为文化产业领域跨界融合突出表现为跨门类融合、跨要素融合、跨行业融合、跨地域融合和跨文化融合等。③ 2015年1月，中央《关于加快构建现代公共文化服务体系的意见》明确提出了推进文化事业与文化产业协调发展的重要思想后，范周及时提出了文化产业与公共文化必须融合发展的重要观点；④ 黄文学、连红军认为文化创意产业与基本公共文化服务体系融合的基本模式应该是需求与服务的关系，需形成相辅相成、相互促进、良性循环的互融机制。⑤

推进公共文化与文化产业融合发展是文化领域贯彻落实协调发展新理念，推进现代公共文化服务体系和现代文化市场体系建设的重要举措。但无论是理论层面还是实践层面，对两者融合发展的相关探索还不足。在文化改革发展的关键阶段，对公共文化与文化产业融合发展的内在逻辑、现实困境和推进路径等问题进行专门研究具有重要意义。

一 公共文化与文化产业融合发展的内在逻辑

作为文化建设领域的两大基本构成，公共文化与文化产业具有融合发展的内在逻辑，主要体现在四个方面。

---

① 参见许立勇、王瑞雪《公共文化服务与文化产业匹配分析——基于北京城市功能拓展区的研究》，《国际文化管理》2014年第1期。

② 参见高书生《我国文化产业发展的总体状况和主要特征》，《经济与管理》2015年第3期。

③ 参见李凤亮、宗祖盼《跨界融合：文化产业的创新发展之路》，《天津社会科学》2015年第3期。

④ 参见汪名立《文化产业与公共文化融合发展》，《国际商报》2015年1月30日第A06版。

⑤ 参见黄文学、连红军《文化创意产业与公共文化服务体系互融发展》，《人民论坛》2016年第14期。

1. 从演化历程上看，具有融合发展的渊源

中国特色社会主义文化发展道路的探索是一个历史过程。在文化建设中对公共文化与文化产业采取不同的发展策略，经历了60多年的演化历程，大致经历了三个发展阶段。早在1940年，毛泽东同志在《新民主主义论》中指出："我们不但要把一个政治上受压迫、经济上受剥削的中国，变为一个政治上自由和经济上繁荣的中国，而且要把一个被旧文化统治因而愚昧落后的中国，变为一个被新文化统治因而文明先进的中国。"① 20世纪50年代，借助于国家力量，以根据地和解放区的战时文化体制为基础，吸纳各种社会文化资源，逐步建立了比较完备的国家文化事业体系②，文化产品的生产、流通和消费，均被纳入到由政府大包大揽的"文化事业"框架之中。改革开放以后，大包大揽的"文化事业"体系的弊端日渐暴露，为了解决文化机构财政投入不足的难题，国家开始允许文化事业单位从事经营活动，补充事业经费的不足。从此，伴随着经济体制从计划到市场的转换，理论界和实务界逐步认识到文化产品和服务除了具有文化属性外，还具有商品属性，将文化作为产业来发展的理念越来越被更多的人所认可。党的十五届五中全会在《中共中央关于制定国民经济和社会发展第十个五年计划的建议》中首次以中央文件的形式把"文化产业"的发展提上日程，明确要"完善文化产业政策，加强文化市场建设和管理，推动有关文化产业发展"，文化产业成为从事文化生产和提供文化服务的经营性行业，并与公益性的文化事业相对应，作为社会主义文化建设的两大组成部分。2005年10月，党的十六届五中全会指出，要积极发展文化事业和文化产业，加大政府对文化事业的投入，逐步形成覆盖全社会的比较完备的公共文化服务体系。党的十八届三中全会进一步提出要构建现代公共文化服务体系，标志着我国传统生产导向型的文化事业体系开始向市场导向型的现代公共文化服务体系全面转轨。③ 回顾演化历程，公共文化与文化产业均是从总体

---

① 《毛泽东选集》第2卷，人民出版社1991年版，第663页。
② 参见傅才武《中国文化管理体制：性质变迁与政策意义》，《武汉大学学报》（人文科学版）2013年第1期。
③ 参见胡志平《文化强国梦、文化产业与公共服务机制及其创新》，《社会科学研究》2015年第2期。

性的"文化事业"分化而来的,体现了两者具有融合发展的渊源关系。

2. 从功能定位上看,具有融合发展的基础

公共文化和文化产业在"四个全面"战略布局中发挥着重要功能。在现代公共文化服务体系下,公共文化通过对全体公民提供公益性、基本性、均等性、便利性的文化产品和服务,满足其基本文化需求,实现对公民基本文化权益的保障,发挥着保障文化公平、实施文化治理、实现文化满足和文化涵育的重要功能。[①] 文化产业是一种特殊的新兴产业,具有经济和意识形态的双重功能,其中经济功能是文化产业的自然属性,意识形态功能是文化产业的社会属性或本质属性。[②] 在经济全球化背景下,文化产业已成为意识形态领域交流、交融和交锋的重要载体。以美国为首的西方国家凭着在文化产业方面的优势,通过好莱坞大片、洋快餐等文化产品的对外输出,不仅从生活方式上潜移默化影响着输入国消费者的观念,而且在价值观上渲染传播了个人主义、拜金主义、消费主义等意识形态,对我国意识形态安全造成了重大威胁。加快文化产业发展,实施中国文化"走出去"战略,成为事关我国意识形态安全的重要举措。由此可见,公共文化与文化产业基于相同的功能定位,以不同的方式,在不同的层面,通过文化产品和服务的供给灌输社会主义核心价值观、传承中华优秀传统文化和社会主义先进文化,引领公众的文化生活方式,实现润物无声、熏陶教化之目的,共同为中国特色社会主义事业提供着文化支撑。两者在主流价值观承载方面共同的价值取向,是实现融合发展的重要基础。

3. 从动力机制上看,具有融合发展的需要

就发展动力而言,公共文化与文化产业互为条件、互为支撑。首先,文化产业的发展需要以公共文化服务水平的提质升级为条件。实践证明,物质生活水平的提高并不必然带来文化生活水平的同步提高,文化生活水平的提高需要有正确的价值引导和足够的资源投入。

[①] 参见圣章红《中国公共文化服务体系的现代性解读与建设路径》,《湖北大学学报》(哲学社会科学版)2016年第4期。

[②] 参见谭劲松、雷超《发展文化产业要坚持社会主义方向》,《红旗文稿》2015年第9期。

普惠性的公共文化服务在满足公民基本文化需求、保障基本文化权益的同时，为文化产业发展提供了丰富的文化资源与创作源泉，不仅培养了文化创作人才队伍，还培育了消费人群；尤其是随着公众个性化、高层次文化需求的快速提升，为文化产业的发展提供了巨大的消费市场，确保了文化产业的动力来源，进而吸引金融业、新型电子业、信息业等产业的加入，促进其健康发展。[1] 其次，公共文化的发展需要依靠文化产业提供的物质条件。从文化生产及再生产过程看，文化产业包括文化内容生产、文化传播渠道、文化生产服务三个方面[2]，这三个方面的产品和服务都可以直接嵌入公共文化服务供给的各个环节，为公共文化服务提供高质量的供给内容。同时，将文化创意融入公共文化产品的设计包装宣传中，能够让大众更加清晰地了解文化产品所要体现的文化内涵，进而提升公共文化产品的影响力。最后，公共文化和文化产业各自的秉性具有发展的互补性。虽然公共性是公共文化的首要属性，但是发展公共文化也必须坚持市场导向，要注重服务效能，需积极借鉴文化产业的发展理念；营利性是文化产业的重要属性，但是发展文化产业仍然必须将社会效益和公共精神放在首位。只有始终坚持融合发展，才能实现公共文化与文化产业的协调发展和整体提高。

4. 从现实条件上看，具有融合发展的可能

从公共文化与文化产业所处的文化生态环境来看，两者融合发展的条件已经具备。首先，融合发展是客观现实。在文化建设实践中，文化事业与文化产业常常相互包含、相互渗透，许多文化行业兼具公益性与经营性的特点，文化事业中包含有文化产业的成分，文化产业中也渗透着文化事业的因素，市场经济条件下的大多数文化商业运作都包含一定的公共文化成分。[3] 其次，融合发展具有制度保障。党的十八届三中全会提出"引入竞争机制，推动公共文化服务社会化发

---

[1] 参见许立勇、王瑞雪《公共文化服务与文化产业匹配分析——基于北京城市功能拓展区的研究》，《国际文化管理》2014年第1期。

[2] 参见高书生《我国文化产业发展的总体状况和主要特征》，《经济与管理》2015年第3期。

[3] 参见张秉福《论文化事业与文化产业的互动发展》，《出版发行研究》2014年第10期。

展",中央《关于加快构建现代公共文化服务体系的意见》对这一部署作出了具体安排,提出"统筹考虑群众的基本文化需求和多样化文化需求,实现标准化和个性化服务的有机统一","积极发展与公共文化服务相关联的教育培训、体育健身、演艺会展、旅游休闲等产业,引导和支持各类文化企业开发公共文化产品和服务,满足人民群众多层次的文化消费需求","吸引社会资本投入公共文化领域,建立健全政府向社会力量购买公共文化服务机制,推广运用政府和社会资本合作等模式,促进公共文化服务提供主体和提供方式多元化"等具体要求,为公共文化与文化产业的融合发展提供了制度条件。最后,融合发展具有技术支撑。文化与科技、互联网融合,形成文化创新和科技创新的"双轮驱动"和"互联网+文化"的发展战略,这些强劲因子和活力素正在渗透文化创作、生产、传播和消费的每一个环节;大数据和云计算等手段的应用,为文化需求的精准把握提供了可能,基于文化与科技融合创新产生的新业态使公共文化与文化产业的界限日渐模糊;随着"三网融合"技术和移动互联网技术的发展,数字智能终端、移动终端等新型载体得到普及,人们在"线上线下"联动的文化活动中,个人的文化消费行为常常成为对他人和社会的文化服务活动。

二 公共文化与文化产业融合发展的现实困境

公共文化与文化产业客观上存在的"两张皮"现象削减了文化建设的内在动力,不但导致公共文化服务效能难以提升,而且致使文化产业的转型升级面临隐形掣肘。融合发展的现实困境主要体现在四个方面。

1. 传统事业与产业二元对立的思维惯性根深蒂固

公共文化与文化产业这对概念是市场经济深入发展、政府文化管理职能发生重大转变的产物。党的十八届三中全会提出的构建现代公共文化服务体系和现代文化市场体系的战略任务,就是要在坚持社会效益优先、社会效益和经济效益相统一的前提下,鼓励各类文化市场主体公平竞争、优胜劣汰，鼓励社会力量、社会资本参与公共文化服务体系建设，使公共文化与文化产业在基于市场导向的原则下实现融合发展。由于长期受到计划经济体制的影响，传统文化事业与文化产业二元对立的惯性思维依然存在，即认为公益性文化事业单位只能由财政完全投入，不能营利或无法营利；经营性文化产业就是以营利为目的，增加财税收入补给文化建设资金的不足。这种非此即彼的对立观念体现在现实中就是公共文化和文化产业相互区隔，各自为政。文化产业主要以国内外的高端文化消费为主攻方向，注重资源整合、集群发展和品牌效应；公共文化主要供给群众的基本文化需求，主要由文化馆、图书馆、博物馆等公共文化机构免费提供，两者生产或提供的产品和服务性质不同、档次分明，致使公共文化与文化产业的发展很难融合进而实现协调发展。如湖南打造的广电湘军、出版湘军、动漫湘军、演艺湘军已成为全国知名的文化品牌，2015 年湖南日报社获评"中国品牌媒体党报品牌 10 强"；湖南广播电视台连续 5 年入选世界品牌实验室发布的《亚洲品牌 500 强》；湖南出版投资控股集团列全球出版企业第七位；中南传媒、电广传媒连续 8 年获评中国文化企业 30 强，全省文化创意产业增加值达 1707.18 亿元，占 GDP 的比重达 5.9%，文化产业增加值连续三年进入全国前十强。[①] 然而公共文化服务的主要指标在全国的排名却不理想。以公共图书馆事业为例，全国人均拥有公共图书馆藏量为 0.61 册，湖南仅为 0.38 册，在全国排第 27 位；全国平均每万人拥有公共图书馆建筑面积为 101.83 平方米，湖南仅为 61.08 平方米，在全国排第 29 位，整体公共文化服务水平呈现为与综合经济实力不相一致的"中部洼地"现象[②]。传统的文化事业与文化产业二元对立的惯性思维成为影响文化体制改革、推进公共文化和文化产业融合发展的根本障碍。

2. 文化管理体制改革中政社、政企关系难舍难分

在社会主义市场经济条件下，政府文化管理的重点在于保障文化

---

① 参见杨金鸢、王毅、郑自立《湖南文化改革发展 10 年：回顾与展望》，《湖南日报》2016 年 12 月 19 日。
② 参见胡守勇《中部地区公共阅读服务均等化：问题与对策研究——以临湘市公共图书馆总分馆制改革为例》，《图书馆》2016 年第 11 期。

活动和文化产业开展所需的要素和环境，并对其进行公共服务和监督协调。① 党的十六大以来，政府始终把建立与市场经济体制相适应的文化管理体制作为改革方向，不仅寻求公益性文化单位机构的运营机制、经费供给模式、人员管理等适应市场化改革，并快速推动了多门类文化产业发展，但过程极其困难，即使在运营机制上坚持了市场化方向，但是市场经济发展中需要的产权明晰的现代企业制度，在文化领域始终没有很好地建立起来。② 虽然文化管理体制改革不断推进，文化领域的体制管理得到一定程度的优化，市场机制和非国有的产权制度不断完善，国有经营性文化事业单位的转企改制工作也取得了重要突破，但是从实际情况来看，历史遗留的体制局限性问题依然没有得到根本性改变，政出多门、党政不分、管办不分等问题仍然存在，政府没有完全从事无巨细的"办文化"管理方式中解放出来，"管人、管事、管资产、管导向"的间接管理模式还远未建立起来。公益性文化事业单位的改革进展更加缓慢，人财物等方面依然受制于所属主管部门。文化领域内政府和社会、市场、企业、公民之间的权界模糊，致使有限的文化资源不得不在行政化配置方式下被迫分割，文化部门在保证文化产业发展与促进公共文化服务效能提高之间难以做到两全其美，公共文化与文化产业的融合发展最终难以实现。

3. 社会力量参与的"最后一公里"问题亟待解决

社会力量的有效参与是公共文化与文化产业融合发展的重要条件和助推器。经过多年的文化体制改革，生产导向型的传统文化事业体制已经开始向基于市场导向的现代公共文化服务体系和现代文化产业体系转变，政府、市场和社会等多方主体参与文化建设的格局正在形成。为了引导社会力量、社会资本参与文化改革发展，中央出台了《文化产业振兴规划》《文化部关于鼓励和引导民间资本进入文化领域的实施意见》《关于在公共服务领域推广政府和社会资本合作模式

---

① 参见常莉《共同治理视阈下公共文化管理运行基础和路径研究》，《西安交通大学学报》（社会科学版）2015年第1期。
② 参见高宏存《改革创新文化管理体制》，《光明日报》2015年6月18日第14版。

的指导意见》《国务院办公厅转发文化部等部门关于做好政府向社会力量购买公共文化服务工作意见的通知》等系列政策文件，但这些政策实施的效果还不明显，社会资本，尤其是民营资本投入文化建设领域的占比还很低。财政部发布的第三批政府和社会资本合作示范项目分析报告显示，在516个示范项目、投资总额逾1.17万亿元中，文化项目只有11个，仅占2%；投资额只有99亿元，占比不足1%。[①]湖南2016年全省政府和社会资本合作示范项目所列的136个项目，总投资达到2292.35亿元，但文化旅游项目只有9项，占6.6%；投资额只有122.61亿元，占5.3%。[②] 由此可见，社会资本参与文化发展虽初见成效，但总体实施效果还不理想。就其他社会力量而言，参与公共服务事业供给还面临"铁门""玻璃门""弹簧门"等门槛问题、进入公共服务事业领域后的各种体制机制障碍、民办机构与公办机构处于不对等地位、社会力量自身综合素质不适应公共服务事业发展需要等问题[③]，社会力量参与公共文化服务的广度和深度都还不够，深度参与的"最后一公里"问题还隐藏在传统的思想意识、僵化的体制机制中亟待解决。

4. 公共文化与文化产业融合发展的机制构建阙如

近年来，全国各地涌现了一批实现公共文化与文化产业融合发展的经典案例，比如经营性网吧与政府合作，为市民提供电子阅读、上网查询等公共文化服务；茶馆和咖啡馆在进行经营性服务活动的同时，为顾客提供公共阅读服务活动；一些图书馆和文化馆的文化活动载体为老百姓提供网络文化产品；一些公共图书馆留出空间与经营性书店合作等。但由于受到生产导向型传统文化事业体制路径依赖的影响，特别是文化领域供给侧结构性改革的相对滞后，公共文化与文化产业的融合面还很窄、融合度还很低，推进两者深度融合发展的制度设计不足。一是缺乏促进公共

[①] 《第三批政府和社会资本合作示范项目分析报告》（http：//www.mof.gov.cn/zhengwuxinxi/caizhengxinwen/201610/t20161018_2437331.htm），2022年12月31日。

[②] 《2016年湖南省政府和社会资本合作示范项目名单》（http：//www.hnccpit.org/pub/mchui/mch2_gywm/gywm_tzgg/201605/t20160504_12760.html），2022年12月31日。

[③] 参见杨宜勇、邢伟《公共服务体系的供给侧改革研究》，《人民论坛·学术前沿》2016年第5期。

文化与文化产业融合发展的规划机制。在国家和地方各级政府的文化改革发展规划中，比较重视文化与科技、文化与旅游、文化与金融等的跨界融合问题，缺乏针对文化领域内部融合发展的具体阐述。虽然针对文化领域供给侧结构性改革当中涉及促进两者融合发展的重要改革事项，但针对公共文化与文化产业的融合问题普遍缺乏具体目标、任务和举措。二是缺乏促进公共文化与文化产业融合的对接机制。两者的融合发展，需要在文化消费的动态把握、文化产品和服务的生产、公共文化服务的供给等不同层面建立起有效的衔接机制，让文化企业能够灵敏捕捉到公众的文化需求，主动引导和培育公众的文化需求、参与公共文化服务的政府购买。但目前受限于公共文化机构社会化发展不足，促进两者融合的对接机制还很难建立起来。三是缺乏促进文化产业针对公共文化的反哺机制。文化产业属于创意产业，只要发展路径正确，很容易实现跨越式发展，带来丰厚的财税收入以及经济社会发展的外部效应。通过文化产业的发展来带动公共文化服务体系水平的不断提高，这本是促进两者良性互动的题中之义，但由于缺乏有效的反哺机制，导致不少地方出现文化产业发展水平较高而公共文化服务水平偏低的失调现象。

三 公共文化与文化产业融合发展的推进路径

实现公共文化与文化产业融合发展，必须突破其面临的现实困境，可从以下四个方面整体推进。

1. 强化体系化的国家文化治理新理念

党的十八届三中全会将"推进国家治理体系和治理能力现代化"作为全面深化改革的总目标。作为"五位一体"总体布局中的重要内容，文化建设也面临着推进国家文化治理体系和治理能力现代化的总命题。深刻领会体系化的国家文化治理新理念是制定正确方针政策的基本前提。相较于传统的国家文化管理体系，现代国家文化治理的体系结构呈现出复杂化趋向，政府、市场和社会在某种程度上成为并列的宏观主体，并且在各自的治理空间中表现出互为主客体的特点，它们之间的关系除了有行政上的不平等之外,更多地强调平等性、开放性的互动合作,作用方向则呈现出自上而下、自下而上、左右平行的多元状况,纵向治理层次减少,走向扁平化。① 实现公共文化与文化产业两个系统的融合发展,关键就是要牢固树立体系化的理念,着力构建依托于现代文化市场体系的现代公共文化服务体系和现代文化产业体系。为此,要树立体系化的文化治理新理念,在更高的层面上超越传统文化产业与文化事业的既有藩篱,实现两者的融合发展。在文化改革发展中,繁荣公共文化要坚持需求导向,引入竞争机制,通过公共文化的提质升级为文化产业拓展市场空间;发展文化产业要坚持社会效益优先、经济效益和社会效益相统一的价值导向,通过文化产业的发展,改善公共文化的供给内容和方式,使优质文化产品和服务成为传播先进文化的有效载体。

2. 推进文化领域的供给侧结构性改革

公共文化与文化产业的不同步或失调问题是导致文化产品产能过剩和产品有效供给不足这一突出矛盾的直接原因之一。公共文化与文化产业融合发展的实质就是要改变文化领域内部事业和产业二元对立的局面,实现文化资源在两大领域自由流动。就当前所处的发展阶段而言,排除文化资源在两大领域流动障碍的根本途径就是深化文化领域供给侧结构性改革。一是巩固政府、社会和市场多元化投入的供给格局。在现代文化市场体系下,只有多元主体平等竞争才能促使文化生产和供给效益的提高,一大批能有效参与文化生产和供给的主体的存在,是实现公共文化与文化产业融合发展的前提条件。无论是发展文化产业还是繁荣公共文化都要树立开放包容的理念,积极引导社会力量和民间资本参与文化建设,形成多元主体投入文化改革发展的格局。政府应该不断完善政府购买、财政补贴、贷款贴息机制,引导社会力量参与文化改革发展并不断提升专业化水平。二是推进国有文化企事业单位的法人治理改造。基于文化建设的特殊重要性,国有文化企事业单位应该在平等竞争的现代文化市场体系中发挥主导作用,只有国有文化企业建立了现代企业制度,国有事业单位完成了法人治理

---

① 参见景小勇《国家文化治理体系的构成、特征及研究视角》,《中国行政管理》2015年第12期。

结构改造，才能够有效消除行业壁垒，为社会力量、民间资本参与文化建设创造公平竞争的环境。三是消除社会力量参与文化建设的不合理限制。由于开放时间不长，再加上一些地方对社会力量参与文化建设的警惕性较强，社会力量参与不足一直是文化领域供给侧改革的短板。要从政策供给端入手，在资格准入、人力保障、金融支持、财税政策等方面消除对社会力量的不合理限制，营造社会力量参与的公平环境。

3. 筑牢以县域为基本单元的融合载体

县域处在国家政权结构和治理体系承上启下的关键环节，是发展经济、保障民生、维护稳定、促进国家长治久安的重要基础。文化改革发展的立足点、落脚点和试金石都在县域。一方面，从区域产业体系的角度看，县域是文化产业纵深发展的重要基础。但从文化产业绝对量、不同县域文化产业的比较以及自身发展态势等角度看，我国县域文化产业发展整体上还存在着发展方式不成熟、文化创新能力不高、品牌意识缺失、文化人才短缺、资金投入不足等诸多问题。[①] 另一方面，从公共服务的提质升级看，《公共文化服务保障法》明确了县级人民政府发展公共文化的主体责任，第四条规定县级以上地方人民政府应当将公共文化设施建设纳入本级城乡规划；《中央关于加快构建现代公共文化服务体系的意见》明确要求以县为单位实施公共文化服务的标准化建设，县域已经被作为推进公共文化服务均等化、标准化、社会化发展的主战场。为此，要结合县域发展实际，将文化体制改革的方针政策落实好，着力突破公共文化与文化产业"两张皮"的体制机制障碍；着力补齐保障公共文化与文化产业协调发展的资源要素"短板"；着力精准把握县域文化消费的新特点、新趋势，构建基于需求导向的文化生产机制和基于公平竞争的文化供给机制，将县域打造为推进公共文化与文化产业融合发展的基本单元。

4. 提升促进融合发展的科技支撑能力

科学技术的日新月异极大改变着人们的生产和生活。在当今世界

---

① 参见王彦林、姚和霞、曹万鹏《县域文化产业发展方式的确定与培育》，《学术交流》2014年第1期。

全球化、网络化、信息化的背景下，现代科技发展在文化生产、文化传播、文化消费、文化保存、文化监管等多方面推进了文化繁荣。[1] 文化与科技的融合创新将决定文化产品和服务的创新性与吸引力、文化传播的辐射力与影响力、文化业态的创新性与多元化。[2] 在当前的文化改革发展中，要着力从三个方面强化科技支撑能力，助推公共文化与文化产业的融合发展。一是文化资源的挖掘和开发。各级博物馆、图书馆和文化馆等公共文化机构具有丰厚的文化资源，在科技深度影响生活的背景下，由于科技手段利用不足，这些文化资源大多处于"沉睡"状态，要利用现代科技手段创新这些文化资源的表现形式，从而放大资源的价值效应，推进公共文化和文化产业融合发展。二是文化需求的表达和回应。对文化需求的掌握和引领是繁荣公共文化和发展文化产业的基本前提，大数据、云计算、物联网、移动互联网等现代科技手段为文化需求的精准掌握和有效回应提供了可能。要加大文化科技融合的投入力度，以公共数字文化服务建设为途径，构建公共文化服务云平台，打造线上线下联动的文化服务和消费机制，准确把握文化消费的现状和趋势，为公共文化与文化产业融合发展提供数据支持。三是文化科技创新公共平台构建。文化科技创新具有一定的风险性，政府应该加大文化科技支撑平台建设力度，承担公共技术的开发责任，为公共文化和文化产业的融合发展提供技术支持。

在文化科技日新月异的时代背景下，融合创新已成为经济社会发展的时代特征。在全面建设社会主义现代化国家的新发展阶段，尤其是在文化体制改革步入深水区的关键时期，应牢固树立创新、协调、绿色、开放、共享新发展理念，将融合创新的时代精神落实到文化改革发展中去。无论是现代公共文化服务体系的构建，还是现代文化产业体系的打造，都必须彻底扭转两个体系相互隔离、互不协调的被动局面。在注重推进文化与科技、文化与金融、文化与旅游、文化与体育等跨界融合的同时，更应该注重文化建设内部公共文化与文化产业

---

[1] 参见耿爱英、孙庆霞、李传实《论现代科技推进文化发展繁荣的路径》，《自然辩证法研究》2014年第6期。

[2] 参见方卿《准确把握现代文化市场体系的基本属性》，《中国社会科学报》2014年5月21日第B3版。

的域内融合问题。当前两者的融合面临着传统文化事业体制惯性思维、文化管理体制改革不到位、社会力量参与不足、融合发展机制构建阙如等发展困境。要站在实现国家治理体系和治理能力现代化的战略层面，从强化体系化的国家文化治理新理念、推进文化领域供给侧结构性改革、筑牢以县域为基本单元的融合载体、提升促进融合发展的科技支撑能力等四个方面整体发力，不断推进公共文化与文化产业相互作用、协同升级。

第十三章
践行交流互鉴的文明交往之道

在全球治理体系和国际秩序变革加速推进的大发展大变革大调整时代，不同文明交流碰撞的广度和深度前所未有。党的十八大以来，习近平总书记在不同场合围绕新时代的世界文明交流问题进行了系列论述，深化和拓展了马克思主义文明观，形成了完整的文明交流互鉴重要论述，成为习近平新时代中国特色社会主义思想的重要组成部分。2023年3月15日，习近平总书记在中国共产党与世界政党高层对话会上，提出了"全球文明倡议"，倡导尊重世界文明多样性、弘扬全人类共同价值、重视文明传承和创新、加强国际人文交流合作[①]，清晰表达了中华民族现代文明秉持的文明交往之道。对习近平总书记关于文明交流互鉴的重要论述进行深入解读，对于深入贯彻落实党的二十大精神，推进习近平新时代中国特色社会主义思想入脑入心，推进世界文明交流互鉴具有重要意义。

一 观念之维：坚持文明无高低优劣之分

在"世界历史"进程中，深化对文明多样性、平等性和包容性的认识，摒弃文明偏见、排斥和歧视，弘扬文明无高低优劣的价值观念是推进文明交流互鉴，建设开放包容世界的首要问题。

1. 追溯人类生命本源，尊重文明多样性

习近平总书记指出："文明具有多样性，就如同自然界物种的多

---

① 参见习近平《携手同行现代化之路》，《人民日报》2023年3月16日第2版。

样性一样，一同构成我们这个星球的生命本源。"① 首先，多样性是人类文明的发生样态。从发生学意义上讲，文明多样性主要源于不同文明在自然环境和物质资料生产方式上的差异性。马克思指出："不是土壤的绝对肥力，而是它的差异性和它的自然产品的多样性，形成社会分工的自然基础，并且通过人所处的自然环境的变化，促使他们自己的需要、能力、劳动资料和劳动方式趋于多样化。"② 在文明交流中，要认识到"丰富多彩的人类文明都有自己存在的价值。要理性处理本国文明与其他文明的差异，认识到每一个国家和民族的文明都是独特的，坚持求同存异、取长补短，不攻击、不贬损其他文明。不要看到别人的文明与自己的文明有不同，就感到不顺眼，就要千方百计去改造、去同化，甚至企图以自己的文明取而代之。历史反复证明，任何想用强制手段来解决文明差异的做法都不会成功，反而会给世界文明带来灾难"③。其次，多样性是人类文明的演进规律。尽管在世界文明史上出现过文明间的不少冲突，西方学者还提出了"文明优劣论""文明冲突论""普世文明论"等论调，但多样性文明间的交流互鉴一直是不可阻挡的历史潮流。对此，罗素认为："不同文明的接触，以往常常成为人类进步里程碑。希腊学习埃及，罗马学习希腊，阿拉伯学习罗马，中世纪的欧洲学习阿拉伯，文艺复兴时期的欧洲学习东罗马帝国。"④ 最后，多样性是人类文明的进步条件。"和羹之美，在于合异。"习近平总书记指出："人类文明多样性赋予这个世界姹紫嫣红的色彩，多样带来交流，交流孕育融合，融合产生进步。"⑤ 文化人类学家罗杰·M. 基辛甚至认为："文化的歧异多端是一项极其重要的人类资源。一旦去除了文化间的差异，出现了一个一致的世界文化——虽然若干政治整合的问题得以解决——就可能会剥

---

① 《习近平谈治国理政》第 2 卷，外文出版社 2017 年版，第 464 页。
② 《马克思恩格斯选集》第 2 卷，人民出版社 2012 年版，第 240 页。
③ 习近平：《在纪念孔子诞辰 2565 周年国际学术研讨会暨国际儒学联合会第五届会员大会开幕会上的讲话》，《人民日报》2014 年 9 月 25 日第 2 版。
④ ［英］伯特兰·罗素：《中国问题》，秦悦译，学林出版社 1996 年版，第 146 页。
⑤ 《习近平谈治国理政》第 2 卷，外文出版社 2017 年版，第 524 页。

夺了人类一切智慧和理想的源泉，以及充满分歧与选择的各种可能性。"① 多样性文明一旦被单一强势文明所取代，人类文明必将丧失进步繁荣的条件。

2. 着眼人类共同价值，强化文明平等性

习近平总书记指出："人类生活在不同文化、种族、肤色、宗教和不同社会制度所组成的世界里，各国人民形成了你中有我、我中有你的命运共同体。"② 在人类共同享受重大发展条件和发展机遇的同时，世界人民愿意为之不懈追求和坚决捍卫的共同价值是"和平、发展、公平、正义、民主、自由"③。要让世界人民在对人类共同价值的正确理解、不懈追求和坚决捍卫中，强化对文明多样性的正确认知。首先，人类共同价值是人类同源性的逻辑延伸。现代人类是单一物种并有共同起源，尽管具有不同的肤色、脸型、鼻形、毛发、眼睛等方面的体质差异，但人类主要是靠文化而不是躯体来适应环境。人类文明有差异性，但现代人类起源于同一祖宗的事实是客观存在，人类共同价值是人类同源性的逻辑延伸。其次，人类共同价值是文明共同性的集中体现。人类共同价值是人类在认识和改造世界的过程中、在各民族文化交流和融合过程中自然形成的。"各种人类文明在价值上是平等的，都各有千秋，也各有不足。世界上不存在十全十美的文明，也不存在一无是处的文明，文明没有高低、优劣之分。"④ 应彻底摒弃文明高低优劣的陈腐观念，在对人类共同价值的不懈追求中，加深对文明多样性价值意义的认识。最后，人类共同价值是文明平等性的深刻表达。习近平总书记提出"人类共同价值"与西方国家鼓吹的"普世价值"有着本质的区别。事实上，人类文明均是在不同地理、人文环境中内生，任何一种文明反映的均是特定地域人们的理念与价值取向，人类共同价值才道出了文明平等性的真谛。

3. 推进文明创新发展，增强文明包容性

习近平总书记指出："对人类社会创造的各种文明……我们都应

---

① ［美］罗杰·M. 基辛：《当代文化人类学概要》，北晨译，浙江人民出版社 1986 年版，第 283 页。
② 《习近平谈治国理政》，外文出版社 2014 年版，第 261 页。
③ 《习近平谈治国理政》第 2 卷，外文出版社 2017 年版，第 522 页。
④ 《习近平谈治国理政》，外文出版社 2014 年版，第 259 页。

该采取学习借鉴的态度，都应该积极吸纳其中的有益成分，使人类创造的一切文明中的优秀文化基因与当代文化相适应、与现代社会相协调，把跨越时空、超越国度、富有永恒魅力、具有当代价值的优秀文化精神弘扬起来。"① 首先，文明发展本质上是文明的融合创新。"全球史"认为人类自诞生就处于不断扩大交往范围的进程之中，各个文明的发展不是孤立的，而是不断地与其他文明进行交往。异质文明在和谐相处中，以自然而潜移默化的形式，通过相互交流、碰撞获得启迪，调动和整合各种文明的先进成分，形成新的思维方式或生活方式，充实并创新文明成果，不断推动人类文明向前发展。其次，多样性文明的共存为文明创新提供资源基础。习近平总书记指出："文明是包容的，人类文明因包容才有交流互鉴的动力。"② 历史上的文明创新或者某种新文化的创造，大多是不同文明交流互鉴、融合创新的结果。历史证明，多样性文明的存在和发展，就像创新元素的"蓄水池"一样，给人类思想的绽放和知识的创新创造条件。最后，开放包容是推进文明创新的根本前提。马克思指出："你们赞美大自然悦人心目的千变万化和无穷无尽的丰富宝藏，你们并不要求玫瑰花和紫罗兰散发出同样的芳香，但你们为什么却要求世界上最丰富的东西——精神只能有一种存在形式呢？"③ 不同文明都是在长期历史发展过程中形成的相对成熟的文化形态，有着坚固的宗教、哲学、习俗、制度构架，蕴含着人类在不同环境、不同时代的智慧和灵感。在文明交流中，既要摒弃盲目崇外的民族虚无主义和心胸狭窄的民族排外主义，又要克服妄自尊大的自我中心主义，以平等开放的姿态对待其他文明。

二 目标之维：让交流互鉴成为推动人类文明进步的不竭动力

习近平总书记指出："每种文明都有其独特魅力和深厚底蕴，都

---

① 习近平：《在纪念孔子诞辰2565周年国际学术研讨会暨国际儒学联合会第五届会员大会开幕会上的讲话》，《人民日报》2014年9月25日第2版。
② 《习近平谈治国理政》，外文出版社2014年版，第259页。
③ 《马克思恩格斯全集》第1卷，人民出版社1956年版，第7页。

是人类的精神瑰宝。不同文明要取长补短、共同进步，让文明交流互鉴成为推动人类社会进步的动力、维护世界和平的纽带。"①

1. 以文明交流互鉴消除隔膜和偏见

当今由文明差异引起的冲突和对抗依然存在，种族敌对、仇杀从未停止，地区纷争、暴力冲突连绵不断。不同国家、不同文明之间的隔阂、偏见乃至仇恨在 21 世纪非但未见缓和，反倒似乎变得更加激烈和突出。一要认清隔膜和偏见的历史成因。隔膜和偏见由不同文明间的接触和交往而生，随深度交流和融合而扩大，最终还会随全面交流融合而消除。工业革命从西方开始，西方世界在全球发展中抢占了先机，西方"文明优越论""文明等级论"等便悄然而生。二战后，随着西方殖民体系的瓦解，大批新兴民族独立国家登上国际政治舞台，它们的国际影响力逐步增强，长期存在的等级式文明秩序开始受到挑战，但在与西方文明的交流中，始终处于一种不平等的弱势地位。二要把握隔膜和偏见的演变机制。进入 21 世纪以来，一大批新兴市场国家和发展中国家走上发展的快车道，世界文明的结构体系正在深刻调整。随着民族自尊心、自信心和自豪感的增强，对照被歧视的历史记忆，这些国家和地区的人民对西方文明的处世之道不断质疑和反感，文明间的隔阂也与日俱增。三要深化交流促进相互认同。文明隔膜和偏见本质上属于文明间的相互认知问题。习近平总书记指出："如果居高临下对待一种文明，不仅不能参透这种文明的奥妙，而且会与之格格不入。历史和现实都表明，傲慢和偏见是文明交流互鉴的最大障碍。"② 以交流互鉴消除文明隔阂和偏见，最根本的就要跳出各自文明的传统认知框架和固有成见，秉持平等、谦虚的态度，深入了解不同文明的不同之处、独到之处，了解不同文明中人们的世界观、人生观和价值观，了解不同文明的真谛。

2. 以文明交流互鉴应对全球性难题

习近平总书记指出："世界经济增长需要新动力，发展需要更加普惠平衡，贫富差距鸿沟有待弥合。地区热点持续动荡，恐怖主义蔓延肆虐。和平赤字、发展赤字、治理赤字，是摆在全人类面前的严峻

---

① 《习近平谈治国理政》第 2 卷，外文出版社 2017 年版，第 544 页。
② 《习近平谈治国理政》，外文出版社 2014 年版，第 259 页。

挑战。"① 全球性难题呼唤人们"从不同文明中寻求智慧、汲取营养，为人们提供精神支柱和心灵慰藉，携手解决人类共同面临的各种挑战"②。一要融合不同文明应对全球性问题的价值理念。每一种文明形态都是人类在特定的自然和社会环境中应对困难和挑战的创造性结晶，其中必然有应对全球性问题的自成体系的价值理念。通过交流互鉴，融合不同文明应对全球性问题的理念，将极大地提高国际社会应对诸如此类全球性问题的能力。二要整合不同文明应对全球性问题的技术手段。人类在协调与自然和社会的关系方面，尤其是在应对全球性问题方面，不同文明都积累了一定的经验，都创造了一些行之有效的技术和方法，但不同程度的地域局限性依然存在，特别是国际话语权的不均衡分配和文明偏见、隔膜的客观存在，导致一些较好的应对措施处于一种单兵作战的被动状态，没有发挥其应有的作用。三要统筹不同文明应对全球性问题的行动方略。应对全球性的发展难题，单靠一种文明价值的智慧和能量，常常显得捉襟见肘。这不仅是单一文明的认知能力和水平难以应付，而且在于取得了统一认知后，依然需要国际社会的统一行动。习近平总书记指出："面对全球性挑战，各国应该加强对话，交流学习最佳实践，取长补短，在相互借鉴中实现共同发展，惠及全体人民。同时，要倡导和而不同，允许各国寻找最适合本国国情的应对之策。"③ 事实证明，统筹协调针对诸如此类全球性问题的跨文明行动难度非常大，文明间深入的交流互鉴是国际社会统一行动方略的基本途径。

3. 以文明交流互鉴维护世界的和平

在文明体之间的交往和接触中，不同国家、不同民族的文化背景和价值取向迥异，因而在以国家利益为至上原则的国际交往中不可避免地会诱发国家间的对立和冲突。文明交流互鉴是消除文明对立和冲突，维护世界和平的基本途径。首先，要增进文明战略互信。习近平总书记指出："历史是现实的根源，任何一个国家的今天都来自昨天。只有了解一个国家从哪里来，才能弄懂这个国家今天怎么会是这样而

---

① 《习近平谈治国理政》第 2 卷，外文出版社 2017 年版，第 508—509 页。
② 《习近平谈治国理政》，外文出版社 2014 年版，第 262 页。
③ 《习近平谈治国理政》第 2 卷，外文出版社 2017 年版，第 529 页。

不是那样，也才能搞清楚这个国家未来会往哪里去和不会往哪里去。"① 通过文明间的交流互鉴，能够在一定程度上消除文明体之间存在的文化"误解"和隔阂，使文明体之间的交流更加真诚，更加有效。习近平总书记指出："文明文化可以传播，和平发展也可以传播"，通过交流互鉴，可以"让和平的阳光驱走战争的阴霾，让繁荣的篝火温暖世界经济的春寒，促进全人类走上和平发展、合作共赢的道路"②。大国文明间要摒弃冷战思维、零和思维，坚守底线思维，秉承交流互鉴的合作理念，准确掌握对方的战略意图，从根本上消除战略误判，增进战略互信，以避免掉进"修昔底德陷阱"。其次，要构建利益共同体。列宁指出："有一种力量胜过任何一个跟我们敌对的政府或阶级的愿望、意志和决定，这种力量就是世界共同的经济关系。"③ 在经济全球化背景下，通过文明交流互鉴，扩大文明间的共同利益，把不同文明紧紧联系在一起，成为一荣俱荣、一损俱损的利益共同体，才能从根本上维护世界和平和稳定。习近平总书记指出："每个国家在谋求自身发展的同时，要积极促进其他国家共同发展。世界长期发展不可能建立在一批国家越来越富裕而另一批国家却长期贫穷落后的基础之上。"④ 最后，要促进人民心通意合。习近平总书记指出："唯以心相交，方成其久远。国家关系发展，说到底要靠人民心通意合"，"文化在增进人民相互了解和友谊方面可以起到春风化雨、润物无声的作用"，"如果说政治、经济、安全合作是推动国家关系发展的刚力，那么人文交流则是民众加强感情、沟通心灵的柔力。只有使两种力量交汇融通，才能更好推动各国以诚相待、相即相容"⑤。要依托多层次、全方位的渠道加强沟通与交流，扩大不同文明间普通公民直接交流和共事的机会。通过持续有效的人文交流，厚植不同文明、国家人民追求世界和平的民意基础。

---

① 习近平：《在布鲁日欧洲学院的演讲》，《人民日报》2014年4月2日第2版。
② 《习近平谈治国理政》，外文出版社2014年版，第282页。
③ 《列宁全集》第42卷，人民出版社1987年版，第332页。
④ 《习近平谈治国理政》，外文出版社2014年版，第273页。
⑤ 习近平：《共创中韩合作未来 同襄亚洲振兴繁荣》，《人民日报》2014年7月5日第2版。

三　路径之维：促进不同文明间的交流交融互学互鉴

习近平总书记在党的十九大报告中指出："要尊重世界文明多样性，以文明交流超越文明隔阂、文明互鉴超越文明冲突、文明共存超越文明优越。"① 在新的历史起点上，世界各国需要进一步促进人类各种文明交流交融、互学互鉴、共生共存，让世界变得更加美丽，让各国人民生活得更加美好，让人类命运共同体的道路越走越宽广。

1. 尊重各国自主选择社会制度和发展道路的权利

社会制度和发展道路属于政治文明范畴，是人类文明的重要组成部分。从逻辑上讲，承认文明多样性就要正视人类发展道路和模式的多样性，就要摒弃对社会制度和发展模式的单一性追求，从而为不同文明、不同制度国家和谐相处、交流互鉴创造条件。首先，要强化交流底线意识。各国自主选择社会制度和发展道路的权利是最起码的权利，是人类文明多彩、平等、包容关系的本质体现。尊重各国自主选择社会制度和发展道路的权利，是各国平等交流交往的底线，也是促进不同文明间交流交融互学互鉴的根本前提。习近平总书记指出："要坚持国家不分大小、强弱、贫富一律平等，尊重各国人民自主选择发展道路的权利，反对干涉别国内政，维护国际公平正义"，"一个国家的发展道路合不合适，只有这个国家的人民才最有发言权"。② 其次，要超越意识形态差异。邓小平同志指出，"那种按社会制度决定国与国关系的时代过去了。不同社会制度的国家完全可以和平共处，发展友谊，找到共同的利益"③，"处理国与国之间的关系，和平共处五项原则是最好的方式。其他方式，如'大家庭'方式，'集团政治'方式，'势力范围'方式，都会带来矛盾，激化国际局势"④。深化文明间交流互鉴，必须超越冷战思维、零和博弈和各种偏见的藩

---

① 本书编写组：《党的十九大报告辅导读本》，人民出版社2017年版，第58页。
② 《习近平谈治国理政》，外文出版社2014年版，第273页。
③ 中共中央文献研究室：《邓小平思想年谱（1975—1997）》，中央文献出版社1998年版，第442页。
④ 《邓小平文选》第3卷，人民出版社1993年版，第96页。

篱，超越种族、文化、国家与意识形态差异，让共同利益压倒分歧对立，从而"消除疑虑和隔阂，把世界多样性和各国差异性转化为发展活力和动力"①。最后，要不搞民主制度输出。习近平总书记指出："世界上没有放之四海而皆准的发展模式，各方应该尊重世界文明多样性和发展模式多样化。"② 各国的社会制度和发展道路均是各国人民根据自己的历史传统和国情作出的现实选择。在文明交流中，强国大国不能企图以一己之私通过民主制度输出扩大自身的势力范围，弱国小国也要坚定文化自信，在包容借鉴他国模式和经验的同时，一定要坚守立足本国国情的基本经济制度和政治制度，以及作为其文明本质的生产和生活方式。

2. 完善不同文明交流互鉴的平台和工作机制

长期以来，各国政府为顺应这个客观规律，搭建起了一些文明交流平台，探索出了一些有效的工作机制。在新的历史起点上，要着力完善促进文明间的交流交融互学互鉴这些平台和工作机制，加快和深化不同文明间交流交融互学互鉴。首先，要构建平台建设统筹协调机制。习近平总书记指出："要通过跨国界、跨时空、跨文明的教育、科技、文化活动，让和平理念的种子在世界人民心中生根发芽，让我们共同生活的这个星球生长出一片又一片和平的森林。"③ 随着文明交流的日趋频繁，为提高平台的综合效益，亟须构建统筹协调机制。一要发挥联合国教科文组织在文明交流平台建设方面的统筹功能。通过文明交流、平等教育、普及科学，消除隔阂、偏见、仇视，播撒和平理念的种子是联合国教科文组织的宗旨。联合国教科文组织要着眼于保护和发展文明多样性，发挥自身优势，统一谋划文明交流平台，将促进文明交流互鉴的精神落在实处。在促进文明交流平台建设方面多作前瞻研究，通过发出呼吁、设置议题、提供信息供相关国家参考等方式，协同推进世界各国文明交流平台建设。二是要统筹协调好硬件平台和软件平台的关系。硬件平台具有固定性、持久性，软件平台

---

① 《习近平谈治国理政》，外文出版社 2014 年版，第 331 页。
② 《习近平谈治国理政》，外文出版社 2014 年版，第 307 页。
③ 习近平：《在联合国教科文组织总部的演讲》，《人民日报》2014 年 3 月 28 日第 3 版。

具有灵活性、随机性，两者相互协调才能发挥更大的交流效应。无论是双边还是多边合作，建立的平台都应着力协调好两者的关系。三是要注重建立多边、双边交流的高层协商关系。建立多边、双边高层的协商协调关系有利于完善平台建设的顶层设计，及时排除困难，将双边、多边交流合作落到实处。要利用好既有的资源平台，强化国家之间战略机制的对接联通，避免重复建设和资源浪费，使交流平台更好地发挥作用。其次，要建立人文交流项目管理机制。随着人文交流在世界文明交流中的日渐频繁，各国之间的人文交流机制也日渐成熟。一要做好人文交流项目的立项论证制度。每一个项目都要精心设计，就交流的目的、采取的形式、预期的效果等进行论证，按照科学性、必要性、可行性的原则确定是否立项。二要建立人文交流项目的评估制度。政府要加快建立针对人文交流项目的科学评估体系，对人文交流的过程和结果进行综合性评价，作为进一步开展好人文交流项目的科学依据。三要建立人文交流项目的过程管理制度。要建立人文交流数据库，对项目实施动态监测，还需建立相应的风险应急预案。最后，要构建文明互鉴多元参与机制。在不同文明交流互鉴的开启阶段，政府引领和推动作用发挥着决定性作用。在新的历史条件下，促进文明交流，亟须构建文明交流的多元参与机制。一要发挥好政府的主导作用。要不断完善国际组织的多边对话，政府机构的双边对话机制，更好地发挥政府在文明交流互鉴中的主导作用，这种主导作用主要体现在制定体现多彩、平等、包容文明观的政策，营造有利于文明交流互鉴的社会环境。二要发挥好社会组织的桥梁作用。要加强各国政党、议会、民间组织往来，密切妇女、青年、残疾人等群体交流；鼓励开展非政府组织的民间对话，不同学术团体的智库对话，以及宗教文化范围内的文明对话，让社会组织在文明交流中发挥桥梁和纽带作用。三要发挥好人民群众的主体作用。要以促进文明间人员往来为目标，鼓励民间力量在人文交流中发挥更大作用，突出社会基层民众主体性。发挥好各类文化团体、社会组织的积极作用，推动区域间、城市间人文交流，通过文化互动来消除不同文明民众间的偏见和误解。

3. 坚定文化自信推动中华文化走向世界

推动中华文化走向世界，是增强国家文化软实力、在综合国力竞争中赢得主动的迫切需要；是营造良好外部环境、塑造良好国家形象的战略选择；是促进各国文化交流互鉴、维护人类文明多样性的必然要求。首先，要坚持以创新的理念讲好中国故事。研究显示，在当今全球信息流动中，世界不同文化、文明对话和交流严重失衡，90%以上的新闻被以美国为首的西方控制；在全球互联网服务器的内存中，美国提供的一般信息占80%，服务信息占95%，而中文信息只有4%。[1] 在国际文化交流中，中国文化处于明显的弱势地位，与我国的国际地位和在世界文明体系中的文化担当不相匹配。在当前的国际传播体系下，必须以创新的理念才能讲好中国故事。一要创新传播视角。要深入挖掘中华优秀传统文化，对其进行创造性转化和创新性发展，重点选择我们想讲的和国外受众想听的传统视角，"讲清楚中华优秀传统文化的历史渊源、发展脉络、基本走向，讲清楚中华文化的独特创造、价值理念、鲜明特色，增强文化自信和价值观自信"[2]，增强中华文化的亲和力。二要创新话语体系。在现代文明交流体系下，话语体系对于文明的传播流向发挥着关键性作用。话语权的微弱和话语体系的不相容是导致中华文明在世界文明体系中弱势地位的重要原因。习近平总书记指出："要加强国际传播能力建设，精心构建对话话语体系，发挥好新兴媒体作用，增强对外话语的创造力、感召力、公信力，讲好中国故事，传播好中国声音，阐释好中国特色。"[3] 三要创新载体形式。要着力打造融通中外的新概念新范畴新表达，多采取外国民众听得到、听得懂、听得进的途径和方式，宣传推介戏曲、民乐、书法、国画等优秀传统文化艺术，让国外民众在审美过程中获得愉悦、感受魅力，达到润物无声的传播效果。其次，要以顽强的定力累积世界认同。推动中华文化走向世界既要坚定文化自信，又要保持顽强的定力，作好打"立体战"和"持久战"的准备。一要坚持统筹推进。要将推动中华文化"走出去"当作全党和全社会的事情，统筹整合各类资源，"要加强提炼和阐释，拓展对外传播平台

---

[1] 参见李慎明《促进不同文化和文明真诚对话、互学互鉴、合作共赢》，《中国人大》2016年第21期。
[2] 《习近平谈治国理政》，外文出版社2014年版，第164页。
[3] 《习近平谈治国理政》，外文出版社2014年版，第162页。

和载体,把当代中国价值观念贯穿于国际交流和传播方方面面"[1]。探索中华文化国际传播与交流新模式,综合运用大众传播、群体传播、人际传播等方式,构建全方位、多层次、宽领域的中华文化传播格局。把对外文化交流工作与外交、外贸、外援、各类人文交流等工作结合起来,形成对外文化交流的合力。加大海外中国文化中心、孔子学院、文化节展、文物展览、博览会、旅游推介和各类品牌活动,打造对外传播窗口。研究互联网、影视、文创产品、动漫游戏等传播方式的特性,打造对外文化交流的新载体,保证中国文化能够灵活有效地传播出去。二要坚持久久为功。推进中华文化的世界认同是一个不断推进的过程。要逐步解决由于话语权不足的"挨骂""失语"被动状态,把握规律,主动出击。"在中外文化沟通交流中,我们要保持对自身文化的自信、耐力、定力……潜移默化,滴水穿石。只要我们加强交流,持之以恒,偏见和误解就会消于无形"[2],不断累积中华文化的世界认同。最后,要以担当的精神促进文明进步。在世界文明遭遇众多困难和挑战的关口,中华文明理应承担起促进人类文明进步的文化责任。要站在促进文明交流、化解世界难题、构建人类命运共同体的高度坚定地推进中华文化走向世界。通过举办"中国文化节"、大型对外文化援助项目等,将"以和为贵""兼容并包""仁者爱人"等中华文明的核心理念传播至全世界,为人类实践提供思想镜鉴,为构建持久和平、共同繁荣的和谐世界提供精神动力。

---

[1] 《习近平谈治国理政》,外文出版社2014年版,第161页。
[2] 中共中央文献研究室编:《习近平关于社会主义文化建设论述摘编》,中央文献出版社2017年版,第205页。

下　篇
发展方向

第十四章
建设中华民族现代文明

2022年10月28日,习近平总书记在考察殷墟遗址时首次提出"建设中华民族现代文明"的重大命题。2023年6月2日,习近平总书记在文化传承发展座谈会上发表重要讲话,明确"在新的起点上继续推动文化繁荣、建设文化强国、建设中华民族现代文明,是我们在新时代新的文化使命"①。2023年7月7日,习近平总书记在江苏考察时,强调"建设中华民族现代文明,是推进中国式现代化的必然要求,是社会主义精神文明建设的重要内容"②。中华民族现代文明是中华文明的现代呈现,是中国式现代化的基本内容和文化支撑,是实现中华民族伟大复兴的重要标志。从学理上深入分析中华民族现代文明这个重大命题的生成逻辑、科学内涵、基本特征和重大意义,对于全面理解党的十八大以来党中央关于文化建设的新思想新观点新论断,推进文化自信自强,铸就社会主义文化新辉煌具有重大意义。

一 中华民族现代文明的生成逻辑

中华民族现代文明命题的出场是新时代新征程上文化文明理论与实践的客观需要,具有鲜明的理论逻辑、历史逻辑、实践逻辑和文明逻辑,是合规律性与合目的性的统一,彰显了以习近平同志为核心的

---

① 习近平:《在文化传承发展座谈会上的讲话》,《求是》2023年第17期。
② 《在推进中国式现代化中走在前做示范 谱写"强富美高"新江苏现代化建设新篇章》,《人民日报》2023年7月8日第1版。

党中央高度的文化自觉、坚定的文化自信、深厚的文化自强意识和强烈的历史主动精神。深入理解中华民族现代文明的生成逻辑是准确把握其理论内涵和重大意义的重要前提。

1. 理论逻辑:"两个结合"催生新的文化生命体

习近平总书记深刻指出:"在五千多年中华文明深厚基础上开辟和发展中国特色社会主义,把马克思主义基本原理同中国具体实际、同中华优秀传统文化相结合是必由之路。"①"两个结合"重要思想的提出既是对党领导人民探索中国特色社会主义道路的规律性认识,又蕴含着催生"新的文化生命体"的理论逻辑,这种"新的文化生命体"就是中华民族现代文明。

首先,"第一个结合"创造了催生"新的文化生命体"的客观必然性。马克思主义与中国实际相结合产生的马克思主义中国化、时代化成果,成为党领导人民进行社会革命和自我革命的行动指南。马克思主义揭示了人类社会发展的普遍规律,对资本主义及其以前的文明形态进行了深刻批判,指明了人类朝着更高级文明形态发展的方向和路径。马克思主义与中国实际相结合,创立了毛泽东思想、中国特色社会主义理论体系和习近平新时代中国特色社会主义思想等马克思主义中国化时代化理论成果,使"马克思主义成为中国的"。毛泽东曾指出:"自从中国人学会了马克思列宁主义以后,中国人在精神上就由被动转入主动。"② 在中国化马克思主义指导下,党领导人民完成了革命、建设和改革的重大历史任务,进入中国特色社会主义的新时代,领导中国人民实现从站起来、富起来到强起来的伟大飞跃,彻底结束了"国家蒙难、人民蒙羞、文明蒙尘"的被动状态,为中华文明开启了"重启键",实现从经济基础到上层建筑的结构性重塑,不断向实现"真正的普遍的文明"③迈进,必然要开创出与资本主义文明形态有着本质区别的"新的文化生命体"。

其次,"第二个结合"创造了催生"新的文化生命体"的无限可能性。马克思主义与中华优秀传统文化相结合,能够充分激活中

---

① 习近平:《在文化传承发展座谈会上的讲话》,《求是》2023年第17期。
② 《毛泽东选集》第4卷,人民出版社1991年版,第1516页。
③ 《马克思恩格斯全集》第12卷,人民出版社1962年版,第725页。

华文明的"文化基因",掌握文明演进中的思想和文化主动。中华优秀传统文化是中华文明的智慧结晶,"从孔夫子到孙中山,我们应当给以总结,承继这一份珍贵的遗产"①,其中"蕴含的天下为公、民为邦本、为政以德、革故鼎新、任人唯贤、天人合一、自强不息、厚德载物、讲信修睦、亲仁善邻等,是中国人民在长期生产生活中积累的宇宙观、天下观、社会观、道德观的重要体现,同科学社会主义价值观主张具有高度契合性"②,为两者的结合提供了天然条件。中国共产党人"是我们民族一切文化、思想、道德的最优秀传统的继承者,把这一切优秀传统看成和自己血肉相连的东西,而且将继续加以发扬光大"③。党的十八大以来,经由马克思主义与中华优秀传统文化的结合,党在文化建设领域的新理念新思想新论断不仅开辟了治国理政的新境界,而且一些带有原创性的新概念、新话语受到国际社会越来越广泛的认同,不仅使"中华优秀传统文化成为现代的",而且凸显出中华优秀传统文化的世界意义和文明价值。实践证明,"第二个结合"将开启又一次的思想解放,从而孕育出新的思想成长空间,为党在理论和制度层面的创新创造催生出无限的可能性。

最后,中国共产党的坚强领导保障了催生"新的文化生命体"的现实确定性。中国共产党作为中华文明现代转型发展的领导力量,其本身既是马克思主义的坚定信仰者,又是中华优秀传统文化的忠诚传承者和弘扬者,是践行"两个结合"的根本政治保障。中国共产党的领导是中国特色社会主义的最本质特征和最大优势。在"两个大局"加速演进,世界上不确定性因素增加的背景下,党对中国特色社会主义事业的全面领导始终是文化自信自强的根本依据和中华文明行稳致远的"压舱石"。中国共产党对文化建设的全面领导,以及党对人类社会发展规律和中国特色社会主义文化建设规律的科学把握确保了新时代新征程上催生"新的文化生命体"的现实确定性。

---

① 《毛泽东选集》第 2 卷,人民出版社 1991 年版,第 534 页。
② 习近平:《高举中国特色社会主义伟大旗帜 为全面建设社会主义现代化国家而团结奋斗——在中国共产党第二十次全国代表大会上的报告》,人民出版社 2022 年版,第 18 页。
③ 中共中央文献研究室、中央档案馆编:《建党以来重要文献选编(1921—1949)》第 20 册,中央文献出版社 2011 年版,第 318 页。

2. 历史逻辑：党的百年奋斗铸就文明新辉煌

五千年中华文明是人类文明史上从未中断过的唯一文明，长期处在世界文明的高峰。近代以来，由于腐朽没落的封建制度日薄西山，特别是西方列强肆无忌惮的军事侵略、经济掠夺、政治控制和文化渗透，中华文明遭遇到前所未有的劫难。面对亡国灭种的危险，无数仁人志士前仆后继、寻求救国之道，各种思想流派、制度模式、政治势力轮番上场，一直到辛亥革命，都以失败告终。直到1921年中国共产党成立，中华民族才迎来文明复兴的转折点。建党百年来，中国共产党始终以民族独立、人民解放和国家富强、人民幸福为神圣使命，走过了革命、建设、改革和进入中国特色社会主义新时代的辉煌历程，开启了中华民族伟大复兴不可逆转的历史进程，同时对中华文明进行了结构性重塑，使中华民族成功走出了近代以来的"文明陷阱"，使中国人民的面貌、中华民族的面貌发生了根本性转变，创造了中华文明的新辉煌，相对于古老的中华文明而言，这些历史性成就可以概括为中华民族现代文明。

首先，全面清除了"三座大山"的文化遗毒。近代以来，中国人民遭受着帝国主义、封建主义和官僚资本主义"三座大山"的压迫，中国社会陷入半殖民地半封建的文明形态。中国共产党在马克思主义的指导下，将革命事业视为包括经济基础和上层建筑的总体性事业，始终将文化革命纳入其中，"不但为中国的政治革命和经济革命而奋斗，而且为中国的文化革命而奋斗"，始终致力于"要把一个被旧文化统治因而愚昧落后的中国，变为一个被新文化统治因而文明先进的中国"[1]。在延安时期，毛泽东曾描绘过清除"三座大山"文化遗毒后的"一没有贪官污吏，二没有土豪劣绅，三没有赌博，四没有娼妓，五没有小老婆，六没有叫化子，七没有结党营私之徒，八没有萎靡不振之气，九没有人吃磨擦饭，十没有人发国难财"[2]的文明新气象。经过28年的革命斗争，随着中华人民共和国成立，党领导人民建立起了新民主主义的政治、经济和文化，全面清除了"三座大山"的文化遗毒，为创造中华文明新辉煌扫清了障碍。

---

[1] 《毛泽东选集》第2卷，人民出版社1991年版，第663页。
[2] 《毛泽东选集》第2卷，人民出版社1991年版，第718页。

其次，彻底改变了"一穷二白"的被动局面。中华人民共和国的成立开启了中华文明发展史上的新纪元，"中国人被人认为不文明的时代已经过去了，我们将以一个具有高度文化的民族出现于世界"①。新中国成立初期，经济社会发展处于满目疮痍、百废待兴、百业待举的状态，毛泽东曾用"一穷二白"来描述当时的状况，"'穷'，就是没有多少工业，农业也不发达。'白'，就是一张白纸，文化水平、科学水平都不高"②。在社会主义革命和建设阶段，党领导人民建立和完善了社会主义的根本制度，大力发展社会生产力和社会主义文化事业，为中国特色社会主义事业奠定了坚实的制度基础和文化条件。改革开放以来，党领导人民"在建设高度物质文明的同时，提高全民族的科学文化水平，发展高尚的丰富多彩的文化生活，建设高度的社会主义精神文明"③，创造了经济快速发展和社会长期稳定的"两大奇迹"。在中国特色社会主义新时代，党领导人民消除绝对贫困，全面建成小康社会，彻底摆脱了"一穷二白"的被动局面，开启全面建设社会主义现代化国家新征程，全国人民走上了实现物质生活和精神生活共同富裕的时代，中华文明站在新的历史起点上。

再次，建立了中国特色社会主义的文化制度。经过长期的实践探索和理论创新，特别是对新中国成立以来文化建设正反两方面经验教训的总结和反思，党领导人民逐步建立起繁荣发展社会主义先进文化的制度体系，包括坚持马克思主义在意识形态领域指导地位的根本制度，坚持以社会主义核心价值观引领文化建设、健全人民文化权益保障等基本制度，以及完善坚持正确导向的舆论引导工作机制、建立健全把社会效益放在首位、社会效益和经济效益相统一的文化创造生产体制机制等重要制度，为保障中华文明向中国特色社会主义方向发展搭起了"四梁八柱"，形成了中华民族"坚持共同的理想信念、价值理念、道德观念，弘扬中华优秀传统文化、革命文化、社会主义先进文化，促进全体人民在思想上精神上紧紧团

---

① 《毛泽东文集》第5卷，人民出版社1996年版，第345页。
② 《毛泽东文集》第7卷，人民出版社1999年版，第44页。
③ 《邓小平文选》第2卷，人民出版社1994年版，第208页。

结在一起的显著优势"①,突出了中华文明现代化转型中的"底色""亮色"和"特色"。

最后,把握了新时代文化建设的历史主动。迄今为止,世界仍然处于资本主义文明主导的时代,但随着世界格局加速演变,世界文明格局正在加速调整,一个重要标志就是科学社会主义在21世纪的中国焕发出新的蓬勃生机,中国式现代化开创了人类文明新形态。习近平总书记指出,中国特色社会主义进入新时代,"党和国家事业取得历史性成就、发生历史性变革,为实现中华民族伟大复兴提供了更为完善的制度保证、更为坚实的物质基础、更为主动的精神力量"②。党领导人民科学把握文化文明发展演进规律,推进理论创新创造,增强文化自觉、坚定文化自信、维护文化安全、推进满足人民文化需求与增强人民精神力量相统一,实现"我国意识形态领域形势发生全局性、根本性转变,全党全国各族人民文化自信明显增强,全社会凝聚力和向心力极大提升,为新时代开创党和国家事业新局面提供了坚强思想保证和强大精神力量"③,找到了中华文明创新发展的正确方向和有效路径,中华民族的文化主体性和精神独立性更加鲜明和突出,牢牢把握住新时代新征程上文化文明建设的历史主动。

3. 实践逻辑:文化强国建设展示文明新图景

社会主义文化强国建设是我国中长期内文化建设的实践载体。党的十七届六中全会首次提出"努力建设社会主义文化强国",明确了到2020年的文化改革发展目标。党的十八大以来,党和国家将文化建设纳入"五位一体"总体布局和"四个全面"战略布局,用"建设文化强国"集成性概括中国特色社会主义文化建设的理论与实践、方向和目标。党的十九届五中全会明确到2035年建成社会主义文化强国,擘画了文化强国建设的时间表和路线图。党的十九届六中全会指出要"建设社会主义文化强国,激发全民族文化创新创造活力,更好构筑中国精神、中国价值、中国力量,巩固全党全国各族人民团结

---

① 《中共中央关于坚持和完善中国特色社会主义制度 推进国家治理体系和治理能力现代化若干重大问题的决定》,《人民日报》2019年11月6日第1版。
② 《习近平著作选读》第2卷,人民出版社2023年版,第479页。
③ 本书编写组:《〈中共中央关于党的百年奋斗重大成就和历史经验的决议〉辅导读本》,人民出版社2021年版,第57页。

奋斗的共同思想基础"①，对社会主义文化强国战略作出了重申和展望。党的二十大报告进一步指出："全面建设社会主义现代化国家，必须坚持中国特色社会主义文化发展道路，增强文化自信，围绕举旗帜、聚民心、育新人、兴文化、展形象建设社会主义文化强国"②，清晰地描绘了社会主义文化强国建设的使命任务和战略路径，充分展示了文化强国建设将要达到的崭新文明图景，这一正在形成和定型的文明图景可以概括为中华民族现代文明。

首先，主流意识形态更加巩固。随着社会主义文化强国建设的稳步推进，马克思主义及其中国化时代化最新成果将更加深入人心，获得更为广泛的政治认同、文化认同和情感认同，社会主义意识形态的领导力、整合力和吸引力将进一步彰显，意识形态领域的斗争形势将发生根本性逆转，社会主义意识形态对资本主义意识形态的比较优势将更加直观和可感，全社会信仰马克思主义、敬畏中华优秀传统文化的人会越来越多，诋毁中国特色社会主义的思潮则会越来越没有空间。

其次，人民精神生活更加充盈。共享是社会主义文化建设的内在本质，文化建设的成果最终归属于全体人民。不同资本逻辑主导下的西方国家文化建设，社会主义文化强国建设的目的不是文化的经济化，而是借助文化建设超越以物的依赖性为主导的社会阶段，促进人的全面自由发展。③ 随着文化强国建设的推进，公共文化服务的均衡性和可及性将进一步增强，社会主义核心价值观将进一步融入日常生活，城乡、区域、行业的文化发展水平将进一步趋于均衡，社会文明程度将进一步提高，人民精神生活共同富裕将取得实质性进展。

再次，文化文明成果更加璀璨。社会主义文化建设的成果体现为"文明的果实"。随着社会主义文化强国建设的推进，文化领域体制

---

① 本书编写组：《〈中共中央关于党的百年奋斗重大成就和历史经验的决议〉辅导读本》，人民出版社 2021 年版，第 55 页。
② 习近平：《高举中国特色社会主义伟大旗帜　为全面建设社会主义现代化国家而团结奋斗——在中国共产党第二十次全国代表大会上的报告》，人民出版社 2022 年版，第 42—43 页。
③ 参见王波、李晴晴《社会主义文化强国建设理论与机制的思考》，《南京大学学报》（哲学·人文科学·社会科学）2023 年第 1 期。

机制的改革创新将进一步深化,全社会文化创新创造活力将进一步彰显,文化事业更加繁荣,文化产业更加发展,文化领域必然出现一些震撼世界的标志性成果,文化领域将会大师辈出、群星闪耀,新时代新的文化文明成果将为世界所瞩目和惊叹。

最后,国家对外形象更加亲善。国家是文明的载体。随着社会主义文化强国建设的推进,中华文化影响力和国家文化软实力将进一步增强,国际文化交往中的"逆差"问题将极大改善,国际社会将会乐听更多的中国故事和中国共产党的故事。社会主义中国践行全人类共同价值,始终站在历史正确一边,积极担当大国责任、为人民进步事业作贡献的作为将得到国际社会更多的认知、认同,一个可信、可爱、可敬的中国形象将呈现在国际社会面前。

4. 文明逻辑:中国式现代化创造文明新形态

马克思主义认为,人类文明开始于阶级社会的诞生,文明形态与社会形态具有高度的通约性。资本主义与现代文明相伴而生,是文明时代的最后一个奴役形式。由于"资本增值逻辑"优先于"人的发展逻辑","物的世界的增值同人的世界的贬值成正比"[1],西方式现代化及其文明形态存在内在的对抗性与局限性,注定只是人类文明发展过程中的一个阶段。毛泽东指出:"一定的文化(当作观念形态的文化)是一定社会的政治和经济的反映,又给予伟大影响和作用于一定社会的政治和经济。"[2] 中国式现代化是中国共产党领导的社会主义的现代化,是物质文明建设与精神文明建设相协调的现代化,其创造的人类文明新形态内生着"属于我们这个时代的新文化",体现为中华民族现代文明。

首先,中国式现代化浸润着中华文明的深厚滋养。马克思主义认为:"人们自己创造自己的历史,但是他们并不是随心所欲地创造,并不是在他们自己选定的条件下创造,而是在直接碰到的、既定的、从过去承继下来的条件下创造。"[3] 尽管在历史演进中发生了社会制度的更替,但"把文明中间一切精致的东西——科学、美术等等,都

---

[1] 《马克思恩格斯选集》第1卷,人民出版社2012年版,第51页。
[2] 《毛泽东选集》第2卷,人民出版社1991年版,第663—664页。
[3] 《马克思恩格斯选集》第1卷,人民出版社2012年版,第669页。

当做有害的危险的东西，当做贵族式的奢侈品来消灭掉；这是一种偏见，是他们完全不懂历史和政治经济学的必然结果"[1]。中国式现代化是赓续中华文明、从中华大地长出来的现代化，是坚守连续性基础上的文明更新。习近平总书记深刻指出："如果没有中华五千年文明，哪里有什么中国特色？如果不是中国特色，哪有我们今天这么成功的中国特色社会主义道路？"[2] 中国式现代化区别于西方式现代化主要不在物质文明层面，而在精神文明层面。中华优秀传统文化是中华文明的智慧结晶和精华所在，是中国式现代化的深厚滋养，在创造性转化、创新性发展中传递着中华文化的优秀基因，从而确保了中国式现代化始终站稳中华文化立场，始终保持中华文明的主体性，始终彰显出中国特色、中国风格、中国气派。

其次，中国式现代化内隐着文化建设的现代维度。中国式现代化创造了人类文明新形态，其超越西方式现代化和资本主义文明的一个重要方面在于更加重视人的全面发展和社会全面进步。正如汤因比曾把一个成长中的文明定义为"经济、政治以及狭义的'文化'等文化要素和谐一致的文明"[3]，中国式现代化不但要在经济发展和社会进步上创造更大奇迹，而且要在文化发展和文明进步上创造更大成就。随着中国式现代化的推进，必将在积极吸收人类一切优秀文明成果的基础上，加快健全现代公共文化服务体系、现代文化产业体系和文化市场体系，推进国家文化治理体系和治理能力现代化，创造更加灿烂的现代文明成果。

最后，中国式现代化蕴含着人类文明的中国智慧。在资本逻辑的主导下，全球体系的和平赤字、发展赤字、安全赤字、治理赤字加重，"如果只从欧洲人的角度去考虑，是永远得不到解决的"[4]。在人类文明新的十字路口，世界怎么了，我们应该怎么办？"从中国人的智慧和经验中，我们可以获得许多医治现代病症的良药，以及推进今

---

[1] 《马克思恩格斯全集》第1卷，人民出版社1956年版，第580页。
[2] 《习近平谈治国理政》第4卷，外文出版社2022年版，第315页。
[3] ［英］阿诺德·汤因比：《历史研究》下卷，郭小凌等译，上海人民出版社2016年版，第709页。
[4] ［美］李约瑟：《四海之内——东方和西方的对话》，劳陇译，生活·读书·新知三联书店1987年版，第1页。

后全人类哲学发展的必不可少的要素。"① 中国式现代化立足于对人类文明发展规律的深刻把握，着眼于推进人类文明的永续发展的崇高使命，奠基于中国共产党带领人民筑梦现代化的百年奋斗，其"蕴含的独特世界观、价值观、历史观、文明观、民主观、生态观等及其伟大实践，是对世界现代化理论和实践的重大创新"②，为现代文明发展贡献了中国智慧，展现着中华民族的现代文明风貌。

二　中华民族现代文明的内涵解读

中华民族现代文明是立意高远、意涵深刻、高度凝练的崭新命题，对中华文明的现代转型和新时代的文化建设具有鲜明的理论指向性和实践统摄性。深入解读其科学内涵是确定文化建设战略目标、方针策略、行动路径的基本前提。本部分旨在尝试回答中华民族现代文明是什么这个根本问题，从六个维度对其进行解读。

1. 核心要义：中国共产党领导中华民族开创的社会主义文明

核心要义是事物最本质的内涵，把握住核心要义是全面理解事物构成要素、内在联系及其运行机制的根本前提。理解中华民族现代文明的核心要义需要观照两个参照系，一个是时间上传统与现代的关系，即中华文明的现代形态；另一个是空间上中国和世界的关系，即世界文明体系中的社会主义文明。总体来看，中华民族现代文明的核心要义就是中国共产党领导中华民族开创的社会主义文明。

第一，中华民族现代文明的领导力量是中国共产党。从历史看，中国共产党是彻底扭转国家蒙羞、人民蒙难、文明蒙尘被动局面，带领中华民族掌握历史主动、创造中华文化新辉煌的坚强领导核心。从现实看，中国共产党没有自己特殊利益，不代表任何利益集团、权势团体和特权阶层的利益，能够在多元杂陈的社会思潮中凝聚共识、在盘根错节的利益协调中保持平衡、在错综复杂的内外环境中整合力量，为中华民族现代文明建设提供根本政治保障。从未来看，"船到

---

① ［美］李约瑟：《四海之内——东方和西方的对话》，劳陇译，生活·读书·新知三联书店1987年版，第85页。
② 《正确理解和大力推进中国式现代化》，《人民日报》2023年2月8日第1版。

中流浪更急、人到半山路更陡"，伴随中华民族现代文明的比较优势逐渐凸显，文化文明领域各种迟滞性因素也将愈演愈烈，只有依靠中国共产党的强大组织力和动员力才能取得胜利。在中华民族现代文明建设中，必须牢牢把握坚持中国共产党的领导这个本质特征和最大优势，确保在看不见硝烟的伟大斗争中有"主心骨"，在惊涛骇浪的重大风险应对中有"定海神针"。

第二，中华民族现代文明的创造主体是中华民族。习近平总书记指出，中华民族辽阔的疆域是各民族共同开拓的、悠久的历史是各民族共同书写的、灿烂的文化是各民族共同创造的、伟大的精神是各民族共同培育的。[①] 在漫长的历史长河中，中华民族形成了56个民族构成的"多元一体"格局，形成了中华民族共同体意识，创造了璀璨夺目的中华文明。一部中国史，既是一部各民族交融汇聚成多元一体中华民族的历史，也是各民族共同创造的中华文明史。中华文明在世界文明体系中展示出的包容性和吸纳力与在文明交往中始终保持以我为主、兼收并蓄的主体性不无相关。历史唯物主义认为，人民是历史的创造者。中华民族现代文明是中华文明的现代形态，必然奠基于中华文明的沃土之上，其创造主体依然是中华民族大家庭的每一个成员。在中华民族现代文明建设中，必须始终坚持历史唯物主义的基本观点，牢固树立文明创造的民族主体意识，把现代文明发展放在中华民族自己力量的基点上。

第三，中华民族现代文明的文明属性是社会主义文明。在现代文明体系中，从生产资料所有制形式来划分，主要包括资本主义文明和社会主义文明两种文明形态。习近平总书记指出："从世界社会主义五百年的大视野来看，我们依然处在马克思主义所指明的历史时代。"[②] 两种不同的社会制度、两条不同的发展道路长期并存是一种客观存在。与西方现代文明的资本主义文明属性不同的是，中华民族现代文明的文明属性是社会主义，这种属性源于"中国特色社会主义

[①] 参见习近平《在全国民族团结进步表彰大会上的讲话》，《人民日报》2019年9月28日第2版。

[②] 习近平：《论党的宣传思想工作》，中央文献出版社2020年版，第286页。

是社会主义而不是其他什么主义"①。在中华民族现代文明建设中，必须始终坚持先进文化的前进方向，不断开辟社会主义文明的新境界。

2. 深层结构：马克思主义与中华优秀传统文化有机结合的文化创造

文化或文明的演进是一个体系化的历史过程，始终受到自身特有结构的内在约束。"'深层结构'是指一个文化不曾变动的层次，它是相对'表层结构'而言的。"② 相对于文化或文明表层结构的变动性，深层结构则具有相对稳定性。根据"文化深层结构"的理路，可以发现中华民族现代文明同样存在一个决定着文明兴衰成败的深层结构，即在马克思主义与中华优秀传统文化的结合中，不断推进中国特色社会主义的文化建设。这个深层结构是决定中华民族现代文明前途命运的"魂脉""根脉"和"主脉"及其相互关系，只有维护好这个深层结构，才能确保中华民族现代文明行稳致远、繁荣昌盛。

第一，马克思主义是中华民族现代文明的"魂脉"。马克思主义是立党立国、兴党兴国的根本，规定着中华民族现代文明的社会主义性质和发展方向。马克思主义中国化时代化是一个永无止境的历史过程，其既一脉相承又与时俱进的科学理论"脉络"，浸润在文化文明建设的各方面、全过程，始终是中华民族现代文明的"灵魂"。习近平新时代中国特色社会主义思想是当代中国马克思主义、21 世纪马克思主义，是新时代新征程上推进民族复兴和强国建设的行动指南，是中华民族现代文明的根本指导思想。新时代新征程上，必须坚持马克思主义在意识形态领域的指导地位，全面贯彻习近平总书记关于文化建设的新思想新观点新论断，用党的创新理论指导实践、推进工作，引领社会思潮、凝聚社会共识，为中华民族现代文明的形成提供强大的价值引导与精神动力。

第二，中华优秀传统文化是中华民族现代文明的"根脉"。传统文明经受过历史和实践的考验，是现代文明的孕育母体和宝贵资源。中华优秀传统文化是中华文明的智慧结晶和精华所在，是中华民族在

---

① 《十八大以来重要文献选编》（上），中央文献出版社 2014 年版，第 109 页。
② 孙隆基：《中国文化的深层结构》，华岳文艺出版社 1988 年版，第 10 页。

世界文化激荡中站稳脚跟的根基，是中华民族现代文明孕育、成长、成熟中的"根脉"。古人云："求木之长者，必固其根本；欲流之远者，必浚其泉源。"建设中华民族现代文明，必须坚持中华文化立场，把握好中华优秀传统文化这个"根脉"，确保五千年中华文明"不断线"。要全面深入了解中华文明的历史，正确处理继承与发展的关系，用心用情用力推进中华优秀传统文化创造性转化、创新性发展，赋予其新的时代内涵和表达形式，让文化遗产保护传承既成为新的文化空间，又成为新的经济增长点，不断创造出中华文明的现代果实。

第三，中国特色社会主义文化是中华民族现代文明的"主脉"。"文明"是标志人类进步状态的概念，是对人类认识和改造世界积极成果的整体性概括和正面性评价。[1] 中国特色社会主义文化建设是中华民族现代文明的形成过程，中华民族现代文明是中国特色社会主义文化建设的积极成果或进步状态。建设中国特色社会主义文化是建设中华民族现代文明的具体化，体现为在文化领域接茬发力，统筹推进"五位一体"总体布局、协调推进"四个全面"战略布局，为中国式现代化提供文化支撑。建设中国特色社会主义文化必然成为建设中华民族现代文明的"主脉"，是马克思主义与中华优秀传统文化相结合的目标指向和价值所依。

3. 发展逻辑：全体人民共同创造、共同治理、共同享有的生成模式

马克思主义认为，"文明时代的基础是一个阶级对另一个阶级的剥削"[2]。迄今为止，无论是奴隶社会、封建社会还是资本主义社会，文明的创造者和享有者都是分离的，文明内容与文明形式是错位的。文明的创造者属于劳动人民，文明成果却被统治阶级垄断，陷入"文明每前进一步，不平等也同时前进一步"[3]，"工人创造的对象越文明，工人自己越野蛮"[4] 的文明悖论。马克思主义及其中国化时代化成果坚持人的自由而全面发展的价值追求，认为"文化上的每一个进

---

[1] 参见刘建军《论中国特色社会主义创造了人类文明新形态》，《中国社会科学》2023年第3期。
[2] 《马克思恩格斯文集》第4卷，人民出版社2009年版，第196页。
[3] 《马克思恩格斯选集》第3卷，人民出版社2012年版，第518页。
[4] 《马克思恩格斯文集》第1卷，人民出版社2009年版，第158页。

步,都是迈向自由的一步"①,为终结人类剥削制度提供了理论指南,中国特色社会主义的制度体系为走出文明悖论创造了制度条件。中华民族现代文明奠基于新中国成立以来特别是改革开放以来中华文明新辉煌的基础之上,既有日渐丰裕的文化文明成果作基础,又有日渐成熟的国家治理体系和治理能力作保障,还有日渐主动的中国人民的精气神发挥关键作用,必将超越资本主义现代文明的悖论,走出一条全体人民共同创造、共同治理、共同享有现代文明成果的生成模式。

第一,中华民族现代文明由全体人民共同创造。在社会主义制度下,全体人民在地位上是平等的,代替资本主义文明"对抗"与"分裂"结构的将是"合作"与"统一"结构,全体人民在根本利益上是一致的。文明创造逻辑将实现从"以资本为中心"向"以人民为中心"转变,以实现全体人民精神生活共同富裕为目标导向,为资本装上"红绿灯",让资本主义社会"死的物质对人的完全统治"②失去制度基础。全体人民文明创造的积极性、主动性将会得到充分激发,全民族文明创造活力将持续迸发,汇聚成建设现代文明的强大合力。

第二,中华民族现代文明由多元主体共同治理。恩格斯认为,"国家是文明社会的概括"③。文明治理是建设中华民族现代文明的手段和途径,旨在动员、组织相关主体推进文化文明建设。文明治理与国家治理本质上是一致的。基于生产资料公有制的经济基础、人民当家作主的政治制度和社会主义先进文化的前进方向,中华民族现代文明形成了多元主体共同治理的独特结构。宏观治理主体包括政府、市场和社会,微观主体包括各级党委和政府、各类企事业单位、各类社会组织与全体人民。多元主体共同治理体现为充分发挥党的领导作用,政府的主导作用、人民的主体作用、市场的积极作用和社会组织的重要作用,在国家文化治理的总体框架下,多元主体协同共进,形成中华民族现代文明的治理共同体。

第三,中华民族现代文明由中华儿女共同享有。共享是社会主义

---

① 《马克思恩格斯选集》第3卷,人民出版社2012年版,第492页。
② 《马克思恩格斯文集》第1卷,人民出版社2009年版,第152页。
③ 《马克思恩格斯文集》第4卷,人民出版社2009年版,第195页。

的本质，实现全体人民精神生活共同富裕是中华民族现代文明的题中之义。一方面，新时代文明共享的制度条件逐渐成熟，能够让"使每个人都有充分的闲暇时间从历史上遗留下来的文化——科学、艺术、交际方式等等——中间承受一切真正有价值的东西；并且不仅是承受，而且还要把这一切从统治阶级的独占品变成全社会的共同财富和促使它进一步发展"①的理论预期和美好愿望变为现实。另一方面，从顶层设计到"最后一公里"落地的工作机制日渐完善，为文明共享提供了坚实保障。习近平总书记明确指出："要跟上时代发展、把握人民需求，以充沛的激情、生动的笔触、优美的旋律、感人的形象创作生产出人民喜闻乐见的优秀作品，让人民精神文化生活不断迈上新台阶。"② 中华民族现代文明拥有成熟的文化纲领和规划，人民群众能够在文化发展中拥有越来越多的获得感。

4. 交往理念：践行多元平等、交流互鉴的相处之道

交往观念指特定文明在与其他文明相处时追求什么、坚持什么、反对什么的思想、观点和看法。特定文明的交往观念受到自身历史传统的深刻影响，为特定时代所属国家主流意识形态所决定。交往观念不仅决定特定文明的兴衰存亡，而且对世界文明进步产生影响。西方现代文明在资本主义意识形态主导下，无法超越文明隔阂、文明冲突、文明优越的陈旧观念，成为全球文明动荡的根源。中华民族现代文明深受中华文明的影响，在社会主义意识形态主导下，共同倡导尊重世界文明多样性、弘扬全人类共同价值、重视文明传承和创新、加强国际人文交流合作③，彰显出新型的文明交往观念。

第一，坚持文明多元平等。世界文明多元共存既是客观的文明史，也是世界历史发展的必然。习近平总书记指出："文明具有多样性，就如同自然界物种的多样性一样，一同构成我们这个星球的生命本源。"④ 从发生学意义上看，地球各地生态条件和自然产品的差异性必然导致文明时代初期人们需要、能力、劳动资料和劳动方式的多

---

① 《马克思恩格斯全集》第18卷，人民出版社1964年版，第246页。
② 《习近平谈治国理政》第2卷，外文出版社2017年版，第315页。
③ 《习近平出席中国共产党与世界政党高层对话会并发表主旨讲话》，《人民日报》2023年3月16日第1版。
④ 《习近平谈治国理政》第2卷，外文出版社2017年版，第464页。

样化，从而播下了世界文明百花园最初的种子。尽管不同文明对世界、对人生有着不同的理解，但"每一种文明都扎根于自己的生存土壤，凝聚着一个国家、一个民族的非凡智慧和精神追求，都有自己存在的价值"①。中华民族现代文明坚持马克思主义的文明观和古老中华文明海纳百川、兼收并蓄的传统，始终秉持世界多元文明没有高低贵贱之分，在价值上都是平等的理念，始终尊重不同文明选择的发展道路和生活方式，从根本上消除了世界文明交流的障碍。

第二，坚持文明开放包容。人类早已突破了地域局限性和民族局限性，不同文明的交流交往交锋日趋激烈，在推进人类文明进步的同时，由于"文明隔阂""文明优越""零和博弈"等狭隘观念的存在，各类矛盾和冲突也层出不穷。学者认为，"人类的未来有多重选择，当不同的文明需要共存时，如何相互理解将成为维护世界秩序的首要问题"②；"建设性的道路是弃绝普世主义，接受多样性和寻求共同性"③。中华文明具有突出的包容性，中国共产党拥有胸怀天下的基本经验，中国人民深切领悟"改革开放是决定当代中国前途命运的关键一招"④的深远意义，决定了中华民族现代文明开放包容的交往理念，将以求同存异的博大胸襟深化与世界不同文明的交流和合作。

第三，坚持文明交流互鉴。习近平总书记指出："交流互鉴是文明发展的本质要求"⑤。历史地看，"各个文明的历史实际是许许多多个世纪不断地相互借鉴的历史，尽管每个文明一直还保留着它们的原有特征"⑥，在互联互通的"地球村"时代，面对现代化进程中遇到的各种新问题新情况新挑战，每一个文明都不能做到独善其身。文明隔阂、文明冲突、文明对抗不仅不利于人类文明进步，更会使自身的发展陷入困顿被动的境地。交流互鉴成为人类文明永续发展的必然选

---

① 《习近平谈治国理政》第3卷，外文出版社2020年版，第468页。
② Robert W. Cox, "Civilizations and the Twenty-first Century: Some Theoretical Considerations", *International Relations of the Asia-Pacific*, Vol. 1, No. 1, 2001, pp. 105 – 130.
③ ［美］塞缪尔·亨廷顿：《文明的冲突》，周琪等译，新华出版社2013年版，第294页。
④ 《习近平著作选读》第2卷，人民出版社2023年版，第479页。
⑤ 《习近平谈治国理政》第3卷，外文出版社2020年版，第469页。
⑥ ［法］费尔南·布罗代尔：《文明史纲》，肖昶等译，广西师范大学出版社2003年版，第27页。

择。中华民族现代文明对人类一切文明成果采取吸收的态度，对自身创造的文明成果采取与世界分享的态度，积极追求"你中有我，我中有你"的世界文明图景，彰显着为人类文明进步作贡献的博大胸襟。

5. 价值旨趣：建设融贯古今、会通中外的共有精神家园

价值旨趣是特定文明认定的生存法则和对人类文明的基本态度，是特定文明世界观、价值观、历史观、文明观、生态观的集中反映。无论是从空间维度比较不同文明的区别，还是从时间维度观察同一文明的演变，都能发现价值旨趣在不同文明生成和发展中的重要作用。中华民族现代文明是融贯传统与现代、汇通中国和世界的新型文明，既与传统中华文明存在价值旨趣的飞跃，又与西方现代文明存在价值旨趣的分野，体现了顺应人类发展进步潮流、推动建设美好世界的价值追求。

第一，突出中华优秀传统文化的重要元素。中华优秀传统文化是中华文明的精华所在，其蕴含的重要元素是被历史和实践充分检验的朴实真理和人间道义，是建设中华民族现代文明的宝贵资源和深厚底蕴。习近平总书记指出："要深入研究中华文明、中华文化的起源和特质，形成较为完整的中国文化基因的理念体系。"[1] 随着对中华优秀传统文化的深入挖掘、补充、拓展和完善，"天下为公、天下大同的社会理想，民为邦本、为政以德的治理思想，九州共贯、多元一体的大一统传统，修齐治平、兴亡有责的家国情怀，厚德载物、明德弘道的精神追求，富民厚生、义利兼顾的经济伦理，天人合一、万物并育的生态理念，实事求是、知行合一的哲学思想，执两用中、守中致和的思维方法，讲信修睦、亲仁善邻的交往之道"[2] 等中华优秀传统文化的重要元素将在中华民族现代文明中熠熠生辉。

第二，弘扬社会主义核心价值观。习近平总书记指出："社会主义核心价值观是当代中国精神的集中体现，是凝聚中国力量的思想道德基础。"[3] 社会主义核心价值观在国家层面倡导富强、民主、文明、

---

[1] 《习近平谈治国理政》第 4 卷，外文出版社 2022 年版，第 310 页。
[2] 习近平：《在文化传承发展座谈会上的讲话》，《求是》2023 年第 17 期。
[3] 中共中央文献研究室编：《习近平关于社会主义文化建设论述摘编》，中央文献出版社 2017 年版，第 131 页。

和谐，社会层面倡导自由、平等、公正、法治，个人层面倡导爱国、敬业、诚信、友善，不但回答了"我们要建设什么样的国家、建设什么样的社会、培育什么样的公民的重大问题"[①]，而且也回答了我们要建设什么样的文明这个重大问题。社会主义核心价值观同中华文化的历史文化相契合，同中华民族伟大复兴的时代要求相适应，是中华民族现代文明的"灵魂"，只有坚持弘扬社会主义核心价值观才能有效整合新时代多元杂陈的意识形态和社会思潮，构筑建设中华民族现代文明的最大同心圆。

第三，倡导和践行全人类共同价值。随着中国式现代化的深入推进，中华民族现代文明在世界文明体系中将发挥越来越重要的作用，倡导什么样的价值观不但关系到国家文明形象的塑造，而且影响到人类文明进步的进程。与西方现代文明所标榜的"普世价值"不同，中华民族现代文明倡导全人类共同价值，作为建设人类命运共同体的价值指引。全人类共同价值回避了国家意识形态和发展道路的冲突，具有极大的包容性，体现了真正的共同性。本质上来说，全人类共同价值是社会主义核心价值观的价值"外溢"，符合人类文明的发展规律，是合规律性与合目的性的统一，成为中华民族现代文明的价值呈现。

6. 整体面貌：彰显独立自主、内源发展的历史主动精神

建设中华民族现代文明是伴随中国式现代化推进中华民族伟大复兴的历史过程。在新时代新征程上，随着贯彻新发展理念、构建新发展格局、实现高质量发展纵深推进，中华民族现代文明建设将会实现从量变到质变的伟大突破。中华民族的面貌、中国人民的面貌、中华文明的面貌将整体上更加自信自强，将依靠内生动力把握发展主动权，充分彰显中华民族现代文明的历史主动精神。

第一，坚持科技自立自强。马克思主义坚持物质第一、精神第二的基本观点。中华民族现代文明"软实力"离不开物质文明"硬实力"的基础作用。现实来看，我国科技实力在国际上的竞争优势还不足，还遭遇着"卡脖子"的技术难题，成为中华民族伟大复兴的绊

[①] 《习近平著作选读》第 1 卷，人民出版社 2023 年版，第 239 页。

脚石。新一轮科技革命和产业变革对现代文明形态的变革具有决定性意义,"人类面临一个量子式的跃进,面对的是有史以来最强烈的社会变动和创造性的重组。我们并没有清楚地认识到这一事实,但是却参与了建立新文明的基层工作。"① 建设中华民族现代文明必须坚持科技自立自强,加大国家战略科技力量的投入力度,逐步摆脱西方国家对我国发展的技术封锁,加快提升国家产业链供应链的韧性和安全水平,以更强的硬实力确保国际文明交往中的公平正义。

第二,坚持文化自信自强。"推进文化自信自强、铸就社会主义文化新辉煌"是新时代文化建设的总要求,也是建设中华民族现代文明的社会心理基础。习近平总书记指出:"没有高度的文化自信,没有文化的繁荣兴盛,就没有中华民族伟大复兴。"② 建设中华民族现代文明必须筑牢文化自信自强的根基,引导全社会坚定对马克思主义及其中国化时代化最新成果的信仰,坚定走中国特色社会主义文化发展道路,坚决捍卫中国特色社会主义文化制度和文化文明安全,坚持"平眼看世界",积极吸收借鉴一切人类文明成果,真正实现精神上的独立自主。要立足中华民族现代文明的历史传统和中国特色社会主义的文化建设实践,用中国道理总结中国经验,在中国经验中把握新时代的文化建设规律。

第三,坚持理论和制度创新。中华民族现代文明建设既有世界现代文明建设的共同特征和规律,更有不同于世界现代文明建设的特殊性,是一项十分艰巨的探索性事业。面对前进道路上的不确定性和未知领域,文明发展必须坚持向创新要动力。习近平总书记指出:"在激烈的国际竞争中,惟创新者进,惟创新者强,惟创新者胜"③。建设中华民族现代文明必须抓住马克思主义与中华优秀传统文化相结合的时代机遇,坚持思想解放、实事求是、与时俱进,在更广阔的文化空间中,"充分运用中华优秀传统文化的宝贵资源,探索面向未来的理论和制度创新"④,为中华民族现代文明提供不竭的内生动力。

---

① [美]阿尔文·托夫勒:《第三次浪潮》,黄明坚译,中信出版社2006年版,第3—4页。
② 本书编写组:《党的十九大报告辅导读本》,人民出版社2017年版,第40页。
③ 《习近平谈治国理政》,外文出版社2014年版,第59页。
④ 习近平:《在文化传承发展座谈会上的讲话》,《求是》2023年第17期。

三 中华民族现代文明的基本特征

习近平总书记在文化传承发展座谈会上指出，中华文明具有突出的连续性、创新性、统一性、包容性与和平性。这是基于大历史观对中华文明特征的把握，这些突出特性必然会蕴藏在中华民族现代文明中。参照于新时代世界文明体系的时空背景，中华民族现代文明具有如下六大基本特征。

1. 主体性

主体性是中华民族现代文明精神面貌方面的特征，指的是中华民族充分彰显现代文明创制的主导性、牢牢把握顺应时代潮流的主动性，完全实现精神上的独立自主。马克思充分肯定劳动人民作为人类文明创造者的主体地位，"无产阶级用事实表明，它是而且只有它才是现代文明的支柱"[1]。中华民族现代文明将充分展现中华民族的蓬勃生机和旺盛生命力，走出一条具有中国特色的文明复兴之路，以自信自强的姿态屹立于世界民族之林。首先，主体性是开启现代文明的基本前提。主体性是现代性的核心理念，"主体性原则也是现代时代意识的源头"[2]。历史证明，"人类历史上没有一个民族、一个国家可以通过依赖外部力量、照搬外国模式、跟在他人后面亦步亦趋实现强大和振兴"[3]。中华民族只能立足自身的历史传统和客观实际自主选择建设中华民族现代文明的模式和路径。其次，主体性是总结历史经验的战略清醒。中华文明在近代陷入了文明发展的低谷，其根本原因就在于中华民族的主体性被侵蚀，中国人民的精神面貌陷入了被动。中国共产党成立后，之所以能领导人民在革命、建设、改革和新时代，以及强国建设、民族复兴伟业中取得伟大辉煌，一条重要的历史结论就是要独立自主地开辟发展道路。在中华民族现代文明建设中，必须始终把国家和民族发展放在自己力量的基点上，把中华民族现代

---

[1] 《列宁全集》第9卷，人民出版社1987年版，第204页。
[2] ［德］于尔根·哈贝马斯：《现代性的哲学话语》，曹卫东译，译林出版社2011年版，第49页。
[3] 本书编写组：《〈中共中央关于党的百年奋斗重大成就和历史经验的决议〉辅导读本》，人民出版社2021年版，第76页。

文明的建设始终掌握在自己手中。最后，主体性是把握发展大势的文明自信。新时代十年，党和国家各项事业取得历史性成就、发生历史性变革，中华民族处于历史上发展最好的时期。我们创立了习近平新时代中国特色社会主义思想，开辟了中国式现代化道路，中华民族伟大复兴进入了不可逆转的历史进程，"中国人民的前进动力更加强大、奋斗精神更加昂扬、必胜信念更加坚定、焕发出更为强烈的历史自觉和主动精神"①，中华民族的主体意识空前高涨，汇聚起建设中华民族现代文明的强大合力。

2. 复合性

复合性是中华民族现代文明构成要素方面的特征，指的是中华民族现代文明在国家统一大家庭内部各民族文化交融交汇，在世界文明体系下吸收借鉴人类一切文明要素形成的复合型文明结构。首先，复合性源于中华民族现代文明的多元结构。中华民族是56个民族共同组成的大家庭，各民族都有自身的文化传统，各优秀传统文化都将在新时代得到创造性转化、创新性发展。中国幅员辽阔，各地自然生态、人文环境相差较大，不同类型的地域文明也将争相斗妍。在文明交流交往中，还将吸收世界其他文明的成果为我所用，从而不断丰富中华民族现代文明的多元构成。其次，复合性源于中华民族现代文明的融合创新。在统一的多民族国家体制下，各民族是唇齿相依的命运共同体，形成了"你中有我、我中有你、谁也离不开谁"的交往格局。体现在文明层面，中华民族现代文明与各民族文化的现代化不是"拼盘式"和"切割式"的简单拼凑，而是构成要素"融合式"的再生，即在保持各民族优秀传统文化的同时，不断推进各民族文化在水乳交融中的传承保护和融合创新，不断累积各民族的共同性因素，形成各民族共享的中华民族现代文明。最后，复合性源于中华民族现代文明的整合力量。中华民族现代文明秉持以我为主、兼收并蓄的优良传统，对内构筑各民族共有精神家园、铸牢中华民族共同体意识，"树立和突出各民族共享的中华文化符号和中华民族形象，增强各族

---

① 习近平：《高举中国特色社会主义伟大旗帜　为全面建设社会主义现代化国家而团结奋斗——在中国共产党第二十次全国代表大会上的报告》，人民出版社2022年版，第15页。

群众对中华文化的认同"①，中华文化与各民族文化是整体与部分、包含与被包含的关系；对外积极借鉴其他文明成果，在博采众长中实现文明的迭代升级，推动中华民族现代文明整合为超稳定的复合结构。

3. 均衡性

均衡性是中华民族现代文明发展格局方面的特征，指的是中华民族现代文明成果在区域、城乡、族群之间分布更加均衡，中华民族现代文明内部结构更加协调的状态。马克思主义认为，尽管资本主义在一百多年之内创造的文明成果超过了人类有史以来创造的文明成果总和，但"这个建立在劳动奴役制上的罪恶的文明"②发展是极不均衡的，一极是资产阶级财富和文明的积累，另一极则是"贫困、劳动折磨、受奴役、无知、粗野和道德堕落的积累"③。中华民族现代文明与西方现代文明在底层逻辑方面有着本质的不同，将会呈现出均衡性的发展格局。首先，中华民族现代文明具有均衡发展的制度优势。中华民族现代文明是中国特色社会主义的文化呈现，建立在生产资料公有制的社会主义制度基础之上，摆脱了资本主义现代文明"资本逻辑"的束缚。国家确立了坚持把社效益放在首位、社会效益和经济效益相统一的文化建设基本方针，制定了《公共文化服务保障法》《非物质文化遗产保护法》《公共图书馆法》等基本法律，确保中华民族现代文明朝着均衡发展的方向迈进。其次，中华民族现代文明具有均衡发展的物质基础。新中国成立70多年，特别是改革开放40多年来，中国社会出现了长时间的经济快速发展、社会长期稳定的"两大奇迹"。中国特色社会主义进入新时代以来，国家 GDP 总量一直保持在世界第二的水平，与保持第一的美国之间的差距越来越小，中华民族彻底消灭了绝对贫困，全社会告别了短缺经济时代。同时，国家文化文明建设取得了重大突破，构建起了覆盖城乡的国家公共文化服务体系，采取标准化、均等化的方式不断提升人民群众的文化民生水

---

① 习近平：《在全国民族团结进步表彰大会上的讲话》，《人民日报》2019年9月28日第2版。
② 《马克思恩格斯文集》第3卷，人民出版社2009年版，第175页。
③ 《马克思恩格斯文集》第5卷，人民出版社2009年版，第744页。

平，基本文化权益得到平等维护。最后，中华民族现代文明具有均衡发展的价值底蕴。中华文明历来含有"不患寡而患不均"的朴素思想，在大一统的传统观念里，不管是物质财富分配还是文明教化都要兼顾到国家的管辖范围。在中国共产党的治国理念中，中华民族伟大复兴是 56 个民族"一个也不能掉队"的共享共荣，在中国式现代化推进中能够始终坚守公平正义底线，坚持共享发展和共同富裕的理念。

4. 聚合性

聚合性是中华民族现代文明社会功能方面的特征，指的是中华民族现代文明是全国各族人民共享的精神家园，是中华民族实现国家完全统一的精神纽带，是凝聚全球华人智慧复兴中华文明的精神依托。首先，中华民族现代文明的聚合性源起于中华民族的伟大团结精神。伟大团结精神是中华民族精神的重要组成部分，已经熔铸在中国人民的血液中。中国人民始终坚信"国家的统一，人民的团结，国内各民族的团结，这是我们的事业必定要胜利的基本保证"[①]，将民族团结视为各民族的生命线，通过铸牢中华民族共同体意识将各民族像石榴籽一样紧紧抱在一起，形成坚实的文明内聚力。其次，中华民族现代文明的聚合性内生于人类文明新形态的巨大吸引力。中国式现代化开创的人类文明新形态是包括物质文明、政治文明、精神文明、社会文明和生态文明在内的综合体，在较短的时间内已经彰显出对西方现代文明的优越性，展示出了巨大的吸引力。中华民族现代文明是人类文明新形态在文化领域的成果体现，突飞猛进的文明成果让中国人民在东西对比中备感自尊、自豪、自信。中华民族现代文明成为凝聚全国各族人民、港澳台同胞、海外侨胞共同推进中华民族伟大复兴的文明力量。最后，中华民族现代文明的聚合性来源于全球华人对中华民族伟大复兴的文明自信。慎终追远是中华民族的优良传统，全球华人虽然生在海外，但始终关注关心着祖国的发展。随着中华民族实现从站起来、富起来到强起来的伟大飞跃，全世界的中华儿女对中华民族伟大复兴充满信心，对中华文明重回人类文明顶峰充满信心，以强大的

[①] 《毛泽东文集》第 7 卷，人民出版社 1999 年版，第 204 页。

文明自信汇聚起同心共筑中国梦的强大合力。

5. 柔韧性

柔韧性是中华民族现代文明伟大斗争方面的特征，指的是中华民族现代文明在遭遇文明冲突或动荡等不确定性中体现出的雍容大度、亲和亲善形象以及开展伟大斗争、推进文明进步中所彰显出来的斗争性特质。中华民族现代文明在不涉及原则和底线的文明交锋中将彰显"柔"性，体现出中华文明海纳百川、雍容大度、仁爱亲善的形象；在风高浪急甚至惊涛骇浪的重大考验面前要体现出"韧"性，做到"不信邪、不怕鬼、不怕压，知难而进、迎难而上，统筹发展和安全，全力战胜前进道路上各种困难和挑战，依靠顽强斗争打开事业发展新天地"[①]，整体呈现出中华民族现代文明的柔韧性特征。中华民族现代文明的柔韧性是中华文明的历史禀赋决定。在中华文明五千年历史长河中，尽管数度遭遇异族入侵，但中华文明不但从未被摧毁，而且如滚雪球般不断发展壮大，表现出了强大的柔韧性，保持着中华文明延续性、完整性以及适应性。这种柔韧性是中华民族生生不息的生存之道，必将在中华民族现代文明中发扬光大。中华民族现代文明的柔韧性是中国共产党的斗争哲学决定的。中国共产党是中华民族现代文明的坚强领导核心，她的斗争哲学必然体现到中华民族现代文明的伟大斗争中。党的二十大报告明确"坚持发扬斗争精神"是前进道路上必须牢牢把握的重大原则。建党百年的辉煌历史实质上就是一部党领导人民开展的各种斗争史，中国共产党在国际交往中始终坚持真理、站在历史正确一边；始终坚守国际道义和正确义利观。同时，在伟大斗争中善于坚持战略和战术相统一、原则性和灵活性相统一，这些理念必然体现到中华民族现代文明的斗争实践中。中华民族现代文明的柔韧性是日益强大的文明力量决定的。伴随中华民族日益走近世界舞台中央，国家文化软实力和中华文化影响力将会越来越强。中华民族现代文明在文明冲突或动荡中开展伟大斗争的回旋空间将越来越大、斗争意志将会越来越从容，塑造文明格局的能力会越来越强，体

[①] 习近平：《高举中国特色社会主义伟大旗帜　为全面建设社会主义现代化国家而团结奋斗——在中国共产党第二十次全国代表大会上的报告》，人民出版社2022年版，第27页。

现出强大的柔韧性。

6. 引领性

引领性是中华民族现代文明世界意义方面的特征，指的是中华民族现代文明在人类文明发展的"十字路口"，以自身的价值观念和行为模式对世界文明体系发挥积极影响，引导人类文明共同进步。中华民族现代文明的引领性既是人类文明进步的客观需要，也是中华民族为人类做贡献的主动作为。首先，中华民族现代文明的引领性是由自身的先进性决定的。如果说一个文明引领着人类文明发展之潮流，那么这一文明必定在精神形态上有所突破，必定创造出贡献于全人类的思想观念与价值观念。① 中华民族现代文明以马克思主义为指导，这个理论体系是科学的，始终占据着人类真理和道义的制高点。马克思主义与中国实际、与中华优秀传统文化相结合创立的习近平新时代中国特色社会主义思想，是以中国式现代化开创人类文明新形态的行动指南，必将超越西方现代文明在理论和制度方面的固有缺陷，逐步实现"人类与自然的和解以及人类本身的和解"②，在人类文明进步中发挥引领作用。其次，中华民族现代文明的引领性是由世界文明格局变动决定的。中国特色社会主义进入新时代，恰逢中华民族伟大复兴战略全局和世界百年未有之大变局的历史交汇期，东西方"文明间的力量对比也发生了一些逐步的、无情的、也是根本的变化。西方的力量相对于其他文明将继续衰落"③。西方现代文明在面对全球治理时开始捉襟见肘，一些主要西方大国面对困难纷纷甩锅回避责任，暴露出西方文明霸权的衰落。在世界文明格局发生重大变动的时候，有学者意识到"西方文明已经削薄甚至毁损了许多其他文明。于是，我们必须要寻找新的因素，寻觅新生。此时，环顾全世界，能够对西方文明提出针砭的文化系统，只有中国这一处了！"④ 中国在全球治理中积极承担大国责任，向世界提供公共产品，中华民族现代文明被逐步

---

① 参见项久雨《世界变局中的文明形态变革及其未来图景》，《中国社会科学》2023年第4期。
② 《马克思恩格斯文集》第1卷，人民出版社2009年版，第63页。
③ ［美］塞缪尔·亨廷顿：《文明的冲突与世界秩序的重建》，周琪等译，新华出版社2010年版，第62页。
④ ［美］许倬云：《中国文化的精神》，九州出版社2018年版，第279页。

推向人类文明的舞台中央。最后，中华民族现代文明的引领性是由其开辟的正确道路决定的。中国式现代化式是实现中华民族伟大复兴、建设中华民族现代文明的必由之路。这条道路致力于"人和自然界之间、人和人之间的矛盾的真正解决，是存在和本质、对象化和自我确证、自由和必然、个体和类之间的斗争的真正解决"①，其倡导的全人类共同价值、构建人类命运共同体的文明指向，必将引领人类文明消除"治理赤字"，迈向人类文明发展的新阶段。

四　中华民族现代文明的重大意义

在全面建设社会主义现代化国家、全面推进中华民族伟大复兴的新征程上，习近平总书记立足推进中国特色社会主义文化建设的实际和传承弘扬中华优秀传统文化的使命，胸怀推进人类文明进步的远大抱负，提出建设中华民族现代文明的重大命题，彰显了马克思主义战略家、理论家的远见卓识和深厚远虑，具有很强的政治性、思想性、战略性和指导性，具有重大的理论意义和实践意义。

1. 丰富和发展了马克思主义的文化文明观

马克思主义的文化文明观指的是马克思主义关于文化文明的起源与演进、本质与结构、形态与特征、发展与走向等方面的立场和观点的总和。马克思恩格斯等经典作家关于"文化"和"文明"议题的论述分散在浩如烟海的著作中，在不同的语境中呈现不同的意涵。"文化"被视为一个社会性概念，具有经济结构的规定性；"文明"被视为一个历史性概念，具有资本主义的历史特殊性。总体来看，文化的范畴比文明广，文明是文化的进步状态，"文化上的每一个进步，都是迈向自由的一步"②。马克思、恩格斯重点关注资本主义文明，在肯定其进步性的同时，整体上对其持批判态度，指出现代文明"就是存在于一切文明国度中的资本主义社会"③。习近平总书记提出的中华民族现代文明重大命题从三个方面丰富和发展了马克思主义的文

---

① 《马克思恩格斯文集》第 1 卷，人民出版社 2009 年版，第 185 页。
② 《马克思恩格斯选集》第 3 卷，人民出版社 2012 年版，第 492 页。
③ 《马克思恩格斯选集》第 3 卷，人民出版社 2012 年版，第 373 页。

化文明观及其中国化系列成果，成为习近平新时代中国特色社会主义思想的重要组成部分。

一是从建构意义上回答了新时代中国特色社会主义要建设什么样的现代文明。马克思主义经典作家没有准确预见到资本主义与社会主义两种文明持久斗争、长期共存的文明格局，也没有清晰指明社会主义文化文明建设的路径和方略，如何建设与时代特征相符合的人类文明新形态历史地留给了马克思主义的继承者。新中国成立以来，历代中央领导集体坚持马克思主义与中国实际相结合，用马克思主义的文化文明观指导中国的文化文明建设，取得了社会主义文化建设的重大成就，开辟了中国特色社会主义的文化发展道路。毛泽东要求将"经济上文化上落后的国家，建设成为一个工业化的具有高度现代文化程度的伟大的国家"①，邓小平提出社会主义国家"不但要有高度的物质文明，而且要有高度的精神文明"②。相对于马克思主义文化文明观重在解构意义上对资本主义现代文明进行深刻揭露和批判，中华民族现代文明重在建构意义上明确新时代中国特色社会主义文化建设的文明方位。相对于历届中央领导集体推进马克思主义文化文明观中国化的理论成果，中华民族现代文明站在新的历史起点上，进一步明确了文化建设举什么旗、走什么路、到哪里去的根本性问题。

二是从方法论意义上回答了怎样建设新时代中国特色社会主义的现代文明。习近平总书记"两个结合"的重要思想是对中华文明发展规律的深刻把握，为建设中华民族现代文明提供了方法论意义的根本遵循。"第一个结合"指引中国特色社会主义文化建设必须立足中国的历史文化传统和经济社会发展实际，继续走中国特色社会主义文化发展道路，始终做到精神文明建设与物质文明建设相协调，满足人民文化需求与提高人民精神力量相统一，在中华大地上不断创造出新的文化文明成果；"第二个结合"是又一次的思想解放，为推进中华优秀传统文化创造性转化和创新性发展拓展了无穷的文化空间，为推进中华优秀传统文化、革命文化和社会主义先进文化的融合创新，推进中华民族现代文明建设提供了根本指南。

---

① 《毛泽东文集》第6卷，人民出版社1999年版，第350页。
② 《邓小平文选》第2卷，人民出版社1994年版，第367页。

三是从世界观意义上回答了对人类文化文明问题所持的态度。当今世界文化冲突、文明动荡促使人类再次处在何去何从的新的"十字路口"。中华文明是人类文明史上从未中断过的古老文明，中国是世界上具有重要影响的国家。当代中国如何回应世界的文化文明问题深受世界关切。中华民族现代文明继承中华文明亲仁善邻、协和万邦的传统理念，秉持中国共产党人为世界谋大同、为人类谋进步的价值追求，"坚定站在历史正确的一边、站在人类文明进步的一边"[①]。在世界文明体系内，首次举起建设中华民族现代文明的旗帜，以其鲜明的中国特色与西方现代文明相对应，并积极推动文明交流互鉴，致力于构建人类命运共同体，以崭新的理念和主张回应人类面临的文化文明问题。

2. 明确了新时代文化建设的新使命

党的十八大以来，基于社会主要矛盾的转变，党中央将文化建设摆在全局工作的重要位置，推进文化建设取得历史性成就、发生历史性变革。党的二十大开启了全面建设社会主义现代化国家、全面推进中华民族伟大复兴的新征程，高质量推进中国特色社会主义文化是新的时代课题。习近平总书记立足于"五位一体"总体布局和"四个全面"战略布局，着眼于形成支撑中华民族伟大复兴的文化文明条件，明确把建设中华民族现代文明作为新时代新的文化使命，为新征程上的文化文明建设指明了方向，让全党全国人民深感重任在肩、使命光荣，坚定了文化自信、增强了文明自觉。

一是明确了建设中华民族现代文明的"指南针"。党的二十大报告再次重申"发展面向现代化、面向世界、面向未来的，民族的科学的大众的社会主义文化"[②]，表明中华民族现代文明的社会主义属性和根本方向。相对于西方现代文明以"资本"为本、以"资本家"为中心，促使劳动异化、人性扭曲；中华民族现代文明坚持"以社会为本""以人民为中心"，促进人的全面发展和社会全面进

[①] 习近平：《高举中国特色社会主义伟大旗帜　为全面建设社会主义现代化国家而团结奋斗——在中国共产党第二十次全国代表大会上的报告》，人民出版社 2022 年版，第 23 页。

[②] 习近平：《高举中国特色社会主义伟大旗帜　为全面建设社会主义现代化国家而团结奋斗——在中国共产党第二十次全国代表大会上的报告》，人民出版社 2022 年版，第 43 页。

步。建设中华民族现代文明必须始终坚持中国特色社会主义的道路、理论、制度和文化，最终实现"自由人联合体"的共产主义文明形态。

二是明确了建设中华民族现代文明的"时间表"。习近平总书记关于"新时代新的文化使命"的重要论述，清晰地表达了"继续推动文化繁荣""建设文化强国""建设中华民族现代文明"三者之间的递进关系，贯通社会主义文化建设的过去、现在和未来，是一个由近及远、逐步推开的发展布局，明确了时间表。"持续推动文化繁荣"是新中国成立以来党和国家文化建设的基本脉络；"建设文化强国"是自党的十六届七中全会以来直到现在正在推进的文化建设实践，到2035年建成社会主义文化强国是既定的目标；"建设中华民族现代文明"与全面建设社会主义现代化国家、全面推进中华民族伟大复兴相伴随，是更远的发展目标。

三是明确了建设中华民族现代文明的"路线图"。中华民族现代文明具有特定的范畴，主要描绘的是新时代新征程上中国特色社会主义文化建设的辉煌图景。为此，建设中华民族现代文明具有清晰的"路线图"。要将建设中华民族现代文明统筹于物质文明、政治文明、精神文明、社会文明、生态文明协调发展的"人类文明新形态"，在文化建设领域让人类文明新形态更加成熟定型；要秉持开放包容的理念，广泛吸收借鉴古今中外的一切文明成果，促进外来文化本土化、传统文化现代化；要坚持守正创新的方法，坚守好马克思主义在意识形态领域指导地位的根本制度和"两个结合"的根本要求，守护好中国共产党的文化领导权和中华民族的文化主体性，不断推进文化文明建设的思路、话语、机制、形式等方面的创新。

3. 丰富了中国式现代化的理论体系

习近平总书记指出："概括提出并深入阐述中国式现代化理论，是党的二十大的一个重大理论创新，是科学社会主义的最新重大成果"，我们已经"初步构建中国式现代化的理论体系"。[①] 不断丰富和

[①] 《正确理解和大力推进中国式现代化》，《人民日报》2023年2月8日第1版。

完善中国式现代化的理论体系是纵深推进中国式现代化的客观需要。习近平总书记提出的建设中华民族现代文明命题及相关论述从文化文明层面为中国式现代化提供丰厚滋养和强大支撑，以其深厚的理论意蕴丰富了中国式现代化的理论体系。

一是赋予中国式现代化以深厚底蕴。中华民族现代文明是中华文明的现代形态，将形塑中国式现代化的展开图景和推进方式。中华民族一脉相承的精神追求、精神特质、精神脉络将在中华民族现代文明中传承和弘扬，使中国式现代化始终扎根在中华文明的沃土之中。中国式现代化是物质层面现代化和精神层面现代化的统一，没有物质层面的现代化，中国式现代化将成为"空中楼阁"，没有精神层面的现代化，中国式现代化必然难以为继。中华民族现代文明的理论特质清晰描绘了中国式现代化在精神层面的现代化图景，赋予中国式现代化以深厚底蕴。

二是凸显中国式现代化以中国特色。中国式现代化区别于西方式现代化的本质特征主要体现在文化文明层面。习近平总书记提出"要守好中国式现代化的本和源、根和魂，毫不动摇坚持中国式现代化的中国特色、本质要求、重大原则，确保中国式现代化的正确方向"[①]。"本和源""根和魂""正确方向"正是中国式现代化区别于西方式现代化的特征所在。中华民族现代文明是中国共产党领导全国人民开创的社会主义文明，其首要任务就是要守护好中国式现代化的"本和源""根与魂""正确方向"，以此凸显出中国式现代化以中国特色。

三是彰显中国式现代化以文明优势。中华民族现代文明旨在以中国式现代化厚植现代化物质基础，不断提升人民物质生活水平的同时，"大力发展社会主义先进文化，加强理想信念教育，传承中华文明，促进物的全面丰富和人的全面发展"[②]，以有效克服西方式现代化物质主义泛滥、精神世界空虚的顽瘴痼疾。中华民族现代文明是马克思主义激活中华文明、真理元素与文明元素发生"化学反应"产

---

① 《正确理解和大力推进中国式现代化》，《人民日报》2023年2月8日第1版。
② 习近平：《高举中国特色社会主义伟大旗帜　为全面建设社会主义现代化国家而团结奋斗——在中国共产党第二十次全国代表大会上的报告》，人民出版社2022年版，第23页。

生的新文明形态。相对于西方现代文明根深蒂固的"文明悖论",以及资本逻辑主宰下的人和社会发展的片面性,中华民族现代文明坚持以人民为中心,体现了科学社会主义的先进本质,传递着中华优秀传统文化的价值追求,代表了人类文明进步的发展方向,彰显出中国式现代化相对于西方式现代化的文明优势。

4. 贡献了人类文明书写的中国元素

习近平总书记指出:"要善于提炼标识性概念,打造易于为国际社会所理解和接受的新概念、新范畴、新表述,引导国际学术界展开研究和讨论。"① 中国人民深切感悟"落后就要挨打,贫穷就要挨饿,失语就要挨骂"② 的道理,深刻明了构建起与综合国力相匹配的学术体系和话语体系,争取国际话语权的极端重要性。"一门科学提出的每一种新见解都包含这门科学的术语的革命。"③ 习近平总书记提出中华民族现代文明的命题,为世界文明的话语体系注入了中国元素,为书写人类文明贡献了中国话语。

一是提供了抵御西方文明霸权的中国话语。西方现代文明凭着自身拥有的话语霸权,打着"普世文明""普世价值"的幌子掩盖其对内对抗性和对外侵略性本质,成为"文明优越论""西方中心论"的帮凶,不仅影响文明交流互鉴,而且成为西方发达国家肆意干涉别国内政、压制非西方世界文明的重要根源。美国学者塞缪尔·亨廷顿坦率地指出:"普世文明的概念有助于为西方对其他社会的文化统治和那些社会模仿西方的实践和体制的需要作辩护。"④ 在国际格局调整、文明动荡加剧的时代背景下,习近平总书记明确提出在世界第二大经济体建设中华民族现代文明,为世界文明体系注入一道亮色,打破了偏颇自负的"文明优越论",厘清了现代文明"单向趋同"的歧途,成为消减西方普世文明话语霸权的有力武器。

---

① 习近平:《在哲学社会科学工作座谈会上的讲话》,《人民日报》2016年5月19日第2版。

② 中共中央文献研究室编:《习近平关于社会主义文化建设论述摘编》,中央文献出版社2017年版,第211页。

③ 《马克思恩格斯文集》第5卷,人民出版社2009年版,第32页。

④ [美]塞缪尔·亨廷顿:《文明的冲突与世界秩序的重建》,周琪等译,新华出版社2010年版,第45页。

二是提供了维护文明体自主性的中国示范。文明多样性是世界的客观存在。所有文明体都有自身宝贵的遗产和风格特征，都存在是保存文明传统还是牺牲发展前景的艰难选择。中华民族现代文明坚持马克思主义基本原理与中华优秀传统文化相结合，让马克思主义成为中国的，让中华优秀传统文化成为现代的，坚守中华文化立场和现代文明演进的主体性，在发展中坚守马克思主义这个"魂脉"、中华优秀传统文化这个"根脉"，使中华民族现代文明既保持着"中国味"，又洋溢着"时代潮"。中华民族现代文明的提出，给世界上那些既希望加快发展又希望保持自身独立性的文明体提供了示范，将带动各文明体增强自主意识，形成世界文明百花园的美好格局。

三是提供了走出人类文明困境的中国方案。当今全球治理的乱象根源于现代文明困境。中华民族现代文明坚持"平等、互鉴、对话、包容的文明观"[1]，弘扬"和平、发展、公平、正义、民主、自由"[2]的全人类共同价值，秉持协和万邦、和衷共济的价值追求，摆脱了文明隔阂、文明冲突的观念束缚，超越国强必霸、零和博弈的陈旧逻辑，为世界各文明体共同致力于解决人类文明发展遭遇的困境扫除了思想障碍，提供了行动路径。中华民族现代文明尊重各国人民自主选择的发展道路和生活方式，追求求同存异、交流互鉴，超越意识形态的偏见、社会制度的差异和发展阶段的不同，能够最大限度地推动形成共建美好世界的最大公约数，形成应对全球挑战、走出文明困境的中国方案。

---

[1] 《习近平谈治国理政》第 3 卷，外文出版社 2020 年版，第 441 页。
[2] 《习近平谈治国理政》第 2 卷，外文出版社 2017 年版，第 522 页。

参考文献

一 经典文献

《马克思恩格斯全集》第 2 卷，人民出版社 1957 年版。
《马克思恩格斯全集》第 3 卷，人民出版社 1995 年版。
《马克思恩格斯全集》第 12 卷，人民出版社 1962 年版。
《马克思恩格斯全集》第 18 卷，人民出版社 1964 年版。
《马克思恩格斯全集》第 42 卷，人民出版社 1979 年版。
《马克思恩格斯全集》第 46 卷，人民出版社 2003 年版。
《马克思恩格斯全集》第 47 卷，人民出版社 1979 年版。
《马克思恩格斯全集》第 49 卷，人民出版社 1982 年版。
《马克思恩格斯文集》第 1—10 卷，人民出版社 2009 年版。
《马克思恩格斯选集》第 1—4 卷，人民出版社 2012 年版。
《列宁全集》第 1 卷，人民出版社 1984 年版。
《列宁全集》第 9 卷，人民出版社 1987 年版。
《列宁全集》第 42 卷，人民出版社 1987 年版。
《列宁专题文集·论社会主义》，人民出版社 2009 年版。
《毛泽东文集》第 1—8 卷，人民出版社 1999 年版。
《邓小平文选》第 1—2 卷，人民出版社 1994 年版。
《邓小平文选》第 3 卷，人民出版社 1993 年版。
《习近平著作选读》第 1 卷，人民出版社 2023 年版。
《习近平著作选读》第 2 卷，人民出版社 2023 年版。
《习近平谈治国理政》，外文出版社 2014 年版。

《习近平谈治国理政》第 2 卷，外文出版社 2017 年版。

《习近平谈治国理政》第 3 卷，外文出版社 2020 年版。

《习近平谈治国理政》第 4 卷，外文出版社 2022 年版。

习近平：《高举中国特色社会主义伟大旗帜　为全面建设社会主义现代化国家而团结奋斗——在中国共产党第二十次全国代表大会上的报告》，人民出版社 2022 年版。

习近平：《论党的宣传思想工作》，中央文献出版社 2020 年版。

习近平：《论坚持推动构建人类命运共同体》，中央文献出版社 2018 年版。

习近平：《论"三农"工作》，中央文献出版社 2022 年版。

习近平：《切实把思想统一到党的十八届三中全会精神上来》，《求是》2014 年第 1 期。

习近平：《在文化传承发展座谈会上的讲话》，《求是》2023 年第 17 期。

本书编写组：《党的十九大报告辅导读本》，人民出版社 2017 年版。

本书编写组：《〈中共中央关于党的百年奋斗重大成就和历史经验的决议〉辅导读本》，人民出版社 2021 年版。

本书编写组：《中国共产党的九十年（社会主义革命和建设时期）》，中共党史出版社、党建读物出版社 2016 年版。

本书编写组：《中国共产党的九十年（新民主主义革命时期）》，中共党史出版社、党建读物出版社 2016 年版。

《建国以来重要文献选编》第 4 册，中央文献出版社 2011 年版。

《十六大以来重要文献选编》（下），中央文献出版社 2008 年版。

《十八大以来重要文献选编》（上），中央文献出版社 2014 年版。

《十八大以来重要文献选编》（中），中央文献出版社 2016 年版。

《十八大以来重要文献选编》（下），中央文献出版社 2018 年版。

《十九大以来重要文献选编》（上），中央文献出版社 2019 年版。

《十九大以来重要文献选编》（中），中央文献出版社 2021 年版。

《十九大以来重要文献选编》（下），中央文献出版社 2023 年版。

中共中央党史和文献研究院编：《习近平扶贫论述摘编》，中央文献出版社 2018 年版。

《中共中央关于深化文化体制改革推动社会主义文化大发展大繁荣若干重大问题的决定》，人民出版社 2011 年版。

中共中央文献研究室编：《习近平关于社会主义文化建设论述摘编》，中央文献出版社 2017 年版。

中共中央文献研究室编：《邓小平思想年谱（1975—1997）》，中央文献出版社 1998 年版。

中共中央文献研究室、中央档案馆编：《建党以来重要文献选编（1921—1949）》第 20 册，中央文献出版社 2011 年版。

中共中央宣传部理论局：《世界社会主义五百年》，学习出版社、党建读物出版社 2014 年版。

中共中央宣传部：《习近平新时代中国特色社会主义思想学习纲要》，学习出版社、人民出版社 2019 年版。

中共中央宣传部：《习近平新时代中国特色社会主义思想学习纲要》，学习出版社、人民出版社 2023 年版。

中共中央宣传部：《习近平总书记系列重要讲话读本（2016 年版）》，学习出版社、人民出版社 2016 年版。

中共中央宣传部：《习近平总书记系列重要讲话读本》，学习出版社、人民出版社 2014 年版。

《中国共产党第十九次全国代表大会文件汇编》，人民出版社 2017 年版。

二　学术专著

费孝通：《乡土中国》，上海世纪出版集团 2007 年版。

李培林、陈光金、张翼主编：《2016 年中国社会形势分析与预测》，社会科学文献出版社 2016 年版。

邱冠华、于良芝、许晓霞：《覆盖全社会的公共图书馆服务体系：模式、技术支撑和方案》，北京图书馆出版社 2008 年版。

石军玲：《雷锋精神学习读本》，新华出版社 2012 年版。

孙隆基：《中国文化的深层结构》，广西师范大学出版社 2004 年版。

徐光春主编：《马克思主义大辞典》，崇文书局 2017 年版。

［德］克劳斯·施瓦布：《第四次工业革命：转型的力量》，李菁译，

中信出版社 2016 年版。

［德］于尔根·哈贝马斯：《现代性的哲学话语》，曹卫东译，译林出版社 2011 年版。

［法］费尔南·布罗代尔：《文明史纲》，肖昶等译，广西师范大学出版社 2003 年版。

［法］托马斯·皮凯蒂：《21 世纪资本论》，巴曙松等译，中信出版社 2014 年版。

［加拿大］唐·塔普斯科特、［加拿大］亚力克斯·塔普斯科特：《区块链革命：比特币底层技术如何改变货币、商业和世界》，凯尔、孙铭、周沁园译，中信出版社 2016 年版。

［美］阿尔文·托夫勒：《第三次浪潮》，黄明坚译，中信出版社 2018 年版。

［美］爱蒂丝·布朗·魏伊丝：《公平地对待未来人类：国际法、共同遗产与世代间衡平》，汪劲等译，法律出版社 2000 年版。

［美］加布里埃尔·A. 阿尔蒙德、小 G. 宾厄姆·鲍威尔：《比较政治学——体系、过程和政策》，曹沛霖等译，东方出版社 2007 年版。

［美］杰里米·里夫金：《零边际成本社会：一个物联网、合作共赢的新经济时代》，赛迪研究院专家组译，中信出版社 2014 年版。

［美］凯文·凯利：《必然》，周峰等译，电子工业出版社 2016 年版。

［美］罗杰·M. 基辛：《当代文化人类学概要》，北晨译，浙江人民出版社 1986 年版。

［美］塞缪尔·亨廷顿：《文明的冲突与世界秩序的重建》，周琪等译，新华出版社 2010 年版。

［美］塞缪尔·亨廷顿：《文明的冲突》，周琪等译，新华出版社 2013 年版。

［美］许倬云：《中国文化的精神》，九州出版社 2018 年版。

［美］约翰·罗尔斯：《正义论》，何怀宏、何包钢、廖申白译，中国社会科学出版社 2009 年版。

［匈］卢卡奇：《历史与阶级意识》，杜章智等译，商务印书馆 1999 年版。

[英] 阿诺德·汤因比：《历史研究》下卷，郭小凌等译，上海人民出版社 2016 年版。

[英] 伯特兰·罗素：《中国问题》，秦悦译，学林出版社 1996 年版。

[英] 戴维·米勒、韦农·波格丹诺主编：《布莱克维尔政治学百科全书》，邓正来等译，中国政法大学出版社 1992 年版。

[英] 李约瑟：《四海之内——东方和西方的对话》，劳陇译，生活·读书·新知三联书店 1987 年版。

三　期刊论文

边晓红：《贫困地区公共文化供给侧改革：观念构建与价值选择》，《图书馆论坛》2016 年第 10 期。

常晋芳：《我国文化强国建设的主要矛盾和重大关系》，《上海交通大学学报》（哲学社会科学版）2022 年第 4 期。

常莉：《共同治理视阈下公共文化管理运行基础和路径研究》，《西安交通大学学报》（社会科学版）2015 年第 1 期。

陈飞：《马克思对资本主义分配正义的四重批判》，《马克思主义研究》2016 年第 4 期。

陈庚、崔宛：《社会力量参与公共文化服务的实践、困境及因应策略》，《学习与实践》2017 年第 11 期。

陈前恒、方航：《打破"文化贫困陷阱"的路径——基于贫困地区农村公共文化建设的调研》，《图书馆论坛》2017 年第 6 期。

陈少峰、李兴旺：《论文化强国的六种力量》，《新疆师范大学学报》（哲学社会科学版）2013 年第 3 期。

程立涛、蔺子雨：《日常生活体验与后现代道德——微观视角下的人性与伦理的考察》，《河北师范大学学报》（哲学社会科学版）2010 年第 5 期。

邓纯东：《当代中国文化治理体系和治理能力现代化的理论反思》，《湖湘论坛》2018 年第 6 期。

邓玮：《话语赋权：新生代农民工城市融入的新路径》，《中国行政管理》2016 年第 3 期。

丁云、顾韵婷：《新生代农民工政治参与的制度困境及完善路径》，

《山西师大学报》（社会科学版）2017年第2期。

段小虎、张惠君、万行明：《政府购买公共文化服务制度安排与项目制"文化扶贫"研究》，《图书馆论坛》2016年第4期。

范建华、周丽：《论中国共产党文化强国建设的历史脉络、核心内涵与实现路径》，《云南师范大学学报》（哲学社会科学版）2023年第3期。

范周：《在文化强国建设中彰显中国式现代化的特色》，《人民论坛》2022年第22期。

方卿：《准确把握现代文化市场体系的基本属性》，《中国社会科学报》2014年5月21日。

傅才武、申念衢：《当代中国文化政策研究中的十大前沿问题》，《华中师范大学学报》（人文社会科学版）2019年第1期。

傅才武：《中国文化管理体制：性质变迁与政策意义》，《武汉大学学报》（人文科学版）2013年第1期。

高书生：《我国文化产业发展的总体状况和主要特征》，《经济与管理》2015年第3期。

高翔：《充分认识红色文化的深刻内涵》，《红旗文稿》2019年第11期。

耿爱英、孙庆霞、李传实：《论现代科技推进文化发展繁荣的路径》，《自然辩证法研究》2014年第6期。

韩长赋：《新生代农民工社会融合是个重大问题——关于新生代农民工问题的调查与思考》，《农村工作通讯》2012年第6期。

韩庆祥、黄相怀：《中国特色社会主义新时代的哲学理解》，《哲学研究》2017年第12期。

何义珠、李露芳：《公民参与视角下的城乡公共文化服务均等化研究》，《图书馆杂志》2013年第6期。

贺海波：《贫困文化与精准扶贫的一种实践困境——基于贵州望谟集中连片贫困地区村寨的实证调查》，《社会科学》2018年第1期。

洪晓楠、王文敬、姜照华：《文化强国评价指标体系：中国与美国的比较》，《东岳论丛》2015年第4期。

胡潇：《"泛在"和"脱域"——当代生产关系空间构型新探》，《哲学研究》2016 年第 10 期。

胡艳蕾、陈通、高海虹：《我国政府购买公共文化服务的"非合同制"治理》，《中国行政管理》2016 年第 1 期。

胡志平：《文化强国梦、文化产业与公共服务机制及其创新》，《社会科学研究》2015 年第 2 期。

黄文学、连红军：《文化创意产业与公共文化服务体系互融发展》，《人民论坛》2016 年第 14 期。

黄中平：《雷锋精神时代化与学雷锋活动常态化——2012 年"雷锋精神论坛"综述》，《求是》2012 年第 11 期。

蒋艳：《中国共产党探索社会主义核心价值观的历程和经验》，《思想理论教育导刊》2015 年第 10 期。

金绍荣、张应良：《优秀农耕文化嵌入乡村社会治理：图景、困境与路径》，《探索》2018 年第 4 期。

金武刚、李国新：《中国公共图书馆总分馆制建设：起源、现状与未来趋势》，《图书馆杂志》2014 年第 5 期。

金武刚：《论县域公共图书馆总分馆制的构建与实现》，《中国图书馆学报》2015 年第 3 期。

金筱萍：《关于我国政治意识文明建设的思考》，《学习与实践》2011 年第 10 期。

景小勇：《国家文化治理体系的构成、特征及研究视角》，《中国行政管理》2015 年第 12 期。

兰旭凌：《政府购买公共服务的风险防范研究》，《中国特色社会主义研究》2017 年第 1 期。

黎昕：《红色文化研究的新进展——红色文化高端论坛综述》，《福建论坛》（人文社会科学版）2017 年第 7 期。

李凤亮、宗祖盼：《跨界融合：文化产业的创新发展之路》，《天津社会科学》2015 年第 3 期。

李贵成：《人的尊严视域下的新生代农民工利益表达机制研究》，《东南学术》2013 年第 5 期。

李国新：《强化公共文化服务政府责任的思考》，《图书馆杂志》2016 年第 4 期。

李国新：《实现县级公共图书馆的全面协调可持续发展》，《图书与情报》2008年第1期。

李捷：《红色文化与文化自信》，《红旗文稿》2017年第14期。

李娟：《"文化整体论"：中国当代红色文化研究的视角转换》，《文艺理论与批评》2014年第6期。

李俊杰、耿新：《民族地区深度贫困现状及治理路径研究——以"三区三州"为例》，《民族研究》2018年第1期。

李康平：《中国革命文化基本理论问题研究》，《马克思主义研究》2015年第7期。

李克强：《催生新的动能 实现发展升级》，《求是》2015年第20期。

李培林、田丰：《中国新生代农民工：社会态度和行为选择》，《社会》2011年第3期。

李蓉蓉：《农民政治效能感对政治参与影响的实证研究》，《深圳大学学报》（人文社会科学版）2013年第4期。

李慎明：《促进不同文化和文明真诚对话、互学互鉴、合作共赢》，《中国人大》2016年第21期。

李维武：《中国文化的古今变化及其联系——关于中华优秀传统文化、革命文化、社会主义先进文化关系的思考》，《中南民族大学学报》（人文社会科学版）2017年第5期。

李祥、庞超：《社会治理创新视域下新生代农民工利益表达机制构建路径研究》，《阜阳师范学院学报》（社会科学版）2015年第6期。

梁宏宇、陈石、熊红星等：《人际感恩：社会交往中重要的积极情绪》，《心理科学进展》2015年第3期。

林建华：《我国意识形态安全的新时代意蕴和旨归》，《当代世界与社会主义》2018年第6期。

刘方喜：《习近平"共享"论与物联网中国话语体系初探》，《阅江学刊》2017年第3期。

刘辉：《公共文化服务的文化产业效应——以渭南市"一元剧场"为个案》，《理论探索》2012年第1期。

刘建军：《论中国特色社会主义创造了人类文明新形态》，《中国社会科学》2023年第3期。

刘敏：《政府购买公共文化服务的难点及对策》，《中国发展观察》2016 年第 Z1 期。

刘润为：《红色文化与文化自信》，《红旗文稿》2017 年第 12 期。

刘同舫：《构建人类命运共同体对历史唯物主义的原创性贡献》，《中国社会科学》2018 年第 7 期。

刘文艺：《中国特色社会主义文化强国之内涵探析》，《兰州学刊》2013 年第 6 期。

刘小花、邹序明：《回顾·展望·提升——中部地区公共图书馆事业的发展分析与思考》，《图书馆》2016 年第 3 期。

马岩、郑建明：《基于协同理论的集群式总分馆模式探析》，《图书馆》2015 年第 7 期。

梅锦萍：《公共服务市场化中的公共性缺失现象辨析》，《人文杂志》2016 年第 8 期。

苗瑞丹、闫旭杰：《新发展阶段推进文化共享的逻辑理路》，《马克思主义理论教学与研究》2021 年第 1 期。

欧庭宇、闫艳红：《新生代农民工政治参与的现实困境与对策选择》，《西南交通大学学报》（社会科学版）2017 年第 3 期。

齐海丽：《新时代政府购买公共服务的制度优化研究》，《中共天津市委党校学报》2018 年第 2 期。

邱冠华：《公共图书馆提升服务效能的途径》，《中国图书馆学报》2015 年第 4 期。

秋石：《增强忧患意识、防范风险挑战要一以贯之》，《求是》2018 年第 8 期。

权衡：《世界经济的结构性困境与发展新周期及中国的新贡献》，《世界经济研究》2016 年第 12 期。

任晓伟：《中国共产党百年在人类文明史上的地位》，《陕西师范大学学报》（哲学社会科学版）2021 年第 4 期。

圣章红：《中国公共文化服务体系的现代性解读与建设路径》，《湖北大学学报》（哲学社会科学版）2016 年第 4 期。

孙荣、季恒：《政府购买公共服务流程的价值链分析》，《行政论坛》2017 年第 1 期。

覃正爱：《雷锋精神的伦理价值探析》，《马克思主义研究》2013年第9期。

谭劲松、雷超：《发展文化产业要坚持社会主义方向》，《红旗文稿》2015年第9期。

田鹏颖：《马克思实践辩证法的社会工程形态》，《中国社会科学》2016年第8期。

汪勇杰、陈通、邓斌超：《公共文化PPP项目风险分担的演化博弈分析》，《运筹与管理》2016年第5期。

王波、李晴晴：《社会主义文化强国建设理论与机制的思考》，《南京大学学报》（哲学·人文科学·社会科学）2023年第1期。

王迪：《从国家包揽到多方参与——公共文化服务体系建设中的社会治理理念与实践》，《学术论坛》2017年第1期。

王洪波：《我国社会主义核心价值体系的生成逻辑及其运化方式研究》，《中国特色社会主义研究》2012年第5期。

王淑荣、许力双：《共享发展理念的重大意义与实践指向》，《红旗文稿》2016年第4期。

王伟光：《马克思主义的世界历史理论与中国特色社会主义道路——学习马克思1879—1882年期间研究笔记札记》，《哲学研究》2015年第6期。

王文祥、刘栋明：《建立弱势群体利益表达机制的理论基石》，《社会科学战线》2015年第8期。

王彦林、姚和霞、曹万鹏：《县域文化产业发展方式的确定与培育》，《学术交流》2014年第1期。

王永贵、颜润芝：《中国式现代化进程中文化强国的行动逻辑》，《陕西师范大学学报》（哲学社会科学版）2023年第2期。

王泽应：《论构建人类命运共同体的伦理意义》，《北京大学学报》（哲学社会科学版）2017年第4期。

魏鹏举：《文化强国的数字化路径》，《人民论坛·学术前沿》2022年第23期。

邬书林：《阅读的本质：大数据时代的知识汲取和文化继承》，《图书馆杂志》2014年第4期。

吴建中：《社会力量办公共文化是大趋势》，《图书馆论坛》2016 年第 8 期。

吴麟：《主体性表达缺失：论新生代农民工的媒介话语权》，《青年研究》2013 年第 4 期。

伍玉振：《政府购买公共文化服务的价值诉求与路径选择》，《四川行政学院学报》2016 年第 5 期。

伍玉振：《政府购买公共文化服务供给侧结构性改革的路径选择》，《中共济南市委党校学报》2017 年第 1 期。

《现代图书馆理念的基石——"权利时代的图书馆"巅峰论坛》，《图书馆建设》2015 年第 1 期。

项久雨：《世界变局中的文明形态变革及其未来图景》，《中国社会科学》2023 年第 4 期。

徐家良、许源：《政府购买社会组织公共服务的制度风险因素及风险治理》，《社会科学辑刊》2015 年第 5 期。

徐剑：《构筑中国文化强国形象的全球识别系统》，《上海交通大学学报》（哲学社会科学版）2022 年第 4 期。

徐显明：《坚持和发展人民当家作主的好制度——写在全国人民代表大会成立 60 周年之际》，《求是》2014 年第 19 期。

许立勇、王瑞雪：《公共文化服务与文化产业匹配分析——基于北京城市功能拓展区的研究》，《国际文化管理》2014 年第 1 期。

杨帆、苏伟：《习近平"包容增长"新思想将引领世界经济发展》，《探索》2017 年第 2 期。

杨茜：《在群众日常生活中融入社会主义核心价值观》，《理论视野》2015 年第 11 期。

杨生平：《文化中国：文化强国的价值坐标》，《中国特色社会主义研究》2014 年第 1 期。

杨艳：《论世界资本主义体系危机的持续加剧》，《马克思主义研究》2015 年第 3 期。

杨宜勇、邢伟：《公共服务体系的供给侧改革研究》，《人民论坛·学术前沿》2016 年第 5 期。

杨竺松、胡明远、胡鞍钢：《中美文化软实力评估与预测（2003—

2035)》,《清华大学学报》(哲学社会科学版) 2019 年第 3 期。

游海华:《红色文化概念再探》,《红色文化学刊》2017 年第 1 期。

于良芝、李亚设、权昕:《我国乡镇图书馆建设中的话语与话语性实践——基于政策文本和建设案例的分析》,《中国图书馆学报》2015 年第 4 期。

虞崇胜:《论政治文明的三维结构》,《社会科学》2002 年第 12 期。

张斌、汪先平:《怎样正确认识共产主义理想?》,《红旗文稿》2017 年第 7 期。

张秉福:《论文化事业与文化产业的互动发展》,《出版发行研究》2014 年第 10 期。

张侃:《红色文化、国家记忆与现代国家建构的宏观思考——一个政治哲学的维度》,《福建论坛》(人文社会科学版) 2017 年第 7 期。

张培奇、胡惠林:《论乡村振兴战略背景下乡村公共文化服务建设的空间转向》,《福建论坛》(人文社会科学版) 2018 年第 10 期。

张仁汉:《政府购买公共文化服务的辨析与解构》,《中国机构改革与管理》2015 年第 3 期。

张彦、洪佳智:《论发展伦理在共享发展成果问题上的"出场"》,《哲学研究》2016 年第 4 期。

张永新:《以制定公共文化服务保障法为突破口积极推进公共文化立法进程》,《中国行政管理》2015 年第 2 期。

张勇濂:《新生代农民工维权特点探析》,《郑州大学学报》(哲学社会科学版) 2013 年第 3 期。

赵德森、秦德智、姚岚:《公共文化投资项目:内涵、特征及其风险》,《云南行政学院学报》2015 年第 2 期。

赵银红:《新生代农民工维护权益保障的特征及应对策略》,《长白学刊》2016 年第 1 期。

赵迎芳:《新时代中国文化民生建设的战略选择》,《东岳论丛》2019 年第 4 期。

周锦涛:《中国共产党探索文化强国战略百年历史的基本经验》,《浙江大学学报》(人文社会科学版) 2020 年第 4 期。

周琪:《社会主义核心价值观建设的内在逻辑及实现》,《西南大学学报》（社会科学版）2016 年第 1 期。

左停、徐加玉、李卓：《摆脱贫困之"困"：深度贫困地区基本公共服务减贫路径》，《南京农业大学学报》（社会科学版）2018 年第 2 期。

四 报纸文章

习近平：《建设社会主义文化强国着力提高国家文化软实力》，《人民日报》2014 年 1 月 1 日。

习近平：《把培育和弘扬社会主义核心价值观作为凝魂聚气强基固本的基础工程》，《人民日报》2014 年 2 月 26 日。

习近平：《在联合国教科文组织总部的演讲》，《人民日报》2014 年 3 月 28 日。

习近平：《在中法建交五十周年纪念大会上的讲话》，《人民日报》2014 年 3 月 29 日。

习近平：《在布鲁日欧洲学院的演讲》，《人民日报》2014 年 4 月 2 日。

习近平：《青年要自觉践行社会主义核心价值观》，《人民日报》2014 年 5 月 5 日。

习近平：《弘扬和平共处五项原则 建设合作共赢美好世界》，《人民日报》2014 年 6 月 29 日。

习近平：《共创中韩合作未来 同襄亚洲振兴繁荣》，《人民日报》2014 年 7 月 5 日。

习近平：《在纪念孔子诞辰 2565 周年国际学术研讨会暨国际儒学联合会第五届会员大会开幕会上的讲话》，《人民日报》2014 年 9 月 25 日。

习近平：《迈向命运共同体开创亚洲新未来》，《人民日报》2015 年 3 月 29 日。

习近平：《谋共同永续发展 做合作共赢伙伴》，《人民日报》2015 年 9 月 27 日。

习近平：《携手消除贫困促进共同发展》，《人民日报》2015 年 10 月 17 日。

习近平：《共倡开放包容 共促和平发展》，《人民日报》2015 年 10 月 23 日。

习近平：《创新增长路径　共享发展成果》，《人民日报》2015 年 11 月 16 日。

习近平：《携手构建合作共赢、公平合理的气候变化治理机制》，《人民日报》2015 年 12 月 1 日。

习近平：《在知识分子、劳动模范、青年代表座谈会上的讲话》，《人民日报》2016 年 4 月 30 日。

习近平：《在哲学社会科学工作座谈会上的讲话》，《人民日报》2016 年 5 月 19 日。

习近平：《在"一带一路"国际合作高峰论坛欢迎宴会上的祝酒辞》，《人民日报》2017 年 5 月 15 日。

习近平：《决胜全面建成小康社会　夺取新时代中国特色社会主义伟大胜利——在中国共产党第十九次全国代表大会上的报告》，《人民日报》2017 年 10 月 28 日。

习近平：《顺应时代潮流，实现共同发展》，《人民日报》2018 年 7 月 26 日。

习近平：《在纪念五四运动 100 周年大会上的讲话》，《人民日报》2019 年 5 月 1 日。

习近平：《深化文明交流互鉴　共建亚洲命运共同体》，《人民日报》2019 年 5 月 16 日。

习近平：《在全国民族团结进步表彰大会上的讲话》，《人民日报》2019 年 9 月 28 日。

习近平：《在庆祝中华人民共和国成立 70 周年招待会上的讲话》，《人民日报》2019 年 10 月 1 日。

习近平：《同舟共济克时艰，命运与共创未来》，《人民日报》2021 年 4 月 21 日。

习近平：《在庆祝中国共产党成立一百周年大会上的讲话》，《人民日报》2021 年 7 月 2 日。

习近平：《携手同行现代化之路》，《人民日报》2023 年 3 月 16 日。

高宏存：《改革创新文化管理体制》，《光明日报》2015 年 6 月 18 日。

郭声琨：《坚持和完善共建共治共享的社会治理制度》，《人民日报》2019年11月28日。

柳杰、熊海峰：《文化领域供给侧结构性改革之路》，《中国社会科学报》2017年7月10日。

《深刻把握雷锋精神的时代内涵　让雷锋精神在新时代绽放更加璀璨的光芒》，《人民日报》2023年2月24日。

《习近平出席中国共产党与世界政党高层对话会并发表主旨讲话》，《人民日报》2023年3月16日。

杨金鸢、王毅、郑自立：《湖南文化改革发展10年：回顾与展望》，《湖南日报》2016年12月19日。

杨维东：《构建网络舆情应对长效机制》，《光明日报》2016年3月31日。

《在推进中国式现代化中走在前做示范　谱写"强富美高"新江苏现代化建设新篇章》，《人民日报》2023年7月8日。

《正确理解和大力推进中国式现代化》，《人民日报》2023年2月8日。

《中共中央关于坚持和完善中国特色社会主义制度　推进国家治理体系和治理能力现代化若干重大问题的决定》，《人民日报》2019年11月6日。

[英]罗思义：《美国收入不平等急速加剧》，杨凡欣、丁一译，《人民日报》2017年1月15日。

五　外文文献

Li, X., Verner W., *Building China's Soft Power for a Peaceful Rise*, Copenhagen Discussion Paper, no. 2009, 18 (1).

Duxbury Ancy, *Cities And Communities: Cultural Indicators at the Local Level*, Canada: Centre of Expertise on Culture and Communities, 2007.

Simons, D., Dang S. R., *International Perspectives on Cultural Indicators: A Review and Compilation of Cultural Indicators Used in Selected Projects*, Canada: Centre of Expertise on Culture and Communities, 2006.

Allaire B., *Presentation: Quebec Observatory on Culture and Communications*, Ottawa: Government Conference Centre, 2006.

Robert W. Cox, "Civilizations and the Twenty-first Century: Some Theoretical Considerations", *International Relations of the Asia-Pacific*, Vol. 1, No. 1, 2001.